抗日战争时期中国人口伤亡和财产损失调研丛书

主　编　李忠杰

副主编　李　蓉　姚金果
　　　　霍海丹　蒋建农

天津市抗日战争时期人口伤亡和财产损失

天津市委党史研究室　编

中共党史出版社

图书在版编目(CIP)数据

天津市抗日战争时期人口伤亡和财产损失/天津市委党史研究室编.
—北京:中共党史出版社,2014.8
(抗日战争时期中国人口伤亡和财产损失调研丛书/李忠杰主编)
ISBN 978-7-5098-2685-0

Ⅰ.①天… Ⅱ.①天… Ⅲ.①抗日战争-损失-史料-天津市
Ⅳ.①K265.06

中国版本图书馆 CIP 数据核字(2014)第 115475 号

出版发行:**中共党史出版社**
责任编辑:陈海平
复　审:黄　艳
终　审:汪晓军
责任校对:龚秀华
责任印制:谷智宇
责任监制:贺冬英
社　址:北京市海淀区芙蓉里南街6号院1号楼
邮　编:100080
网　址:www.dscbs.com
经　销:新华书店
印　刷:北京汇林印务有限公司
开　本:170mm×240mm　1/16
字　数:478 千字
印　张:24　18 面插图
印　数:1—3000 册
版　次:2014 年 8 月第 1 版
印　次:2014 年 8 月第 1 次印刷

ISBN 978-7-5098-2685-0
定　价:53.00 元

此书如有印制质量问题,请与中共党史出版社出版业务部联系
电话:010—82517197

《抗日战争时期中国人口伤亡和财产损失调研丛书》

本课题在中共中央党史研究室室委会领导下进行。先后三位时任主任孙英、李景田、欧阳淞对本课题给予了重要指导。

主　编　李忠杰

副主编　李　蓉　姚金果　霍海丹　蒋建农

参加审稿的领导和专家：

一、中共中央党史研究室领导和专家

曲青山　孙　英　龙新民　陈　威　石仲泉
谷安林　张树军　黄小同　黄如军　李向前
陈　夕　任贵祥　郑　谦　王　淇　黄修荣
刘益涛　韩泰华

二、有关部门和单位的专家

李景田（第十二届全国人大常委、民族委员会主任
　　　　委员；中共中央党史研究室原主任；中共
　　　　中央党校原常务副校长）

何　理（中国人民解放军国防大学少将、教授、中
　　　　国抗日战争史学会会长）

支绍曾（中国人民解放军军事科学院少将、原军事
　　　　历史研究部副部长、研究员）

罗焕章 （中国人民解放军军事科学院研究员）

刘庭华 （中国人民解放军军事科学院原军事历史研究部研究室主任、研究员、博士生导师、首席军史专家）

阮家新 （中国人民革命军事博物馆原副馆长、研究员）

步　平 （中国社会科学院近代史研究所原所长、研究员）

汤重南 （中国社会科学院世界历史研究所研究员、中国日本史学会名誉会长）

姜　涛 （中国社会科学院近代史研究所研究员）

荣维木 （《抗日战争研究》原主编）

郭德宏 （中共中央党校党史教研部原主任、教授、博士生导师）

肖一平 （中共中央党校党史教研部教授）

杨圣清 （中共中央党校党史教研部教授）

李东朗 （中共中央党校党史教研部教授、博士生导师）

徐　勇 （北京大学历史系教授、博士生导师）

李良志 （中国人民大学中共党史系教授）

王桧林 （北京师范大学教授、博士生导师）

谢忠厚 （河北省社会科学院原现代史研究所所长、历史研究所顾问、研究员）

中共中央党史研究室课题组成员

李忠杰　霍海丹　李　蓉　姚金果　李　颖
王志刚　王树林　杨　凯

《抗日战争时期中国人口伤亡和
财产损失调研丛书》

总　序

中共中央党史研究室副主任　李忠杰

　　发生在 20 世纪三四十年代的中国人民抗日战争，是中华民族抵抗日本帝国主义侵略的一场规模巨大的战争，是世界反法西斯战争的重要组成部分和东方主战场，是近代以来中国反对外敌入侵第一次取得完全胜利的民族解放战争。中国人民抗日战争的胜利，成为中华民族由衰败走向振兴的重大转折点，也对世界各国人民取得反法西斯战争的胜利、争取世界和平的伟大事业产生了巨大影响。

　　这场战争，作为世界反法西斯战争的一部分，从根本上来说，是反法西斯正义力量与法西斯侵略势力之间的一场大决战，是文明与野蛮的一场大搏斗。日本侵略者，站在法西斯阵营一边，不仅与中国人民为敌，而且与世界人民为敌，肆意践踏人类的公理和正义，企图以残暴杀戮的手段，将中华民族置于自己的铁蹄之下。日本侵略者先后占领了中国、东南亚、南亚、大洋洲许多国家的领土，杀害居民，掠夺物资，强征劳工，施放毒气，蹂躏妇女和儿童，毁坏和窃取文物，造成了大量人员和财产的损失，给中国人民和亚洲其他许多国家人民留下了巨大的创伤，给世界文明造成了空前的破坏。

　　中国是受战争摧残最为严重的国家。从 1931 年到 1945 年的 14 年间，日本侵略者先后占领了东北、华北、华中、华南等大片中国最重要的经济政治文化战略地区。在整个战争进程中，日军到处屠杀、焚烧、抢掠、奸淫，使中国人民的生命财产惨遭蹂躏；大量使用生化武器，进行残酷的细菌战和化学战；把大批中国平民和俘虏当作细菌和毒气的试验品；对无辜的中国平民施放毒气，或在河流、湖泊、水井中投毒；掠走大批中国劳工，强迫他们筑路、开矿、拓荒，从事大型军事工程，使其大批冻、饿、病、累而死；强征中国妇女作为"慰安妇"，严重残害妇女的身心健康；对抗日根据地实行"烧光、杀光、抢光"政策，企图摧毁抗战军民起码的生存条件；在许多地方还制造了一系列触目惊心的大惨案。直至今天，日本侵略所造成的后果还难以完全消除，日军遗留的毒气弹还不时地威胁着中国人民的生命安全。

日本侵略者的罪行，违背了起码的人类良知和国际公法，不仅是对人权和人道主义的践踏，而且是对人类文明的挑战。它决不是如某些日本右翼分子所说是解放亚洲和太平洋地区人民的行动，而是亚洲和太平洋地区历史上最黑暗的一幕，是人类文明史上的一场浩劫。第二次世界大战结束后，根据《波茨坦公告》的规定，远东国际军事法庭在东京对日本首要战犯进行了国际审判，确认侵略战争为国际法上的犯罪，策划、准备、发动或进行侵略战争者为甲级战犯。此外，盟军还在马尼拉、新加坡、仰光、西贡、伯力等地，对日本的乙、丙级战犯进行了审判。中国也先后对日本的有关战犯进行了审判。这些审判，与欧洲的纽伦堡审判一起，使发动侵略战争的罪犯受到了应有的惩处，代表了全世界一切爱好和平人民的共同愿望。这是正义的审判，历史的审判！这一审判的结果是不容挑战的！

策划和制造当年这场战争的，是一小撮日本军国主义和法西斯分子。而日本人民，从根本上来说，也是受害者。所以，日本人民也用不同方式对这场战争进行了抵制和反抗。不少参加侵华战争的士兵认识到战争的性质，幡然悔悟，积极参加了国际和日本国内的反战活动。战后，很多人勇敢面对历史事实，以见证人的身份揭露了日本军国主义的罪行。还有很多当年的士兵，真诚忏悔战争的罪行，以实际行动推动世界和平和中日友好，做了很多有益的工作。他们的良知和勇气，应该得到充分的肯定和赞赏。

相反，日本国内一些右翼势力，直到今天仍然否认侵略战争的性质和罪行，竭力推卸侵略战争的责任。对早已由当年远东国际军事法庭作出严正判决的南京大屠杀一案，始终企图翻案。历史不容改变，事实岂能抹杀！企图歪曲历史，掩盖罪行，这是中国人民绝对不能同意的！

中国人民在当年那场战争中的胜利，是正义战胜邪恶、光明战胜黑暗、进步战胜反动的伟大胜利！是正义的胜利、人民的胜利、和平的胜利！既是中华民族永远值得纪念的胜利，也是世界人民永远值得纪念的胜利！但是，在纪念胜利的同时，我们不要忘记，这一胜利是用极为惨重的代价换来的。在这一伟大胜利的背后，是中华民族遭受的巨大人员伤亡和财产损失！中华民族，既为这场战争的胜利作出了巨大的贡献，也在这场战争中付出了巨大的民族牺牲。

1995 年，江泽民同志在首都各界纪念抗日战争暨世界反法西斯战争胜利 50 周年大会上，对当年日本侵略中国造成巨大人口伤亡和财产损失的基本数据作出了重要表述。2005 年，胡锦涛同志在纪念中国人民抗日战争暨世界反法西斯战争胜利 60 周年大会的讲话中，再次郑重宣布，据不完全统计，在抗日战争期间，中国军民死伤 3500 多万人；按 1937 年的比值折算，中国直接经济损失 1000 多亿美元，间接经济损失 5000 多亿美元。中国领导人公开宣布的基本数据，从整体上揭示了中国人口伤亡和财产损失的规模，有力地揭露了日本军国主义侵略的罪行。

数据，是历史的抽象。数据的背后，是大量的事实、确凿的证据，是无数人们的惨痛记忆和血泪控诉。为了更直接、更具体、更全面、更系统、更立体地还原当年的历史，展示中国人民遭受的灾难和损失，揭露日本军国主义的罪行，驳斥日本右翼势力否认侵略罪行的种种言论，我们必须通过更多档案资料的展示、历史文书的挖掘、具体事实的考查、当事人的证词证言、各种各样的物证书证，等等，将侵略者的罪行昭告天下。因此，作为炎黄子孙，作为郑重的历史工作者，有必要、有责任、有义务、也有权利对战争期间中国的人口伤亡和财产损失进行更加系统、详尽、具体的调查研究，将当年中国人民的巨大牺牲和惨重损失永远地记载下来。

这项调查研究工作，本来在抗日战争结束之后，或者在新中国成立时，就应该进行。但由于种种历史原因，未能系统、全面地进行。由于年代久远，资料散失，在世的证人越来越少，现在进行这方面的调查和研究已经有很大困难。但是，无论早晚，这项工作总得有人来做。现在才做，已经晚了几十年。但如果现在再不做，将来就更晚，也更困难了。所以，无论再困难，做，都是必要的。做好这项调研，是对历史负责、对人民负责、对当年的牺牲殉难者负责、对我们的子孙后代负责。根本上，是对整个中华民族负责，也是对国际社会和人类文明负责。

因此，2004年，中央党史研究室决定开展《抗日战争时期中国人口伤亡和财产损失》的课题调研。从2005年开始，组织全国党史部门围绕这一重大课题，开展了系统深入的调研工作。其基本任务，是按照实事求是的原则，调查更加详实、有力、具体、准确的档案、材料、事实，更加清楚准确地掌握日本军国主义的侵略罪行，更加清楚准确地掌握日本侵略在各个不同领域、地区和方面对中国造成的破坏和损失。其中包括：各个省、自治区、直辖市在抗战中的人口伤亡和财产损失情况；历次重大战役战斗中中国军队伤亡的情况；日本从中国掠走各种资源的情况；日本从中国掠走和破坏文物的情况；日军在中国制造的一系列重大惨案；中国劳工的损失情况；中国妇女遭受日军性侵犯的情况，包括"慰安妇"的情况；日军在中国使用细菌武器、化学武器及其造成伤害的情况；日本侵略在其他方面给中国造成破坏的情况；等等。

课题调研的整体布局，实行块块和条条的结合。每个省、自治区、直辖市党史研究室，主要负责把本区域内的情况调查清楚。也可根据实际情况，选择一些重点，进行专题性的调研，形成专题性的研究成果。一些重要专题，单靠某个省（自治区、直辖市）做不了，就采取条条的办法，组织专题性的调研。还有一些，则是条条与块块相结合。如毒气，日军在不同区域使用过，有关的省（自治区、直辖市）都调查。但作为一个专题，由相关的区域进行协调，配合开展调研工作，并形成专项的调研成果。如劳工、性侵犯等，就大致属于这种类型。

课题调研的方式方法，主要是查阅和搜集档案文献资料，包括不同历史时期的统计报表。同时查阅当时有关的报刊资料，查阅多年来涉及有关地方、有关课题的研究成果。对一些特殊的重大事件，特别是重大惨案等，也同时进行社会调查，对当事人、知情人、有关研究人员等进行走访，记录证词证言。对于特别重要的事件，有条件的，还进行必要的司法公证，如南京大屠杀、潘家峪惨案等，使这些调查都成为在法律上可以采信的证据。根据需要与可能，也到国外境外包括台湾地区查阅搜集档案资料。

中央党史研究室进行了大量组织和指导工作。在课题确定前，首先进行了必要的论证，得到了许多专家的支持。随后，制定了详细的工作方案，向各省、自治区、直辖市党史研究室发出正式通知和实施意见，明确了工作的指导思想、组织领导、调研项目、工作步骤、基本要求、注意事项等等。为了提高认识，振奋精神，交流经验，落实措施，专门召开了工作培训会议，就课题的总体规划、调研方法、需要把握的问题等，作了全面部署，特别是提出了把调研工作做成"基础工程、精品工程、警世工程、传世工程"的要求。多年来，一直分阶段、有步骤地把这项课题调研推向前进。有关领导和专家分别到各地参加会议，指导培训，提出要求，统一规格，解答疑难问题。在调研过程中，随时就有关问题进行具体指导。工作班子及时编发简报和简讯，交流情况和经验。

各级党委和政府高度重视。多数地方成立了由党史研究室领导负责的课题组。各地先后召开工作会议、电话会议等，培训人员，落实任务。许多地方形成了由党史研究室牵头，档案、民政、财政、司法、地方志、社科院以及高校等部门单位联合攻关的局面，保证了调研工作扎扎实实、有计划有步骤地向前推进。

《抗日战争时期中国人口伤亡和财产损失》课题调研先后经历了六个阶段。第一，酝酿启动。第二，全面调研。这是最重要的阶段。各地组织专门人员，查询档案，实地走访，搜集了大量资料。第三，起草报告。凡参加调研的县以上单位，都要在搜集整理、考证研究档案文献资料和进行实地调查的基础上，写出调研报告，全面、准确地反映调研成果。同时，将调研中搜集的档案文献资料进行分类整理，制作统计表、大事记和人员伤亡名录等。第四，分级验收。为保证调研成果的科学性、准确性、严肃性，各省、自治区、直辖市调研报告都要经过四级验收。首先由课题领导小组审查通过，然后聘请所在省份资深专家审读验收，合格后报送中央党史研究室课题组。中央党史研究室课题组审读各省、自治区、直辖市的调研报告及相关调研成果，认为合格后，再聘请有全国影响的专家审读，写出书面意见并亲笔署名。根据审读意见，各地都要反复认真进行修改，只有达到规定要求才能通过验收。第五，上报成果。完成调研工作的省、自治区、直辖市，都按统一要求，将调研中收集的档案文献资料等所有文件，精心整理，分类成册，向中央党史研究室提交调研成果。各市县也要逐级向省级报送。第六，反复审核。中央党史研究室召开审稿会，组织各省、自治区、直辖市按照标准自审，相互间互审，将各种材料进行比对，将有关数据核实，解决带有共性的问题，进一步统一标准、统一规范、统一格式。

这项课题调研，作为一项浩大的工程，到目前为止，进行了将近10年之久。前后共有60多万党史工作者、史学工作者和其他各类有关人员参加。将近10年来，各个地方都周密组织，采取有力措施推动工作开展，保证调研质量。如山东省，先在30个县（市、区）进行试点，然后在全省普遍推开，形成了纵向省市县乡村五级联动、步调一致，横向十几个部门优势互补、携手攻关的工作格局。课题调研期间，山东省参加工作的同志共查阅档案238742卷，复印档案资料406912页，查阅抗战期间及战后出版的书刊61301册（期），复制文献资料220177页。走访调查8万余个行政村、609万名70岁以上（即1937年全国性抗战爆发以前出生）老人中的507万余人，收集证言证词79万余份。拍摄照片资料7376幅、录像资料49678分钟，制作光盘2037张。全省1931个乡镇，每个乡镇都建立了包括证人证言证词、伤亡人员名录、财产损失清单、人员伤亡和财产损失数字统计、人员伤亡和财产损失大事记、重大惨案证据材料以及证人和知情人口述录音、录像、照片等内容的抗战时期人口伤亡和财产损失材料卷宗，共12892个。

这项课题调研，也得到了社会各界特别是档案图书部门、专家学者的普遍支持。许多档案馆、图书馆为这次调研提供各种方便。不少专家学者在教学科研任务繁重、经费困难的情况下，承担专题研究任务。有的外请专家利用学校假期全力以赴做课题，缺少交通工具，就以自行车代步或徒步，到档案馆和图书馆查阅文献资料。

为了扩大搜寻面,中央党史研究室还组织查档小组,分赴美国、俄罗斯、日本,搜集了许多抗战史料。很多地方的课题组都到台湾查档。在台北"国史馆"、中国国民党党史馆、"中央研究院"近代史研究所档案馆等,找到了数量巨大、整理比较细致的抗战档案。台北"国史馆"馆藏的国民党在大陆统治时期行政院赔偿委员会档案,涉及抗战时期中国人口伤亡和财产损失的有8924卷,内容十分翔实具体。既有中央机关、军队系统人口伤亡和财产损失情况,也有地方省、市,县、区和个人填报的资料,包括台湾地区和华侨的档案资料。新疆防空委员会也报送有财产损失材料,如修筑防空工事、疏散费等财产损失。重庆市报送有日机空袭慰恤重伤难胞姓名卡,上面有卡号、伤员姓名、性别、年龄、籍贯、受伤时间、受伤地点、犒金额、发犒金时期、所住医院名称、医院地址、入院时间等,受伤部位还配有图片加以说明。所有这些,为查明当时各方面的人口伤亡和财产损失,提供了重要证据。

　　这项重大课题调研的成果,均编成《抗日战争时期中国人口伤亡和财产损失调研丛书》公开出版,为国内外学者提供并为子孙后代留下一份关于抗战时期中国人口伤亡和财产损失的系统资料。经过验收、审核合格的调研报告和主要档案文献资料,都按统一体例,编辑成为丛书的A、B两个系列。A系列为各省、自治区、直辖市各一本调研成果,以及若干重要专题的调研成果,由中央党史研究室负责审核。B系列为各省、自治区、直辖市的其他大量调研成果,由各省、自治区、直辖市党史研究室负责审核。全部成果统一设计、统一规格、统一版式、统一编号,由中共党史出版社统一出版。全部出齐之后,将有300本左右。

　　为了集中反映日本侵略者在中国制造的各种重大惨案,我们专门编纂了一套《抗日战争时期全国重大惨案》,收录抗战时期死伤平民(或以平民为主)800人以上的重大惨案100多个,配以档案、文献、口述及照片等作为历史证据。日本一些右翼分子，常常攻击中国为什么不拿出伤亡人员名单。我们专门安排了一个省，即山东省，公布该省具体的伤亡人员名录（第一批先公布该省100个县＜市、区＞的死难人员名录），包括姓名、籍贯、年龄、性别、伤亡时间等多项要素。以此说明，中国的伤亡人员都是有根有据、铁证如山的。

历史的生命在于真实、客观、准确。《抗日战争时期中国人口伤亡和财产损失》这一课题调研的生命也在于真实、客观、准确。所以，在开展这一课题调研的过程中，我们始终把保证调研质量，保证所有材料、事实、成果的真实性、客观性和准确性放在第一位，并在五个重要环节上严格要求、严格把关。第一，严格要求。一开始就明确规定，课题调研工作坚持实事求是的原则和科学严谨的态度。整个调研工作必须尊重历史事实。档案怎么记录的，就怎么记载，不能随意改变。当事人、知情人怎么说的，就怎么记录，不能随意加工。所有的材料、事实都要经得起法律上和学术上的质证。在需要与可能的情况下，对当事人、知情人的证词证言要进行司法公证。各种数据，都要确有根据，不能随便编排、采信。不许追求任何高数字、高指标。第二，统一规范。对课题调研的项目、内容，都做了认真细致的研究，提出了统一要求和严格规范。对全部调研项目设计了统一的表格，对调研报告的内容和格式做了统一规定。每个数字的内涵外延，包括如何计算、如何换算等等，都有明确的规定。事前对调研人员进行了培训。调研过程中，对没有理解的问题、疑难的问题等，都由专家给予统一的解释、说明。第三，责任到人。对所有参与课题调研的人员，都实行责任制。查档的、笔录的、整理的、起草调研报告的、审读的……，每个环节的人员都要签名，以对这一环节自己的工作负责，对子孙后代负责。明确规定，今后凡遇到质疑，有关环节的调研人员都要能够站出来进行证明、解释和辩论。第四，客观撰写。在汇总情况、起草调研报告阶段，要求所有的数据统计都必须客观、真实、准确。一律用事实说话，材料要具体、实在。不允许像写文艺作品那样来写调研报告；不允许作任何想象、编造和煽情性的描写；不允许刻意追求语言的生动华美；不允许使用任何带有夸张性、主观推断性的文字；不允许用"不计其数"、"无恶不作"这类抽象的形容词来概括相关内容；经过调研，凡是能够说清的事实、数字都予采用，但仍然说不清的情况、数据，就客观地说明未查核清楚，在汇总和整理数据时充分考虑这些因素，绝对不得编造数字。第五，逐级验收。除了在调研过程中由特聘的专家随时给予指导外，对各地提交的调研报告和相关材料，都实行逐级验收制度。其中，对省级调研成果实行由地方到中央的四级验收，其他调研成果由有关省、自治区、直辖市党史研究室组织验收。每一验收环节都要有专家审读、签字。凡存在问题和不符合要求之处，都要退回重新核查和修改。

经过艰苦努力，到2010年底，我们在深入调研的基础上，初步编出了几十本成果，先行印制了少量样本作为内部工作用书，组织力量作进一步的研究、审读、复查、校核。从2014年初开始，我们又组织展开了新一轮较大规模的审核工作。第一，召开有关省、自治区、直辖市党史部门参加的审稿会，进一步提高认识，明确规范，听取相互评审以及从社会各方面听到的意见，对审核工作提出要求，进行部署。第二，开展自审、复核、修改，确保准确无误。同时在各省、自治区、直辖市党史部门之间交叉审读，相互间进行比较、核对、衔接。自审互审完成后，都要确认是否具备正式出版的质量水准，签署是否同意交付出版的意见。第三，由中央党史研究室组织专家，对所有拟第一批出版的成果（书稿）进行六个环节的审读、检查、修改、校对，不仅检查是否还有表述不够准确或不够清楚的地方，而且对各本书稿之间、每本书稿各个部分之间的内容、叙述、时间、数字等进行统筹检查，排除表述不一致的内容。第四，如实客观地说明我们工作尽最大努力后达到的程度。始终强调，凡是已经清楚的，就清楚表述。还没有搞清楚的，就如实说明还没有搞清楚。某些数据、结论与其他书籍资料不完全一致的，则说明我们是依据什么材料、从什么角度得出和叙述的，不强求一致。第五，组织各地党史部门继续参与审核。凡有疑问的，都与有关地方党史部门联系、查核。多数省、自治区、直辖市都派专人来京参与审核、修改、校对。审核完毕后，又组织各地党史部门对自己书稿的清样再次进行审核。然后再按出版流程交付印制。今年以来对这些成果再次进行如此繁密、细致的复核工作，都是为了进一步保证成果的质量，保证历史事实的真实性和准确性。

特别需要强调的是，开展这项调研，不是为了简单汇总、计算这样那样的数据，而是为了寻找、展示更多的档案、更多的材料、更多的人证物证、更多的历史事实，用具体的事实来反映当年中华民族遭受的巨大灾难，揭露日本侵略者反人类的罪行。时隔几十年，很多数据难以查清，很多数据可能不很吻合，而且数据的分类、统计、核算都极为复杂，远远不是简单做一做加法就能算出来的。所以，我们在数据上采取了十分谨慎的态度。能统计出来的就统计出来，难以统计的也不强求。统计的口径、结果相互有差别的，也注意说明。今后，我们将会对数据问题作进一步研究。因此，目前的研究还只是阶段性的，不能说已经包罗万象，更不是最终的结论。总体上，还是在为今后更加综合性的研究提供一个详尽、扎实的基础。

由于自始至终都高度重视和强调调研的质量，所以，对于这一项目的真实性、客观性、准确性，我们有充分的信心。当然，无论如何，历史已经过去了六七十年，很多当事人已经去世，很多档案资料已经散失。现在再对发生在六七十年前的灾难进行大规模的调查，其困难是可想而知的。所以，即使做了最大的努力，我们仍然充分预计在调研成果及有关材料中，还是会有不足和差错之处，出版之后，肯定会有不同意见。所以，我们真诚地欢迎所有看到这些调研成果的人们，对其中的内容、材料、数据等进行审查、讨论。如此，必将有更多的人们关心和参与对当年那场灾难的调查，必将会提供和发现更多的档案、更多的资料、更多的见证，必将对我们调研成果中的很多内容进行不断的推敲琢磨，从而使我们能够更加准确、系统地展示当年中国的人口伤亡和财产损失，使我们为子孙后代留下的资料更为完整、更为丰富。我们也欢迎日本和其他国家的人们对这些调研成果进行阅读、审查、讨论、质疑。如此，将会有更多的国家和人们关注中国当年所遭受的灾难，也将会有更多的存留于国外境外的档案资料出现在公众面前，也将会使对当年这段历史和灾难的记录、研究更加准确和科学。

《抗日战争时期中国人口伤亡和财产损失》课题调研，是一项学术性的工作。开展这项课题调研，是为了更加准确和详尽地记录这场战争和灾难的历史，更加充分和有力地揭露日本军国主义的侵略罪行、反击日本右翼势力否认侵略战争的言行，更加充分和有效地进行爱国主义教育，毋忘国耻、振兴中华，更加积极地促进两岸交流、推进祖国和平统一进程，同时，也是为了给全世界所有关注当年这场战争和灾难的国家、政府和人们一个更加负责任的交代，为子孙后代继续研究当年中国人民抗日战争和日本军国主义的侵略罪行留下一笔丰富翔实的历史遗产。因此，虽然是学术性调研，但具有重大的历史意义、现实意义、国际意义、政治意义。作为历史工作者，我们有责任、有义务，实事求是地把中华民族在那场战争中蒙受的巨大灾难和损失尽可能完整地记载下来。推动和开展这项课题调研，是良心所在，是责任所在！每每读到那些令人震颤的历史事实，每每想到那数千万死难者的冤魂亡灵，每每掂量我们今人特别是历史工作者的责任，我们都禁不住潸然泪下。将近10年来，所有调研人员本着对历史和民族负责的精神，殚精竭虑，无私奉献，千方百计寻找各种线索，逐字逐页翻阅档案资料。为了做好对当事人、知情人的调查取证工作，顶酷暑，冒严寒，深入村镇，一家一户进行走访。也许，随着时间的流逝，这样的调研工作，以后再也不可能如此全面深入大规模地进行了。所以，对于能够基本完成这一课题的调研，我们极为欣慰，对能够取得今天这样的成果，我们极为珍惜。将近10年来，调研工作遇到过重重困难，调研人员付出了巨大心血，但只要能够对国家、对民族、对人民有一个负责任的交代，我们所有的努力、辛劳甚至痛苦都是值得的！

现在，《抗日战争时期中国人口伤亡和财产损失调研丛书》A系列第一批成果就要正式出版了，随后我们还将根据工作进程陆续出版第二批、第三批……B系列丛书的编纂和出版工作也将同时推进。而且，这项课题调研工作远没有结束。截至目前课题调研取得的成果，都还是阶段性的、部分的、不完全的成果。很多专题性调研还要继续进行，对大量档案资料还要进行分析研究。所有这些，都还需要我们继续不懈地努力。我们将以对历史负责的精神，一如既往地将这项课题调研工作做好。

历史，是现实的基础，更是未来的起点。打开尘封的记忆，重温昔日的往事，我们可以得到很多的启示和教诲，增长很多的聪明和智慧。所以，研究历史，形式上是向后看，但根本目的是向前看。作为一种科学的研究，我们调查历史的真相，记录历史的灾难，不是为了延续旧时的仇恨，不是为了扩大中日之间的裂痕，不是为了煽动狭隘民族主义的情绪，而是为了以史为鉴，不让历史的悲剧重演；面向未来，书写更加友好合作的美好篇章。经历了太多的苦难和挫折之后，我们更加坚定地热爱和平，更加执着地追求正义，更加珍惜国家的主权与独立，也更加关注世界的文明发展和进步。我们真诚地希望，世界各国能够携手努力，平等协商，求同存异，友好相处，共同推进世界的发展，共享人类文明的成果；我们真诚地希望，中日两国人民能够更多地加强交流、理解和合作，共同开辟中日关系的新局面，使中日关系更加健康稳定地向前发展，使中日两国人民真正世世代代地友好下去；我们真诚地希望，中华民族能够始终以坚韧不拔的努力，坚定不移地走和平发展之路，在中国特色社会主义旗帜下全面建设小康社会，努力实现社会主义现代化，为推动建设一个和平发展、文明进步的世界作出自己的贡献！

2014 年 4 月 30 日

《抗日战争时期中国人口伤亡和财产损失》
课题①调研工作规范和要求

2004 年，中共中央党史研究室决定开展《抗日战争时期中国人口伤亡和财产损失》课题调研。2005 年向全国各省、自治区、直辖市党史研究室发出开展此项工作的正式通知，进行相应部署，着重说明工作的指导思想、调查项目、实施步骤及规范和要求。以后又随着课题调研的深入开展，对规范和要求进行了补充和完善。

一、课题调研的基本任务

抗战损失课题调研的目的和任务是深化对抗日战争时期中国人口伤亡和财产损失的研究。1995 年，在首都各界纪念抗日战争暨世界反法西斯战争胜利 50 周年之际，江泽民同志曾经对 20 世纪三四十年代日本侵略中国造成巨大人口伤亡和财产损失的基本数据做出了重要表述。2005 年，在纪念中国人民抗日战争暨世界反法西斯战争胜利 60 周年大会的讲话中，胡锦涛同志再次郑重宣布，据不完全统计，在抗日战争期间，中国军民伤亡 3500 多万人；按 1937 年的比值折算，中国直接经济损失 1000 多亿美元、间接经济损失 5000 多亿美元。中共中央党史研究室组织开展的课题调研，旨在全面详尽调查有关抗日战争时期中国人口伤亡和财产损失的具体事实，为这组基本数据提供强有力的史实支撑，并不是简单地做数据统计。

---

① 本课题亦简称为抗战损失课题或抗损课题。因为抗日战争时期及抗战胜利后国民政府统计人口伤亡和财产损失多采用"抗战损失"等概括性提法，其中将人口伤亡也称作抗战损失之一种，与财产损失并提，故沿用这一表述。

《天津市抗日战争时期人口伤亡和财产损失》编委会

主　　任　王以鸿　中共天津市委党史研究室主任

委　　员　李文芳　中共天津市委党史研究室副主任

　　　　　于　建　中共天津市委党史研究室副主任

　　　　　杨　源　中共天津市委党史研究室科研处处长

成员单位　中共天津市委党史研究室

　　　　　天津市档案馆

　　　　　天津社会科学院

　　　　　天津师范大学

　　　　　中共天津市和平区委党史研究室

　　　　　中共天津市河西区委党史研究室

　　　　　中共天津市河北区委党史研究室

　　　　　中共天津市河东区委党史研究室

　　　　　中共天津市南开区委党史研究室

　　　　　中共天津市红桥区委党史研究室

　　　　　中共天津市东丽区委党史研究室

　　　　　中共天津市西青区委党史研究室

中共天津市津南区委党史研究室

中共天津市北辰区委党史研究室

中共天津市塘沽区委党史研究室

中共天津市汉沽区委党史研究室

中共天津市大港区委党史研究室

中共天津市武清区委党史研究室

中共天津市宝坻区委党史研究室

中共天津市蓟县县委党史研究室

中共天津市宁河县委党史研究室

中共天津市静海县委党史研究室

课题组成员　李文芳　中共天津市委党史研究室副主任

于　建　中共天津市委党史研究室副主任

杨　源　中共天津市委党史研究室科研处处长

林　琳　中共天津市委党史研究室宣教处

马艳娣　中共天津市委党史研究室办公室

朱漓江　中共天津市委党史研究室科研处

韩凤兰　天津市档案馆

张秀芳　天津市档案馆

万鲁建　天津社会科学院历史研究所

陈奇杰　天津师范大学

王卫华　天津师范大学

孙　健　中共天津市和平区委党史研究室

于　萍　中共天津市河西区委党史研究室

何金凤　中共天津市河北区委党史研究室

袁宝祥　中共天津市河东区委党史研究室

濮育红　中共天津市南开区委党史研究室

梁兆生　中共天津市红桥区委党史研究室

崔海礼　中共天津市东丽区委党史研究室

张　军　中共天津市西青区委党史研究室

郭洪发　中共天津市津南区委党史研究室

谭秀元　中共天津市北辰区委党史研究室

曹美菊　中共天津市塘沽区委党史研究室

吴建明　中共天津市汉沽区委党史研究室

刘庆慧　中共天津市大港区委党史研究室

刘启顺　中共天津市武清区委党史研究室

方志国　中共天津市宝坻区委党史研究室

高卓月　中共天津市蓟县县委党史研究室

刘秋顺　中共天津市宁河县委党史研究室

韩远功　中共天津市静海县委党史研究室

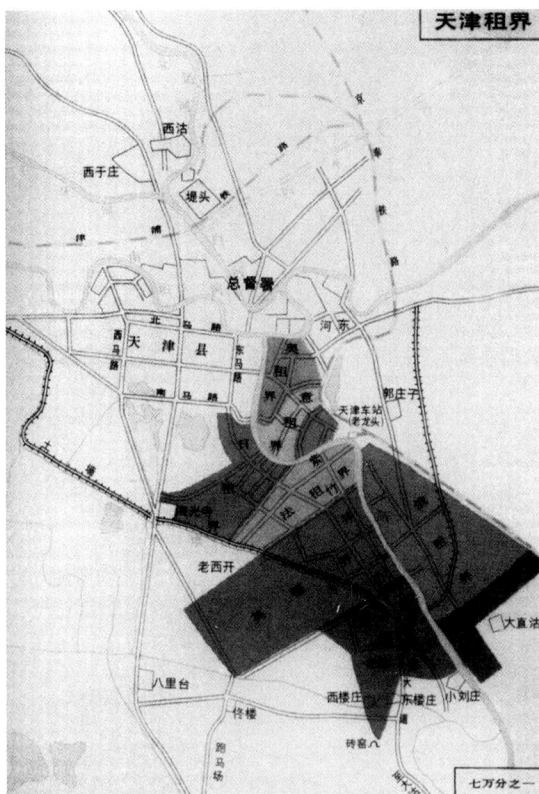

天津九国租界示意图。日本于1896年在天津设立租界。1900年以后，日本租界数次强行扩张。天津的日本租界不仅成为日后日本帝国主义策划实施侵华阴谋、掠夺华北经济资源的基地，而且成为走私日货、制造贩卖毒品、抢掠华工的大本营。

位于宫岛街（今鞍山道）的当年日本驻天津总领事馆。设在天津的日本总领事馆成为日本控制华北的中枢。

设在海光寺的日本兵营和日本华北驻屯军司令部（1937年后迁至北平）。

1931年11月，日军在天津制造"便衣队暴乱"。图为暴乱发生后市民逃难经过鼓楼时的情景。

大批淹斃屍身

在大直沽河中發現

1936年春至1937年10月,日军多次杀害为其修筑飞机场、指挥所等军事设施的中国民工,弃尸海河,制造了骇人听闻的"海河浮尸案"。

漂到海河岸边的尸体。

1931年以后，日本在华北大肆走私，使天津民族工商业遭到严重打击。

七七事变后，由塘沽登陆的侵华日军开进天津市区。

公大七厂水楼。1937年7月日军进攻天津时，五位保安队战士坚守水楼，最后弹尽援绝，与日军展开白刃战，刺死六名侵略者后全部壮烈牺牲。

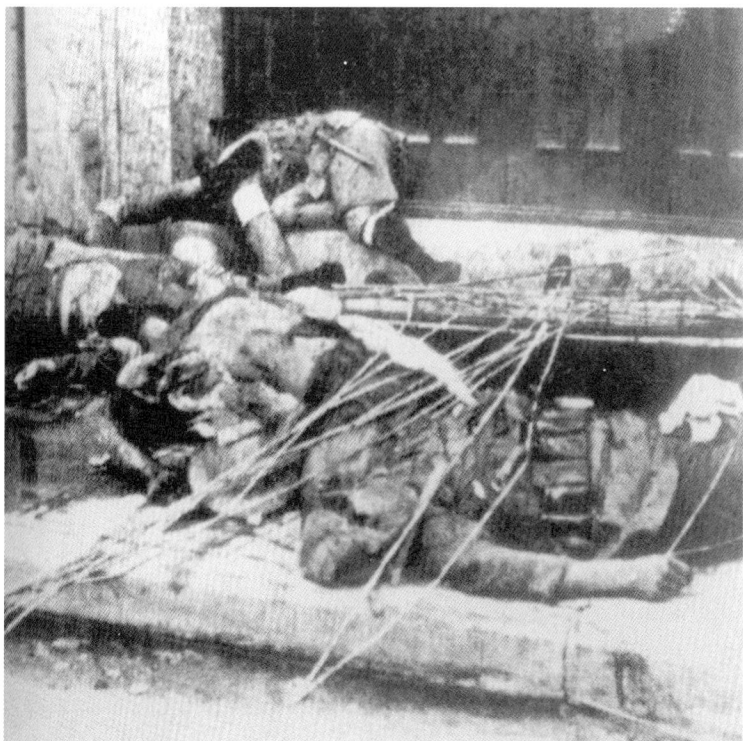

英勇牺牲在街头的保安队官兵。

1937年7月29、30日，日军出动飞机对天津站及其他地区进行野蛮轰炸。图为天津站及附近被炸起火的情景。

被日军飞机炸毁的河北省政府驻地。

被日军飞机炸毁的北马路一带商铺。

被日军飞机炸毁的
南开大学秀山堂大门。

被日军飞机炸毁的南开大
学东村教师宿舍。

遭日军飞机轰炸
的天津南开中学。

被日军飞机
炸毁的民房。

被日军飞机炸毁
的建筑和邮筒。

日军占领天津时在街头开炮。

1937年7月30日天津《大公报》刊登的日军飞机对天津进行野蛮轰炸的报道。

日军占领天津时，大批河东难民乘船进入英租界。

日军占领天津时，大批难民通过万国桥（今解放桥）进入法租界。

日军强迫天津工厂联合会捐献的飞机。

被日军占领的永利碱厂。永利碱厂是实业家范旭东于1917年在天津创办的中国第一个制碱厂。1937年天津沦陷后，永利碱厂被迫停产。后日军强行占领了永利碱厂。

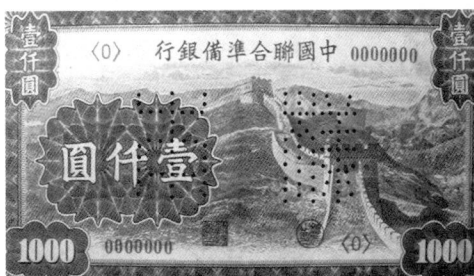

日本侵略者为控制华北金融业,于1938年3月成立伪中国联合准备银行。图为该行发行的钞票(样票)。

太平洋战争爆发后,日本国内人力资源短缺,为此日本政府决定从中国招募大批华工。天津汉奸袁文会等人成立了大东公司,专为日军强征"劳工"。图为大东公司院内被抓的"劳工"。

设在天津的日商大清化学工厂名为生产化肥,实为专门生产军用化学品和毒品。

日租界大街公开出售吸食毒品的烟具。

被毒品残害的吸毒者。

目　　录

人口伤亡（间接伤亡·劳工）·······57

物。沦陷时期，天津工商企业饱受日本侵略者盘剥掠夺，处境极其艰难；广大群众惨遭搜刮迫害，困苦不堪。

3. 强征劳工、"慰安妇"

大肆强征、抓捕、关押、转运和虐待劳工，是日本侵略者在天津的突出罪行。抗战全面爆发前，日本侵略者即以各种方式在天津骗招劳工。占领天津后，日本侵略者更肆无忌惮地强征和武装抓捕劳工。他们把天津作为劳工羁押和转运站，在市内和塘沽设立劳工集中营，把从山东、河北等地及天津本地抓捕的劳工集中起来，然后强行押往东北和日本去做苦工。被抓劳工饱受摧残虐待，很多人未到目的地就被折磨致死。仅1942年上半年由天津押运走的劳工就多达70余万人，生还者极少。日本侵略者还强征大量劳工为其在天津修筑飞机场、工事等军事设施；抓捕大量壮丁、夫役，为其在天津郊县构筑工事、据点。这些劳工，不论是被骗招的，还是强征抓捕的，不论是在天津市内、郊县，还是被输运到伪满洲国、伪蒙疆或日本等地，均在日军的监视下从事最繁重的劳役，失去了人身自由，生活和劳动条件极差，缺衣少食，绝大多数人没有工资，少数给工资者也经过种种克扣所剩无几，稍有不满和反抗，立即遭到日军毒打、侮辱和种种刑罚，甚至当场处决。

强征"慰安妇"，设置"慰安所"，实施性暴力，蹂躏中国妇女，是日本侵略者在天津犯下的严重罪行之一。日军在天津的最高领导机关"天津日本防卫司令部"设立了专门机构"防卫司令部安慰所"，亦称"别动队"，搜罗了一批汉奸、恶霸，在天津市内抢劫、绑架年轻妇女，定期"献纳"日本防卫司令部。日军还在日租界神户馆、东站会馆、槐荫里、塘沽、蓟县等处设置了"军人俱乐部"、"慰安所"，通过天津伪政府、警察局强征妓女，充作"慰安妇"。日军还多次把强征的妓女成批送往山东、河南日军驻地。日军还在"扫荡"、"清乡"及其制造的杀戮平民的惨案中，灭绝人性地实施性暴力，奸淫、侮辱妇女。

4. 不择手段地进行精神奴役

日本侵略者竭力推行各种思想文化统治措施，妄图从精神上奴役和控制天津民众。天津沦陷之初，日本侵略者即通过"新闻管制"取缔20多家报刊、通讯社。此后，颁发了一系列政策，强化对新闻、出版的控制。在教育方面，日本统治者通过颁布"统一校训"、废止原教科书、改用新课本、篡改中国地图、强行开设日语课、向各校派出日籍教官、推行战时教育体制等一系列措施，对青少年进行奴化教育。他们强令青年学生参加"新民青少年团"，接受军事训练，参加"勤劳奉仕"，千方百计地向青少年灌输建设"大东亚共荣圈"，实现"王道乐土"等奴化意识。日本侵略者还操纵"新民会"等汉奸组织，以建立"新民教育馆"、"新民阅览室"等方式，对群众进行奴化教育。

日本侵略者还放纵毒品泛滥，到处设立鸦片馆与白面儿馆，严重摧残群众的体魄与意志。早在天津沦陷前，天津日租界就是一个制毒、贩毒的基地。天津沦陷后，日本侵略者更把烟毒作为奴役沦陷区人民的特殊武器。日租界内制毒工厂达 100 余所，日夜赶造海洛因、高根红丸等毒品，由洋行 1000 余家分销[①]。天津伪政权下设的"土药业公会"、"禁烟局"是贩运、配售鸦片的公开机构。"禁烟局"每月按烟馆不同规模供应 90—900 两不等的"官土"，并以发放"吸烟证"、实行价格优惠等方式，诱骗市民吸毒。日本侵略者还豢养了一批浪人、汉奸，通过开设"洋行"、"土药店"和制毒工厂，制售大烟、海洛因、吗啡等毒品牟取暴利。由于日本侵略者大肆推行毒化政策，各种名目的大烟馆、土膏店几乎遍布全市，其中最高年份 1940 年达到 237 家。烟毒泛滥使数以万计的受害者身心俱损，家破人亡。

（四）抗日战争时期天津人口伤亡情况

抗日战争时期，日本侵略者为实施侵华阴谋、建立和维持法西斯殖民统治，在天津现辖区域内施行各种野蛮残暴的手段，镇压抗日力量，屠杀、迫害群众，制造了大量惨案，形成大量灾民，强征劳工、"慰安妇"，大肆制造贩卖毒品，造成天津大量的人口伤亡；其间，共产党领导的抗日武装、国民党军官兵在天津辖区对日作战中，天津籍国民党军官兵在外地对日作战中均付出了牺牲。现按地域对天津市内和郊县人口伤亡情况分别加以统计。

天津市区人口伤亡

1. 直接伤亡

（1）抗日战争时期牺牲的烈士及爱国群众

日本侵略者统治天津期间，竭力镇压市内抗日力量。一些共产党人和爱国人

---

① 谢忠厚、张瑞智、田苏苏总主编：《日本侵略华北罪行档案·毒气战》(6)，河北人民出版社 2005 年版，第 236 页。

者在天津河北六经路设置战俘收容所，在中条山战役中被俘的2000多名国民党军官兵陆续被关押在这里。后大部分俘虏被押往东北做苦工，500多名俘虏因伤病得不到救治在天津死去（按500统计）①。

以上市区被日军逮捕、俘虏关押人数计2421人（含军人2000人），其中死亡500人。

（2）灾民

日本侵略者对天津的武力攻占和残暴统治，使天津市内大批群众生活无着。1931年天津事件使市内1万多户贫苦居民流离失所（受难群众按4万人计）。② 1937年7月，日军攻占天津期间，炸毁、强占大批民房，使10万以上居民无家可归。1939年夏秋，海河流域洪水泛滥。日本侵略者出动飞机炸毁杨柳青附近南运河右堤，企图引洪东流入海，结果洪水却向市区汹涌奔来。8月中旬天津市区80%被淹，洪水至9月底才退。全市受灾人口近80万人，其中无家可归者60万人。洪水中遇难群众，仅天津红十字分会一家善堂打捞和处置的尸体就达813具③。此后，随着日军在天津周边地区的频繁"扫荡"，一批批灾民涌进天津，许多人因冻饿、疾病倒毙街头。1943年4月，据伪天津社会局统计公布，仅4月上半月因饥饿而死于街头的就达239人④。从九一八事变后至抗战胜利，天津市区受灾群众累计为94万，因受灾或冻饿而亡的群众因无完整记载难以作出确切统计，有记载的死亡人数为1052人。因灾民情况复杂，故除有记载的死亡者外的灾民数字未列入统计结果，有待进一步研究。

（3）劳工

沦陷时期，日本侵略者在天津市区及周边地区大肆骗招和强征劳工。1937年9月天津市治安维持会为日本大东公司修筑承德至通州铁路，在天津一次招募华工即达4万人。1946年天津市警察局统计，自1940年至1945年日本侵略者在天津强征劳工计73374人（有记载的死亡21人）⑤。

---

① 马友欣：《中条山战役后的天津俘虏收容所》，载中国人民政治协商会议天津市委员会文史资料研究委员会编：《天津文史资料选辑》（1995.1）总第65辑。

② 政协天津市文史资料研究委员会主编：《天津便衣队暴乱》，中国文史出版社1987年版，第3页。

③ 天津市地方志编修委员会编著：《天津通志·民政志》，天津社会科学院出版社2001年版，第237—240页。

④ [日]广濑龟松主编、王大川副主编：《津门旧恨——侵华日军在天津市的暴行》，天津社会科学院出版社1995年版，第311页。

⑤ 天津市警察局：《天津市被敌强征劳工人数及苦待损失概数表》（1946年9月2日），天津市档案馆馆藏档案，档案号2—2—1—1474，第12—15页。

日本侵略者为修建天津张贵庄飞机场等军事和军需工程及为驻津日军服务，在天津使用了大量劳工。张贵庄机场是日军在天津的一个重要军事工程。从 1944 年起，日军先后五次通过天津伪政府强征劳工。其中 1945 年 2 月，每日征派 2000 名，服役时间从 2 月 24 日至 3 月 31 日，共计 36 天，累计使用劳工 72000 人。而后分别于 3 月增征 550 名，6 月增征 500 名[①]。日军还强征劳工为其部队服劳役。1940 年至 1945 年，天津伪政府为日军"招募"服役劳工共计 97926 人。日军在天津使用劳工据现有资料统计为 174405 人。

日本侵略者在天津强征并运往外地的劳工和在天津使用的劳工，其中伤亡比率很高，但具体伤亡数字不详，有待进一步查证。除有记载的死亡 21 人外，以上劳工数字未计入统计结果。

日本侵略者还把天津作为羁押和转运劳工的中转站，大批劳工通过天津被押往日本和伪满洲国、朝鲜等地。经天津转走的劳工，仅 1942 年上半年即达 70 万人[②]。据现有资料统计，日伪利用各种手段经天津运往伪满洲国的劳工为 1485952 人，运往蒙疆的劳工为 30604 人，运往日本的劳工为 30000 余人，运往朝鲜的劳工为 789 人，以上合计 1547345 人。羁押、转运劳工的数字未计入统计结果。

（4）"慰安妇"

日本侵略者在天津市区强征"慰安妇"，现存档案、文献资料难以反映其基本情况。1944 年 7 月 3 日，伪天津警察局特务科情报称："查王士海领导下之别动队（即天津防卫司令部慰安所），迩来办理征集妓女献纳于盟邦驻津部队。每批二三十名，以三星期为期"[③]。1945 年 5 月，天津日本防卫司令部通知天津市警察局：征集 100 名妓女送往军人俱乐部，交由该部管理人木村点收[④]。从有关档案资料看，1944 年四五月间至 1945 年 8 月初，日本在天津即六次强征"慰安妇"，人数计 235 名。由于缺乏且难于搜集相关资料，日军在天津市区强征"慰安妇"及实施性暴力罪行受害人数难以作出详细统计。

① 居之芬、庄建平主编：《日本掠夺华北强制劳工档案史料集》（下），社会科学文献出版社 2003 年版，第 790、792、798 页。

② 李秉新、徐俊元、石玉新主编：《侵华日军暴行总录》，河北人民出版社 1995 年版，第 161 页。

③ 中国社会科学院近代史研究所近代史资料编辑部编：《近代史资料》，总 94 号，中国社会科学出版社 1998 年版，第 8—9 页。

④ 中国社会科学院近代史研究所近代史资料编辑部编：《近代史资料》，总 94 号，中国社会科学出版社 1998 年版，第 6—7 页。

（5）毒品受害者

日本侵略者为毒害、摧残天津民众，大肆制造贩卖毒品，使一些市民身心遭受严重伤害。日伪政权将大量鸦片从"蒙疆"等地运至天津。为诱骗市民吸毒，日伪当局"禁烟局"向吸毒市民发放"吸烟证"，凭证可以给予优惠。据 1945 年 8 月统计，天津全市经日伪当局许可设立的土药店（出售鸦片烟店铺）33 家，吸食鸦片的土膏店 187 处，经营海洛因的"白面儿馆"50 余家，登记的"合法烟民"31450 人[①]。毒品受害者人数未列入统计结果。

抗战时期天津市区间接人口伤亡共 1808 人（含军人），有记载的至少死亡 1573 人。

抗日战争时期天津市区人口伤亡汇总表

类　别	直接伤亡（人）			间接伤亡（人）				
	死	伤	合计	被逮捕、俘虏关押	灾民	劳工、"慰安妇"	毒品受害者	合计
烈士及爱国群众	213	25	238					
国民党军警及公务人员	2273	40	2313	死 500				500
平　民	5932	156	6088		有记载的死亡 1052	劳工有记载的死亡 21；"慰安妇" 235		1308（有记载的死亡 1073）
合　计	8418	221	8639	死 500	有记载的死亡 1052	256（有记载的死亡 21）		1808（有记载的死亡 1573）
总　计	10447（死：9991；伤：456）（含军人）							

（该表统计数字为课题组根据档案、文献、口述资料，在专项统计的基础上汇总而成，被逮捕、俘虏关押人员和灾民、劳工除有记载死亡、受伤者外未计入，毒品受害者未计入）

[①] 天津市警察局：《天津市抗战期间人民被迫吸食烟毒及种植烟苗所受损失调查表》（1946 年 7 月 31 日），天津市档案馆馆藏档案，档案号 2—2—1—1475，第 179 页。

天津郊县人口伤亡

1. 直接伤亡

（1）中国共产党领导的抗日武装和地方政权工作人员伤亡人数

抗战时期，中国共产党领导的抗日武装在天津郊县开辟抗日游击区，建立抗日政权，并在蓟县盘山建立了抗日根据地。为打击日、伪军，粉碎敌人的"扫荡"和"蚕食"，党领导的抗日武装在天津郊县对敌作战近 70 次。其中，1939 年 9 月下旬，盘山独立大队在蓟县青甸对敌作战中 400 多人大都伤亡或被俘。1944 年 5 月，在蓟县爨岭庙战斗中，八路军指战员和地方干部牺牲约 130 人。1945 年 2 月，八路军在宝坻赵各庄战斗中牺牲 146 人。除上述一次伤亡人数较多的战斗外，战斗伤亡情况大都没有确切记载。在对敌斗争中，冀东第一专署专员杨大章、武宝宁办事处主任寒松、武宝宁工作委员会书记王书文等一些地方抗日政权领导人和工作人员献出了生命。据现有资料统计，抗战时期，中国共产党领导的抗日武装和地方政权工作人员在天津郊县伤亡计 3376 人。其中牺牲 3032 人，受伤 344 人。

（2）国民党军在天津郊县和天津籍国民党军官兵伤亡人数

1937 年 7 月 29 日，国民党第二十九军第三十八师和天津保安队从天津市区撤至静海，后与第三十七师一部会合。8 月初至 9 月中旬，先后在良王庄、独流、府君庙、静海县城、王口、唐官屯等地与日军作战 9 次。国民党军官兵伤亡约 2000 人（按伤亡各 1000 人统计）[①]。

抗战期间籍贯为今天津郊县的国民党军官兵在外地作战死亡人数，据国民党军联合勤务总司令部抚恤处纂订《中华民国忠烈将士姓名录》（河北省）部分记载：武清 93 人，宝坻 27 人，宁河 15 人，静海 46 人，蓟县 32 人，共计 213 人[②]。

以上国民党军在天津郊县和天津籍国民党军官兵在外地作战伤亡共计 2213 人，其中死亡 1213 人，受伤 1000 人。

（3）平民伤亡

早在 1933 年，日本侵略者在向长城沿线发起进攻时，其炮击、轰炸即造成

---

① 静海县志编修委员会编著：《静海县志》，天津社会科学院出版社 1995 年版，第 564—567 页。

② 联合勤务总司令部抚恤处纂订：《中华民国忠烈将士姓名录》（河北省）（中华民国三十六年十二月初编），天津市档案馆藏档案，档案号 2—2—1—565，第 45—48 页。

蓟县平民伤亡。天津沦陷后，日本侵略者对天津郊县特别是蓟县盘山周围频繁进行"扫荡"、"清乡"，实行"三光"政策，在长城沿线制造"无人区"，大批平民惨遭杀戮。据档案文献和口述资料统计，自 1933 年 4 月至 1945 年 8 月，日军在天津郊县共造成平民 29128 人伤亡，其中死亡 26019 人，受伤 3109 人。

抗战时期天津郊县直接人口伤亡计 34717 人（含军人），其中死亡 30264 人，受伤 4453 人。

2. 间接伤亡

（1）灾民

日本侵略者在天津郊县频繁"扫荡"、"清乡"，大肆烧毁民房，抢夺粮食、牲畜，甚至在盘山抗日根据地周围实行"集家并村"、建立"无人区"，给天津郊县人民造成深重的苦难。许多群众丧失了起码的生存条件。据不完全统计，抗战期间，日本侵略者在天津郊县烧毁民房数万间，使十几万群众流离失所，无家可归。

日本侵略者的法西斯统治更加重了自然灾害时的群众损失。1939 年夏，华北遭受严重水灾。当时，天津郊县蓟县 54 个村被淹；宝坻"全县无一干地，平地水深盈尺"；宁河"河水漫溢，平地水深七尺"。津南咸水沽镇共 5200 余间房屋，冲倒 3400 余间，砸死、溺死 40 余人；大港东抛庄一个村就死 20 余人；静海倒房 58000 间，溺毙 800 余人，入冬后冻饿而死 17500 余人[①]。天津郊县受灾人口 100 余万，其中有记载的死亡至少 18360 人。除有记载的死亡者外，灾民伤亡数字未列入统计结果。

（2）劳工

日本侵略者把在天津郊县抓捕的抗日群众和强征的劳工大量押往东北和日本。据现有资料统计，日军在天津郊县强征劳工、壮丁 27641 人。其中，蓟县（包括蓟南办事处）被抓壮丁 12199 人，宝坻 7231 人，武清 4321 人，宁河 3540 人。日军还强迫群众为其修建机场、工事等[②]。由于资料所限，天津郊县被日军强征劳工的人数难以做出全面统计，其中伤亡人数亦不详。已知的夫役（人次）数字未列入统计。

---

① 天津市地方志编修委员会编著：《天津通志·民政志》，天津社会科学院出版社 2001 年版，第 237—239 页。
② 谢忠厚、张瑞智、田苏苏总主编：《日本侵略华北罪行档案·损失调查》（1），河北人民出版社 2005 年版，第 155—156 页。

抗日战争时期天津郊县人口伤亡汇总表

类　别	直接伤亡（人）			间接伤亡（人）	
	死	伤	合计	灾民	合计
八路军及地方抗日武装	3032	344	3376		
国民党军	1213	1000	2213		
平　民	26019	3109	29128	有记载的死亡18360	有记载的死亡18360
合　计	30264	4453	34717	有记载的死亡18360	有记载的死亡18360
总　计	53077（死：48624；伤：4453）（含军人）				

（该表统计数字为课题组根据档案、文献、口述资料，在专项统计基础上汇总而成，灾民、劳工除有记载死亡、受伤者外未计入）

抗日战争时期天津人口伤亡汇总表

类　别		直接伤亡（人）			间接伤亡（人）			
		死	伤	合计	被逮捕、俘虏关押	灾民	劳工、"慰安妇"	合计
市区	烈士及爱国群众	213	25	238				
	国民党军警及公务人员	2273	40	2313	死500			500
	平民	5932	156	6088		有记载的死亡1052	287779（有记载的死亡21）；"慰安妇"235	1308（有记载的死亡1073）
郊县	八路军及地方抗日武装	3032	344	3376				
	国民党军	1213	1000	2213				
	平民	26019	3109	29128		有记载的死亡18360人		有记载的死亡18360
	合　计	38682	4674	43356	死500	有记载的死亡19412	256（有记载的死亡21）	20168（有记载的死亡19933）
总计63524（死：58615；伤：4909）（含军人）								

（该表统计数字为课题组根据档案、文献、口述资料，在专项统计基础上汇总而成，被逮捕、俘虏关押人员和灾民、劳工除有记载死亡者外未计入，夫役人次、毒品受害者未计入）

（五）抗日战争时期天津财产损失情况

抗战爆发前，天津已发展成为我国北方的工业基地和商贸金融中心。日本侵略者占领天津初期，为与其"速战速决"的军事战略方针相适应，实行野蛮的直接掠夺。战争进入相持阶段后，日本侵略者为实行"以战养战"政策，加强对冶金、机械、化工等与军需品生产密切相关的行业的控制，进一步将天津经济纳入其侵华战争轨道。日本侵略者不择手段地掠夺、搜刮财富，给天津造成严重的财产损失。

（一）社会财产损失

1. 工业

日本侵略者对天津工业造成财产损失主要包括：一是日军炮火对工厂企业的直接毁坏。1937 年 7 月底，日军攻占天津时，即有 53 家工厂企业毁于日军炮火或遭到严重破坏。二是以"军管理"、"委任经营"、"中日合办"、"租赁"、"收买"等形式进行侵占和掠夺。日本侵略者占领天津后，对稍具规模的工厂企业都实行了"军管理"，强占厂房、设备。仅 1937 年至 1938 年一年内，日本侵略者就以"军管理"的名义从天津掠走了价值约 64 万英镑的物资[①]。三是在物资管制的名义下，肆意劫夺民族工业企业的原料、成品。日本侵略者对钢铁、有色金属、粮食、棉花、纱布、皮毛、烟草、火柴、建筑材料等 40 多种主要物资，实行管制，严禁自由经营和贩运。1946 至 1947 年天津工业企业提交的 111 份财产损失报告表明，日本侵略者公开劫夺、强买原料成品是造成各工业企业直接损失的主要原因。其中，1944 年 4 月，日军一次查封、"征购"自行车 1.5 万辆，所付价值仅为实际价值的 1%[②]。同年 10 月，更将 50 多家车行的存货几乎洗劫一空。四是以开展"献纳"等运动的名义，向各企业强征铜、铁等军需物资。在日本侵略者发起的"治安强化运动"、"献纳运动"等一系列政治运动中，各企业被强迫拆卸机器，献纳钢铁，仅北洋纱厂、恒源纱厂、达生纱厂就拆卸布机 80 余台、纱锭

---

① 李洛之、聂汤谷编著：《天津的经济地位》，南开大学出版社 1994 年版，第 231 页。
② 孙德常、周祖常主编：《天津近代经济史》，天津社会科学院出版社 1990 年版，第 264 页。

1.6 万个[1]；全市民族棉纺企业约 1/3 的设备被拆毁，许多企业陷于瘫痪状态。五是打着"经济开发"的幌子大肆在天津投资建厂，大规模掠夺原料、占有劳动力资源。1939 年，天津的日资工厂（包括中日合办）共有 56 家，资本总额为 9852 万日圆，至日本投降时，日资在天津经营的骨干企业增至 222 个，固定资产增至 161.6 亿元（法币）[2]。根据档案资料统计，沦陷期间，日本侵略者给天津工业造成的损失价值（折算为 1937 年 7 月价值）为 2753445667 元（法币），另 68496867（联银券），2677377（美元），703600（银元），其中间接损失为 43636148 元（法币）。上述统计，尚不包括天津盐业损失等 10 余项无具体损失价值或无法折算的损失价值在内。

2. 农业

日本侵略者对天津农业造成财产损失主要包括：一是掠夺土地，开办农场，强迫当地农民为其生产农产品。日本"华北垦业公司"和"米谷统制协会"是控制天津一带农业的主要垄断组织。它们在天津掠夺土地 921763 亩，约占当时天津、宁河两县耕地面积的一半[3]，设立了 120 座农场。日本侵略者将土地分割成小块，强迫当地农民为佃户，从事奴隶式的劳动；农民劳动所得绝大部分被其掠走。此外，日伪修筑碉堡、公路、壕沟等强占了大量土地。据档案资料统计，日伪在蓟县、武清、宝坻、宁河修筑碉堡等占用土地达 62950 亩[4]。以上日本侵略者在天津强占土地计 1024713 亩。二是严格控制农业生产和农产品销售。日本侵略者对沦陷区农业实行"适地适产"政策，在天津主要生产棉花、稻米和果类。日军将小站稻作为攫取的重要物资，由"军谷公司"进行掠夺性"统购"。太平洋战争爆发后，日军将"军谷公司"改为"米谷统制会"，建立汉奸武装"勤农队"，实行残酷的"米谷统制"。规定稻米和白面为军粮，中国人不准食用和储藏，违者即遭镇压。通过对农业生产和农产品销售的严格控制，日本侵略者从天津掠取了粮食、棉花等大量军需物资，每年掠取的棉花即达

① [日] 广濑龟松主编、王大川副主编：《津门旧恨——侵华日军在天津市的暴行》，天津社会科学院出版社 1995 年版，第 312 页。

② 李洛之、聂汤谷编著：《天津的经济地位》，南开大学出版社 1994 年版，第 322—324 页。

③ 天津市地方志编修委员会编著：《天津通志·土地管理志》，天津社会科学院出版社 2004 年版，第 184 页。

④ 谢忠厚、张瑞智、田苏苏总主编：《日本侵略华北罪行档案·损失调查》（1），河北人民出版社 2005 年版，第 157 页。

300 万担。三是以"军事征发"的名义，武力掠夺粮食等物资。所谓"军事征发"，就是日本侵略军所需粮食、蔬菜、肉类、禽蛋等，由沦陷区人民摊派交纳，不给分文代价。日本侵略军在对天津郊县频繁的"扫荡"、"清乡"中，武力劫夺农民粮食、牲畜、农具等。抗战期间，日本侵略者劫夺天津郊县农民粮食达 304821.73 万公斤，牲畜 145735 头。四是，残酷掠夺农业劳动力。日本侵略者在天津农村以抽调壮丁、诱骗招募、强行抓捕等方式，掠夺大量的农业劳动力，从事各种劳役。据不完全统计，日军在天津郊县强征夫役计 214 万人次。其中，蓟县（包括蓟南办事处）被强征劳役达 160 万人次，宝坻 17 万人次，武清 18 万人次，宁河 19 万人次①。抗战时期，日本侵略者在天津掠夺粮食、棉花等物资数量、价值档案文献记载不完整，其给天津农业造成的社会财产损失，据现有资料统计（折算为1937 年 7 月价值）为 7897115 元（法币）。

3. 交通

日本侵略者对天津交通事业造成的直接财产损失主要包括：一是强占房屋和通讯设备。日军占领天津后，为控制铁路运输，强占北宁铁路管理局大楼、天津机务段及铁路员工宿舍、扶轮中学校舍等房屋 500 余间，掠夺、破坏通讯设备327 部（件），给铁路运输造成极大破坏。二是强征火车、轮船为其运送部队和军需物资。天津沦陷前，北宁铁路就因被迫为日军运送部队、物资而蒙受严重损失。天津沦陷后，北宁铁路、津浦铁路更直接被日军所控制。为了控制天津的航运，日本侵略者强迫天津北方航业公司与其签订代理揽货载运合同，随后又强迫天津及华北各地民营大小轮船公司加入其华北航业联营社，肆意强征、强租各公司船舶为其所用。天津北方航业公司、政记轮船公司、直东轮船公司、亚细亚航运公司、通顺轮船公司、卫利韩公司等 50 余只轮船被日军征用而遭到严重损失，其中 10 余艘船只被炸沉，30 余艘遭空袭，数艘被拆毁。三是掠取钢铁等物资。为了满足其侵略战争的需要，日本侵略者不择手段地掠夺钢铁等物资。在天津铁路系统，日军强行掠取钢轨、铁门窗及枕木等大量物资。据现有档案资料统计，抗战期间，日本侵略者给天津交通事业造成的财产直接损失（折算为 1937 年 7月价值）为 35648350 元（法币）。

---

① 谢忠厚、张瑞智、田苏苏总主编：《日本侵略华北罪行档案·损失调查》(1)，河北人民出版社 1995 年版，
第 155—156 页。

4. 邮电

日本侵略者给天津邮电造成的财产损失主要包括：一是房屋、设备、器具等毁于炮火。1937 年 7 月底日军进攻天津时，天津邮政管理局第一支局房屋设备及各支局家具、器物等 1100 多种被炸毁，损失大量现金、邮票、文具、单册等。二是大量邮包、邮件被劫夺。抗战期间，日本侵略者在天津东站等各邮局肆意劫夺、强占邮件。天津邮政管理局及各支局因日军劫夺而损失的邮件达 128 万多件，邮袋 10 万多条。三是员工收入损失。沦陷期间，日本侵略者强迫天津邮局为其办理邮政业务，却拒付或大大压低应付费用，使邮局员工蒙受经济损失。四是天津各邮局因日军进攻造成的迁移、装修、开办等间接财产损失。据现有档案资料统计，抗战期间，日本侵略者给天津邮电事业造成的财产损失（折算为 1937 年 7 月价值）为 52574474 元（法币）。其中，直接损失为 52501108 元，间接损失为 73366 元。

5. 商业

日本侵略者给天津商业造成的财产损失主要包括：一是日军炮火轰击造成的损失。1937 年 7 月底，日军攻占天津过程中，使天津 10 余家商店、公司的 388 间房屋遭到轰击，造成房屋、家具、器物、现金等大量直接财产损失。二是没收劫夺商家货物。日本侵略者采取低价强行征购、侵占由外埠邮寄天津货物、查封仓库等方式，掠夺了商家粮食、纱布、丝绸、皮革、药材、汽油等大量货物。三是强征铜铁。日军勒令企业、市民献铜献铁，强行拆走商家的铁门窗，强征铁器、铜器等。四是实行贸易垄断。日本侵略者对天津商业实行严格控制。日伪设立商业统制会，下属各专业委员会、各公司联合会、各业同业公会等，组成一个商业垄断网，强化对商业的管制。日伪还颁布各种条例，禁止钢铁、食糖、食盐、丝织品、毛织品、茶叶等的流通，还禁止华商经营布匹、火柴、纸张、煤油等物资。此外，日本侵略者排斥了英、美、法等国的在津势力，夺取了天津对外贸易的独占地位。据海关统计，1938 年至 1944 年由天津输往日本的煤、铁、矿产、盐、棉、粮、皮革等达数千吨之多。太平洋战争后，欧美、南洋等市场断绝，天津对外贸易大幅度下降[①]。在日伪贸易垄断下，天津商业蒙受各种直接、间接损失，许多商号停业、倒闭，社会普遍呈现物资奇缺、市场萧条的凄凉景象。各郊县商

---

① 天津市地方志编修委员会编著：《天津通志·外贸志》，天津社会科学院出版社 2001 年版，第 260 页。

号也由于日伪频繁"扫荡",或苛捐杂税勒索,或公开抢掠,大都倒闭。抗战时期,日本侵略者给天津商业造成的财产损失,据档案资料统计(1945—1947年间天津上报抗战期间商业财产损失的商号计194家,其中39家因未上报损失价值或上报项目不完整难以折算未统计在内),郊县商业损失从冀东根据地商业损失中分离出蓟县(包括包森县)、宝坻、宁河的损失价值(为各县损失的平均值),以上商业损失(折算为1937年7月价值)共计为460327435元(法币),36809(美元),日方付5.1277万(联银券)。

6. 财政

日本侵略者统治期间,天津财政损失主要包括:一是税收损失。据1946年国民党财政部天津货税局调查统计,1938至1945年损失税收数目为133214651411元(法币)(各年度货物税分别折算为1937年7月价值之和为45875883元)[①]。沦陷期间,日伪当局征收捐税达数十种。1946年2月,国民党天津市财政局调查统计表明,从1937年8月至1945年9月,日伪在天津征收各种捐税数额为441443156(法币)(各年度税捐分别折算为1937年7月价值之和为10042968元)。二是疯狂走私,偷漏关税。早在沦陷前,日本即在天津大肆走私。自1935年8月至1936年4月,日本从天津东站偷税的货物有人造丝9万余包,卷烟纸6000余包,另有布匹及瓷器等。1935年9月至1938年1月,日本走私商品总额达24000万元[②]。日本侵占天津以后,对天津及华北沦陷区的贸易大部分不通过海关而采用走私的方式。日本侵略者疯狂走私造成的天津海关关税损失由于缺乏档案资料,难以做出确切统计。抗战时期,日本侵略者给天津财政造成的损失据现有资料统计(折算为1937年7月价值)为438182438元(法币),其中直接损失为438174223元。

7. 金融

日本侵略者给天津金融方面造成的财产损失主要包括:一是强制推行伪币,搜刮社会财富。天津沦陷前,金融市场除中央、中国、交通和农业四家国家银行发行的货币以外,还有河北、山东等省立银行发行的多种货币。天津沦陷后,日本侵略者为控制华北金融,先是于1937年在张家口设立了伪"蒙疆银行",1938

---

① 《财政部天津货物税局抗战损失调查》(1946年),天津市档案馆馆藏档案,档案号63—1—165,第13—14页。

② 天津市地方志编修委员会编著:《天津通志·外贸志》,天津社会科学院出版社2001年版,第279页。

年 3 月又设立了伪"中国联合准备银行",将华北地区原有的中国银行一律强行吞并。伪"联合准备银行天津分行"同时成立。随即发行伪"联银券"（初期与法币等值），并限期收回法币，逾期不准流通。为强制推行伪币，日本侵略者一再发布法币贬价令，如 1938 年 8 月贬价 10%，1939 年 2 月贬价 30%。并对逾期持有法币者施以各种处罚。1941 年 12 月太平洋战争爆发后，日军进占天津英、法租界，强行接管汇丰、花旗、麦加利等英、美银行，宣布租界内禁止法币流通，法币一律按四扣兑换伪币，银行所有法币债权、债务，也一律按四扣折成伪币，使银行和储户遭受巨大损失。日本侵略者将掠取的大量法币运至上海换取中国外汇基金，或到国民党统治区套购物资，以此劫取中国财富。二是大量发行伪币，造成急剧通货膨胀。1938 年 6 月伪币发行额为 5946 万元，至 1941 年 6 月累计发行达 315324.3 万元，增加 53 倍[①]。太平洋战争爆发后，伪币发行更是急剧增长。通货膨胀导致物价持续高涨。如以 1937 年 6 月物价为基数，至 1945 年物价指数上涨近千倍[②]。三是强占银行、票号房屋，掠取钢铁等物资。沦陷期间，天津金融业被日军炸毁、强占、强租的房屋近百间，中国银行天津分行仓库存放的大量货物被没收，许多银行、票号的铁门窗等被强行拆走。抗战时期，日本侵略者给天津金融业造成的财产损失，据现有资料统计（折算为 1937 年 7 月价值）为 825759957 元（法币）。

8. 文化

日本侵略者给天津文化方面造成的直接财产损失主要包括：一是焚毁蓟县静寂山庄等古迹。日本侵略者为摧毁盘山抗日根据地，将坐落在盘山的清代皇家行宫静寂山庄和 72 座庙宇全部焚毁，其损失价值难以估量。二是强占、损毁天后宫等古建筑。日军占领天津后，强占了市内圆通观、玉皇阁、关帝庙、天后宫等古建筑，并随意拆改、毁坏。三是图书损失。日本侵略者没收毁弃了天津市立图书馆等大量图书。此外，日军轰炸、进占南开大学、北洋大学等大中小学校，造成大量图书被损毁（该部分损失数额在天津财产损失教育部分统计）。沦陷期间，天津各学校、图书馆等损失的图书达数十万册。抗战时期，日本侵略者给天津文化方面造成的财产损失，据现有资料统计（折算为 1937 年 7 月价值）为 5524277元（法币），另 40000000（联银券）。

---

① 孙德常、周祖常主编：《天津近代经济史》，天津社会科学院出版社 1990 年版，第 274 页。
② 天津市地方志编修委员会编著：《天津通志·金融志》，天津社会科学院出版社 1995 年版，第 5、72 页。

9. 教育

日本侵略者给天津教育方面造成的财产直接损失主要包括：一是南开大学、中学等学校毁于日军炮火。1937 年 7 月 29 日至 30 日，日军攻占天津过程中，狂轰滥炸。南开大学秀山堂、思源堂、图书馆、教员住宅、学生宿舍、工厂实验室等计 11 座、26 所建筑被毁，损失大量图书、仪器、设备、教学用具和教员学生财物等；南开中学、小学，大同中学女中全部建筑，河北省立女子师范学院楼房、平房 500 余间，其他各校房屋 337 间被炸毁，损失教学仪器设备数十万件，图书数十万册及其他财物。二是强占毁坏校园。日军将北洋大学、河北省立女子师范学院等学校占为兵营，还将河北省立法商学院校舍改建为马棚，将校园变为牧马场。此外，日本大连汽船株式会社等还强占了河北省立天津女子中学等学校的土地、房屋等。抗战期间，日本侵略者给天津教育事业造成的直接财产损失，据现有档案资料统计（折算为 1937 年 7 月价值）为 40504701 元（法币）。

10. 公共事业

日本侵略者给天津公共事业造成的直接财产损失主要包括：一是日军轰炸机关团体造成的损失。日军攻占天津时，天津市政府、警察局、法院、造币厂、电台、火车站等均遭到日军飞机轰炸。其中，市政府、市法院、财政局、警察局、国营招商局天津分局等机关房屋 700 余间及家具、自来水管道、下水管道等被日军炸毁。二是强占医院、育婴堂、体育场等。沦陷时期，日伪机关及日人强占市立第二医院、同和医院、长芦育婴堂、市立第一体育场等，造成房屋损坏和家具、器械、药品等大量财产损失。三是毁坏公共设施。日本侵略者不择手段地攫取钢铁等物资，将公园里的铁门、栏杆，马路上的电灯杆等强行拆去。四是无视公共设施的维护和管理，造成市内下水道等严重损毁、阻塞。抗战时期，日本侵略者给天津公共事业造成的直接财产损失，据现有档案资料统计（折算为 1937 年 7 月价值）为 3587201 元（法币）。

11. 其他

日本侵略者给天津社会财产造成的损失还包括其他一些项目。一是 1931 年 11 月天津便衣队暴乱给天津工商业造成达 3000 万元的损失①。二是日军对市内及郊县天主教堂等宗教房产的毁坏。日军攻占天津时，强占市内天主教总堂，轰

---

① [日]广濑龟松主编、王大川副主编：《津门旧恨——侵华日军在天津市的暴行》，天津社会科学院出版社 1995 年版，第 291 页。

炸、焚毁静海、小站、大梨园等处天主教堂，炸毁市内药王庙所属房屋 27 间，并抢掠财物。三是日军强征苛待劳工造成的人力损失。据 1946 年国民党天津市警察局统计，自 1940 年 1 月至 1945 年 8 月被强征劳工为 73374 人，损失数额为 34596232572 元（折算为 1937 年 7 月价值为 245755333 元）。据现有资料统计，上述损失（折算为 1937 年 7 月价值）共计 256156021 元（法币）。

此外，日本侵略者给天津社会财产造成了大量其他类间接损失，主要包括：一是各界群众为抗日开展的募捐等。从九一八事变至天津沦陷，天津工人、教师、学生及其他各界群众多次募捐，以直接捐款或购买各种物资的方式，支援抗日将士。二是天津沦陷前后南开大学、北洋大学、永利碱厂等辗转迁到四川、西安等地，抗战胜利后相继迁回天津复厂、复校。其迁移、安置、重建等费用无疑应包括在天津社会财产损失中，但限于所掌握的档案资料难以做出统计。三是沦陷期间天津市民被迫吸食毒品造成的损失。据 1946 年国民党天津市警察局统计，沦陷期间天津吸食毒品人数为 31450，所受经济损失为 229710106000 元（折算为 1937 年 7 月价值为 51129975 元）。以上其他类间接财产损失计 51190570 元（法币）、40 元银元。

以上其他类财产损失折算为 1937 年 7 月价值共计 307346591 元（法币）、40 元（银元）。

综上所述，根据现有资料统计，抗日战争时期天津社会财产损失（折算为 1937 年 7 月价值）共计 4930798206 元（法币）、108445590（联银券）、2714186（美元）、703640（银元）、土地 1024713 亩。

抗日战争时期天津市社会财产损失汇总表

项目	直接损失		间接损失		损失价值合计（按 1937 年 7 月价值统计）（元）（法币）	备注
	数量	价值（元）（法币）	数量	价值（元）（法币）		
工业		2709809519；68496867（联银券）；2677377（美元）；703600（银元）		43636148	2753445667；68496867（联银券）；2677377（美元）；703600（银元）	
农业		7897115；土地 1024713（亩）			7897115；土地 1024713（亩）	
交通		35648350			35648350	
邮电		52501108		73366	52574474	

项目	直接损失		间接损失		损失价值合计（按1937年7月价值统计）（元）（法币）	备注
	数量	价值（元）（法币）	数量	价值（元）（法币）		
商业		460327435；36809（美元）；日方付51277（联银券）；			460327435 36809（美元）；日方付51277（联银券）；	
财政		438174223		8215	438182438	
金融		825759957			825759957	
文化		37365		5486912 40000000（联银券）	5524277 40000000（联银券）	
教育		40504701			40504701	
公共事业		3587201			3587201	
其他		256156021		51190570 40（银元）	307346591 40（银元）	
共计		4830402995； 68445590（联银券）； 2714186（美元）； 703600（银元）		100395211； 40000000（联银券） 40（银元）	4930798206； 108445590（联银券） 2714186（美元）； 703640（银元）； 土地1024713（亩）	
总计	4930798206（法币）；108445590（联银券）；2714186（美元）；703640（银元）；土地1024713（亩）					

（该表统计数字为课题组根据档案、文献、口述资料，在专项统计基础上汇总而成）

（二）居民财产损失

1. 市区居民财产损失

日本侵略者给天津市区居民造成的直接财产损失主要包括：一是日军炮火炸毁居民房屋，造成财物损失。日军攻占天津时，市区居民数百间房屋被炸毁、焚烧，损失大量家具、衣物、现金等财物。二是日军强占土地、房屋。沦陷期间，日本侵略者肆意强占居民园地、宅基地和房屋。据1946年至1947年间市区居民所报财产损失统计，沦陷期间日本侵略者强占居民住房近2000间，其中大部分被损毁。三是搜刮、劫夺居民财物。在"治安强化运动""献纳运动"等侵略活动中，日伪当局强迫市民"献金"，献铜献铁"支援友军圣战"，仅 1941 年就搜刮居民 37.6 万多元①。日本侵略者还以搜捕抗日分子的名义，在车站、邮局等公共场所和居民家中劫掠财物。抗战时期，天津市区居民财产损失据现有资料统计为 93588489 元（法币）（折算为 1937 年 7 月价值），21978 元（银元），另赤金 30 两。

2. 郊县居民财产损失

日本侵略者给天津郊县居民造成的直接财产损失主要包括：一是炸毁、焚烧民房。日军在对天津郊县实行"扫荡""清乡""集家并村"，制造"无人区"的过程中，推行"三光"政策，制造一系列惨案，炸毁、焚烧大量民房，使大批居民无家可归。二是掠夺粮食、牲畜、农具、家具、衣被等。据现有资料统计，抗战时期，天津郊县居民财产损失为房屋 36879 间，粮食 304821.73 万公斤，牲畜 145735 头，家具、农具 34137 件，衣服、被褥 379765 件。

抗日战争时期天津居民财产直接损失表（郊县）

名　称	损失项目						资料来源
	房屋（间）	粮食（公斤）	牲畜	家具农具（件）	被服（件）	年份	
蓟县（包括蓟南办事处）	15760	9258 万	骡马驴牛7394 头；猪羊110000 头	19247	231515	1937—1945	谢忠厚、张瑞智、田苏苏总主编：《日本侵略华北罪行档案·损失调查》(1)，河北人民出版社 2005 年版，第155—157 页
武清区	2935	3570 万	骡马驴牛1310 头；猪羊 6600头	3250	37505	1937—1945	同上

① [日]广濑龟松主编、王大川副主编：《津门旧恨——侵华日军在天津市的暴行》，天津社会科学院出版社 1995 年版，第 307 页。

名　称	损失项目						资料来源
	房屋（间）	粮食（公斤）	牲畜	家具农具（件）	被服（件）	年份	
宝坻区	4100	940万	骡马驴牛1200头；猪羊7900头	7880	73200	1937—1945	同上
宁河县	2935	930万	骡马驴牛800头；猪羊8100头	3760	37545	1937—1945	同上
静海县	7849	290123.73万	2402头			1937—1945	静海县志编修委员会编著：《静海县志》，天津社会科学院出版社1995年版，第570页
东丽区	640		牲畜数头（按5头计）			1937—1945	东丽区志编修委员会编著：《东丽区志》，天津社会科学院出版社1996年版，第694—695页
津南区	2660		24			1937—1945	津南区志编修委员会编著：《津南区志》，天津社会科学院出版社1999年版，第563—568页
北辰区	160					1937—1045	北辰区志编修委员会编著：《北辰区志》，天津社会科学院出版社2000年版，第938页
总计	37039（间）	304821.73万（公斤）	145735（头）	34137（件）	379765（件）		

（该表统计数字为课题组根据档案、文献、口述资料，在专项统计基础上汇总而成）

抗日战争时期天津财产损失汇总表　　（货币按 1937 年 7 月价值折算）

类　别	法币（元）	联银券（元）	银元（元）	美元（元）	其　他
社会财产损失	4930798206	108445590	703640	2714186	土地 1024713 亩
居民财产损失	93588489		21978；30 两赤金		房屋 37039 间，粮食 304821.73 万公斤，牲畜 145735 头，家具、农具 34137 件，衣服、被褥 379765 件
总计	5024386695	108445590	725618；30 两赤金	2714186	土地 1024713 亩，房屋 37039 间，粮食 304821.73 万公斤，牲畜 145735 头，家具、农具 34137 件，衣服、被褥 379765 件

（该表统计数字为课题组根据档案、文献、口述资料，在专项统计基础上汇总而成）

（六）结论

（一）基本结论

上述抗日战争时期天津人口伤亡和财产损失分类、专项和综合统计，一方面，严格地以档案、文献、口述资料为依据，各项统计结果具有可靠性；另一方面，由于年代久远，一些伤亡和损失项目缺乏资料记载或资料不完整，各分类、专项统计及汇总结果难以保证绝对准确，期待今后继续发掘，以使更趋详尽。将上述统计结果进行汇总，可以得出该课题调研的基本结论，即：

抗日战争时期天津人口伤亡总计 63524 人（含军人伤亡近万人），其中直接伤亡 43356 人，间接伤亡 20168 人；死 58615 人（直接死亡 38682 人，间接死亡 19933 人），伤 4909 人。

财产损失总计（按 1937 年 7 月价值折算）为 5024386695 元（法币），108445590（联银券），725618 元（银元），30 两赤金，2714186（美元）；另有郊县财产损失土地 1024713 亩，房屋 37039 间，粮食 304821.73 万公斤，牲畜 145735 头，家具、农具 34137 件，衣服、被褥 379765 件。其中社会财产损失为 4930798206 元（法币），108445590（联银券），703640（银元），2714186（美元），土地 1024713 亩；居民财产损失为 93588489 元（法币），21978 元（银元），30 两赤金，房屋 36879 间，粮食 304821.73 万公斤，牲畜 145735 头，家具、农具 34137 件，衣服、被褥 379765 件。

根据截至目前所掌握的资料和进行的相关研究，我们得出了天津市抗日战争时期人口伤亡和财产损失的以上若干数据。由于年代久远、搜集资料困难等客观原因，应该说，我们得出的这些数据还只是初步的和尚不完整的数据，并不是研究的最终结果。今后，我们将继续推进本课题调研工作，以期在掌握更多资料和取得研究新成果的基础上对有关数据再做出修订和补充。

（二）天津人口伤亡和财产损失的特点

抗日战争时期天津人口伤亡反映出以下一些特点：一是伤亡人数在人口总数中占明显的比例。抗战时期，天津现辖区人口在 320 万左右，而人口伤亡总数达 6 万余人，伤亡人口约占总人口的约 2%。应该说，这一统计结果反映了抗战时期天津人口伤亡的程度。同时，由于资料所限，人口伤亡的一些具体情况，如战斗伤亡的详细情况、因冻饿倒毙街头的难民、贫病交加中死亡的人数等，尚难做出详尽统计。总之，这一统计结果表明，在日本侵略者的法西斯殖民统治下，天津人民生命毫无保障，挣扎在死亡线上。二是郊县直接人口伤亡在整个直接人口伤亡中十分突出。在全市直接人口伤亡 43356 人中，郊县直接人口伤亡（34717人）占 80%。这一数字反映了日本侵略者给天津郊县抗日游击区、根据地群众造成的严重伤害。三是劳工数量十分庞大，但其具体伤亡情况不详。日本侵略者在天津大肆掳掠、使用劳工，并把天津作为劳工的转运站。统计结果表明，日本侵略者在天津城乡强征、使用劳工 31 万余人，在 320 万左右总人口中占到约 9.7%，其中死亡、受伤人数占到了很高的比率。劳工伤亡人数限于资料尚难做出确切统计，迄今仅查找到 21 人的死亡记载。

抗日战争时期天津财产损失反映出以下一些特点：一是财产损失覆盖社会各个方面，数额巨大。抗战时期天津财产损失的调查结果表明，日本侵略者的炮火摧毁、强行掠夺、经济征发、肆意搜刮遍及天津各行各业、城镇乡村，殃及各阶层群众。总额 50 亿多法币（不包括联银券、银元、美元等损失价值）的财产损失，相当于 1936 年天津工业总产值 3 亿 5634 万元的 14 倍多[①]。这充分反映了抗战时期天津财产损失的严重程度。二是工业、商业、金融、财政损失在整个社会财产损失中十分突出。在 49 亿 3079 万多法币的社会财产损失中，工业损失 27 亿 5344 万多法币，占 55.84%。金融损失约占 16.7%，商业损失约占 9%，财政损失约占 8.8%。工业、商业、金融、财政损失累计占全部社会财产损失的 90%

---

① 天津社会科学院历史研究所《天津简史》编写组编著：《天津简史》，天津人民出版社 1987 年版，第 316—317页。

以上。这反映出日本侵略者给天津这座工商业城市和区域性金融中心所造成的严重破坏。三是在居民财产损失中粮食、牲畜等损失严重。现统计结果表明，日本侵略者在天津郊县掠夺30亿多公斤粮食、14万多头牲畜以及其他大量军需物资，使天津人民遭受了严重的侵害和掠夺。

（三）相关情况的说明

抗日战争时期与天津人口伤亡和财产损失相关的一些情况需要作些说明。一是抗日战争时期天津市内人口有较大幅度增长。如1942年为1494842人，1943年即增至1776326人。而抗日战争时期除1941年市内出生人数超过死亡人数外，其余年份人口都是负增长。这说明抗日战争时期天津人口的增长是迁入人口造成的[①]。二是抗日战争时期日本侵略者为使天津成为其重要的战争经济基地，规划兴建了塘沽港，并对钢铁、机械、建材等工厂企业和公路等进行了投资，使天津工业畸形发展，商业贸易大幅度减少，城市功能发生很大变化，被纳入其侵华战争基地建设的轨道。日本侵略者对天津的"经济开发"，是从侵略战争需要出发为侵略战争服务的，其动机和性质完全是侵略性的。同时，其在天津建立工厂企业、增添机器设备，是用掠夺中国得到的资本来扩大掠夺中国的侵略事业，这种"经济开发"仍然是一种残酷的经济掠夺[②]。

（四）对天津经济社会发展的影响

抗日战争时期，日本侵略者给天津造成的人口伤亡和财产损失，对天津经济社会发展造成严重影响。一是日本侵略者的杀戮、蹂躏、掠夺给天津人民造成深重的苦难。日本侵略者在天津市内和郊县肆意杀戮平民，在郊县制造惨案145起，致使受害村落几乎家家戴孝，户户悲声。在日本侵略者法西斯殖民统治下，灾祸频仍，物资匮乏；大批劳工，有去无还；烟毒泛滥，生灵涂炭，人民饥寒交迫，在暗无天日的悲惨境地中备受煎熬，根本无法得到正常的生活和发展。二是日本侵略者的掠夺及其将天津作为侵华战争军事基地，极大地扭曲了天津的城市功能，破坏了天津民族工商业的发展。抗日战争期间，日本侵略者强占工厂企业、掠夺资金原料设备，劫夺商家货物，使民族工商业处境艰难，日益衰落。三是日本侵略者在天津郊县农村强征土地、掠夺农业资源，"扫荡"、"清乡"，制造"无

---

① 罗澍伟主编：《近代天津城市史》，中国社会科学出版社1993年版，第681页。
② 罗澍伟主编：《近代天津城市史》，中国社会科学出版社1993年版，第660页。

人区"，大肆烧杀淫掠，使农村生产力遭到严重破坏。四是日本侵略者在天津市内及郊县焚毁清代皇家行宫和大批寺庙、文物，给天津文化事业造成无法弥补的损失。

抗日战争时期天津人口伤亡和财产损失调查及其结论，是对日本侵略者在天津犯下的滔天罪行的揭露和证明，也是以史为鉴，开创未来，为实现中华民族伟大复兴和天津现代化蓝图提供的历史启示和借鉴。

调研报告依据的档案、书刊、口述等资料为课题组全体同志所征集。人口伤亡调研由杨源、林琳承担，财产损失调研由于建承担；调研报告由于建执笔。

责任人：中共天津市委党史研究室

审定：中共天津市委党史研究室

执笔：中共天津市委党史研究室研究一处

复核：中共天津市委党史研究室科研处

二、资　　料

（一）档案资料①

人口伤亡（直接伤亡）

1. 河北省各县各期忠烈将士人数一览表（节录）

联合勤务总司令部抚恤处纂订（中华民国三十六年十二月初稿）

县　名	死亡期别及数目*		
	第一期	第二期	第三期
天津市	109	242	29
蓟　县	17	32	
宝　坻	17	27	
宁　河	10	15	1
武　清	46	93	2
静　海	2	46	1

死亡期别"二"为全国抗日战争时期（1937年7月7日至1945年9月3日）

（天津市档案馆馆藏档案，档案号2—2—1—565）

---

① 以下档案资料中，涉及财产损失的货币统计数据，凡未标明币种者均为法币（亦称为国币），凡未标明货币单位者均以"元"为单位。特此说明。

2．冀东区八年来敌伪烧杀抢掠统计（节录）

（1946 年）

县　　别	人口死亡数
蓟　县	8890
蓟南办事处	6500
武　清　县	2704
宝　坻　县	3610
宁　河　县	3200
合　　计	24904

［录自谢忠厚、张瑞智、田苏苏总主编：《日本侵略华北罪行档案·损失调查》（1），河北人民出版社 2005 年版，第 155—156 页］

3. 中华民国忠烈将士姓名录（天津市）

联合勤务总司令部抚恤处纂订（中华民国三十六年十二月初编）

姓名	级职	部队番号机关名称	年龄	死亡类别*	死亡日期	死亡地点	备考
李连升	上尉连长	五八师一七二团	三三	二	三〇·九	湖南	
陈士泉	中士	六九师四一四团	二九	二	二八·二	山西	
王宝恒	一等兵	五七师三四二团	二五	二	二六·九	上海	
周凤岚	二等兵	骑四师一二团	二四	二	二六·九	河北	
陈荣春	一等兵	六七师三九七团	二九	二	二七·一二	安徽	
张玉才	中士	河北游击一总队一中队	三五	二	二七·九	河南	
张贵义	下士	新六师二团	二四	二	二九·三	河北	
李国栋	少尉排长	一三师三九〇团	三一	二	三三·五	云南	
吴畅绪	中尉连附	独四六旅七三八团一连	二七	二	二八·三	山西	
宋文赋	下士	新六师二团	二〇	二	二八·四	河北	
李树奎	一等兵	九五师五六九团	二二	二	二七·一一	湖北	
穆相和	下士	六七师工兵一连	二六	二	二七·一二	安徽	
孙占元	二等兵	骑二师四团一连	二六	二	二六·九	山西	
刘涛	一等兵	一三三师七九七团	二五	二	二七·六	安徽	
宋福海	上等兵	一一六师六九六团迫排	二七	二	二七·一〇	湖北	
尹占文	一等兵	四师一九团	二四	二	二七·九	江西	
张子中	二等兵	独立四七旅七三九团一连	二四	二	二七·七	山西	
潘金喜	二等兵	独四七旅七三九团一连	二五	二	二七·五	山西	
刘恒寿	二等兵	七八师四六四团机一连	二〇	二	二七·一二	河南	
戴学田	一等兵	骑六师一八团四连	二五	二	二七·三	绥远	
冯立廷	中士	一一六师六九六团	三〇	二	二七·一〇	湖北	

姓名	级职	部队番号机关名称	年龄	死亡类别*	死亡日期	死亡地点	备考
樊恩镒	少尉译电员	骑二军参谋处	二三	二	二七·一二	陕西	
贾春荣	上等兵	二七师一五九团	二五	二	二六·一〇	山西	
许恩元	中尉排长	一〇八师六四八团	三八	二	二七·一〇	湖北	
李永苍	一等兵	一一二师六六八团	二九	二	二六·一二	南京	
李焕彩	少尉军医	军校教总队卫生二连	二七	二	二六·三	南京	
金荣会	上等兵	一一一师六二团	二九	二	二六·一〇	南京	
刘金贵	一等兵	二师四团	二九	二	三三·七	云南	
钟信	上等兵	一九师一七团	三一	二	三三·二		
井盛林	中士	六九师二〇七团	二六	二	三一·七	山西	
黄文有	一等兵	一〇一师三〇三团	一八	二	二八·一一	绥远	
孔祥林	少尉排长	一〇八师六三四团	三二	二	二六·一一	江苏	
仇世荣	上等兵	一九二师特务连	二四	二	三二·一	浙江	
李春山	中士	预一〇师二九团防毒排	三〇	二	三二·一一	湖南	
黄恩锡	少尉排长	一〇八师二二四团	二八	二	三二·九	江西	
尚德魁	上等兵	新二二师六四团通讯排	三〇	二	三三·四	瓦拉渣	
朱子云	下士	一四师八三团	二一	二	二六·一〇	江苏	
李少轩	上尉营附	五七师一七〇团	三〇	二	三二·一一	湖南	
徐佩英	上尉连长	新三二师九五团	二二	二	二九·三	绥远	
星九洲	上尉组长	忠救淞沪行动队	三四	二	三〇·五	江苏	
丁文芝	一等兵	三四师二〇四团	二二	二	二七·一〇	湖北	
韩富荣	一等兵	一一四师工兵一连	三五	二	二九·一	山东	
王光发	上等兵	六三师一七八团	二五	二	三三·六	安乡	
佟焕文	中士	三七师一一一团	三一	二	三二·一一	湖北	
刘德发	少尉分队长	福建保安四团五中队	三二	二	三〇·九	福清	
邢自云	一等兵	一〇二师三〇五团	二六	二	三一·六	安徽	

姓名	级职	部队番号机关名称	年龄	死亡类别*	死亡日期	死亡地点	备考
朱大成	一等兵	五四师三二二团	一九	二	二七·四	山西	
马树林	一等兵	二六师补团八连	一九	二	二九·六	江西	
孟庆福	准尉特务长	八一师二四二团	二〇	二	二九·九	河南	
杨兴元	二等兵	二〇九旅四一八团机一连	一九	二	二六·三	陕西	
田有才	二等兵	一一二师六六八团	二六	二	二八·一二	江苏	
李玉珍	二等兵	一一二师六六八团	二二	二	二七·一二	江苏	
任玉祺	一等兵	一一二师六六八团	二五	二	二七·一	江苏	
张耀宗	步尉排长	二一师六一团	二八	二	二九·五	湖北	
吴可民	二等兵	一一二师六六八团	二三	二	二八·三	江苏	
刘福有	一等兵	一〇一师三〇三团	二四	二	二八·一一	绥远	
刘鸿江	下士	暂三六师二团	三七	二	三〇·一	河南	
胡长有	上等兵	一一一师六六六团	二六	二	二七·三	山东	
费金泉	下士	骑三师三团	二六	二	二七·六	山西	
杨文山	上等兵	五六师三三五团	二五	二	二九·二	湖北	
刘 毅	中士	空军一大队一中队	二四	二	三三·六	四川	
严汇东	下士	一一二师六七二团	二〇	二	二六·一二	江苏	
孙振江	中士	七九师二三七团	二九	二	二九·二	浙江	
李保海	二等兵	一一二师六七二团炮连	二四	二	二六·一二	江苏	
王英臣	二等兵	一一二师六七二团机三连		二	二六·一二	江苏	
郭凤林	一等兵	四四师一五九团	三四	二	二六·一二	江苏	
王茂廷	二等兵	一一二师六六八团	一九	二	二六·一二	江苏	
刘金槐	一等兵	一四师七九团	二七	二	二七·九	山西	
陆钟祥	上等兵	一九四师一一二六团	二四	二	二九·七	浙江	
李玉才	二等兵	一一二师六六九团	三一	二	二六·一二	江苏	
王文元	一等兵	新三五师一团	二六	二	二七·五	河北	
宋恩儒	中尉分队长	空军二五队	二六	二	二七·一	湖北	

姓名	级职	部队番号机关名称	年龄	死亡类别*	死亡日期	死亡地点	备考
冯孟扬	少尉科长	苏浙边区主任公署工程处	二八	二	二六·一一	江苏	
杨君文	上等兵	一一四师六八三团	二六	二	二八·一二	山东	
宋国辉	二等兵	一二一师六六一团	二六	二	二七·九	湖北	
张合义	二等兵	一一二师六六七团炮连	二〇	二	二六·一二	江苏	
张保和	一等兵	骑三师八团一连	二〇	二	二七·五	山西	
王起英	下士	骑三师八团二连	二四	二	二七·五	山西	
赵玉成	一等兵	骑三师八团一连	二一	二	二七·六	山西	
包山林	上尉中队长	华北抗建军二支队	二一	二	二八·一	河北	
于长江	二等兵	一八〇师一〇七〇团	二七	二	二八·三	湖北	
姜士琦	中士	一八〇师一〇六九团	二五	二	二八·三	湖北	
李振东	一等兵	一八〇师一〇六九团	二五	二	二八·三	湖北	
傅有山	下士	六师三一团	二八	二	二七·四	山东	
纪元禄	中尉排长	六七师工兵二连	二八	二	二八·五	江苏	
徐德山	上等兵	一一六师六九六团机三连	一九	二	二七·一〇	湖北	
刘玉才	上等兵	一一二师六六八团炮二排	二八	二	二六·一二	南京	
滕麟阁	少尉排长	六一师二六六团	二九	二	二七·五	河南	
章福禄	二等兵	三〇师一七五团机二连	二四	二	二七·九	河南	
孙保全	一等兵	一七八师一〇六四团	一八	二	二八·六	山西	
张兰亭	上士	一一三师六七四团	三二	二	二八·六	山东	
樊瑞起	中士	一一四师六八四团机三连	三三	二	二八·六	山东	
袁子珍	中士	三二师九四团	三一	二	二九·六	湖北	
赵凌霄	上等兵	七四师四四四团机三连	二四	二	二六·一〇	山东	

姓名	级职	部队番号机关名称	年龄	死亡类别*	死亡日期	死亡地点	备考
李玉文	一等兵	七四师四四四团机三连	二五	二	二六·一〇	山东	
马公廷	二等兵	一一一师六六一团	一九	二	二六·一二	江苏	
李福金	二等兵	一一二师范六六八团机二连	三二	二	二六·一二	南京	
孙成喜	上等兵	一〇六师六三五团	二三	二	二八·七	河南	
杨立成	少尉排长	一一六师三四七团	二六	二	三三·九	云南	
牛昌美	一等兵	骑九师一团	二一	二	二八·五	湖北	
陶新民	中士	六一军工兵三连	二〇	二	二七·二	山西	
卢傅起	少尉排长	三八师二团	二八	二	三二·一二	湖北	
陈溪楼	中校股长	军委会铁道运输司令部车辆渡江处	四〇	二	二七·九	湖北	
刘俊臣	三等佐	军令部陆地测量总局		二	二八·一	广西	
孙保恒	上等兵	一七师五一团	二五	二	三四·四	河南	
张永华	二等兵	一三〇师三八九团	二一	二	三三·五	云南	
王德敏	少尉飞行员	派美一四航空队	二六	二	三二·六	云南	
王瑞林	上等兵	骑六师一六团	二九	二	二八·四	山西	
徐华芬	上校主任	五战区购委会	三一	二	二九·八	四川	
张茂堂	上等兵	一六九师一〇一〇团	二五	二	二九·五	山西	
李文志	上等兵	九一师二七三团	三二	二	三〇·五	湖北	
张树元	二等兵	二〇师一一九团机二连	二二	二	二六·一二	山东	
宋焕文	上等兵	一五师八六团	二〇	二	二六·九	江苏	
周树岐	一等兵	一一六师工兵一连	二〇	二	二六·九	河北	
傅少杰	中尉排长	六七师四〇一团	二八	二	二六·八	上海	
姚英淦	上尉连长	军校教导一团	二七	二	二六·一一	上海	
张尧民	上尉副官	一一师六六团	三五	二	二六·一〇	江苏	
张鹏飞	上校团长	山西省安安二团	三三	二	三四·一	山西	
李庆瑞	二等兵	二六师六九二团	二三	二	二六·九	河北	

姓名	级职	部队番号机关名称	年龄	死亡类别*	死亡日期	死亡地点	备考
李瑞堂	二等兵	一一九师六五四团	二〇	二	二二·四	河北	
赵万成	中士	一一九师六五五团	二三	二	二二·五	河北	
沙成立	二等兵	一一四师六八四团	二〇	二	二七·四	安徽	
武昌兴	二等兵	一一四师六八四团	二五	二	二七·四	安徽	
李国良	上等兵	六师三四团	二二	二	二六·一二	江苏	
李玉范	二等兵	一一一师六六六团迫炮连	二三	二	二七·三	山东	
刘登洲	一等兵	一三师七三团	二二	二	二六·一〇	江苏	
庞玉林	一等兵	一一四师六八四团	三〇	二	二七·二	安徽	
纪恩波	上等兵	一一四师六八四团	二八	二	二六·一〇	江苏	
乔长忠	二等兵	一一一师六六六团	二五	二	二七·三	山东	
王锡堂	二等兵	一一一师六六六团	二一	二	二七·三	山东	
沈从德	二等兵	一一一师六六六团	二二	二	二七·三	山东	
张仲礼	一等兵	一一六师六九五团	二二	二	二七·一〇	湖北	
王占明	一等兵	独四七旅七三九团三连	三〇	二	二九·五	湖北	
周光华	一等兵	一一六师六九五团	二四	二	二七·一〇	湖北	
张玉武	二等兵	一一六师特务连	二一	二	二六·九	河北	
侯润林	一等兵	一一二师六六七团	三二	二	二七·三	山东	
王景春	少尉排长	一一六师三四六团	三一	二	三三·八	江苴街	
郑乃石	中校指导员	预一八师四三团	二七	二	三四·八	北平	
李得成	一等兵	五三师三一五团	二三	二	二六·一〇	上海	
田奎章	中士	五七师补团六连	二五	二	二九·九	江西	
王贵基	上等兵	三六师一〇七团	二八	二	三三·五	云南	
韩卓亭	上等兵	江苏铁道破坏四大队	二二	二	二九·三	山西	
安复生	上等兵	一〇五师三一三团	三七	二	三〇·〇	江西	
刘维龙	一等兵	二二师一三一团	二五	二	二七·八	江西	
廖正	二等兵	五八师一七四团	三二	二	三〇·三	江西	
赵义如	二等兵	八八军独二连	三八	二	三〇·八	江西	

姓名	级职	部队番号机关名称	年龄	死亡类别*	死亡日期	死亡地点	备考
刘祥璋	一等兵	一四五师四三五团	二一	二	二九・四	安徽	
赵福生	一等兵	一一二师六六八团	二二	二	二七・四	山东	
刘光海	一等兵	新一三师一七团	二〇	二	三〇・五	江西	
林凤岐	下士	三九师二三三团	二四	二	二八・七	山西	
李松泉	下士	三一师一八二团	二〇	二	二七・九	河南	
王惠民	一等兵	一一二师六六八团	二五	二	二七・七	江苏	
刘福云	二等兵	一一二师六六八团	二九	二	二七・七	江苏	
张景恩	下士	一一二师六六八团	二七	二	二七・七	江苏	
张效明	一等兵	一一二师六六八团	二五	二	二七・七	江苏	
赵子元	一等兵	一一二师六六八团	二二	二	二七・七	江苏	
王明堂	一等兵	一一二师六六八团	二二	二	二七・七	江苏	
揭继随	一等兵	一一二师六六八团	二四	二	二七・七	江苏	
李永堂	二等兵	一一二师六六八团	二四	二	二七・七	江苏	
周福田	一等兵	一一二师六六八团	二〇	二	二七・七	江苏	
程光太	下士	三八师一一三团	二三	二	二八・一二	湖北	
王松年	一等兵	三八师一一三团	二六	二	二九・一	湖北	
陈玉生	二等兵	暂骑一旅一团一连	二七	二	二八・一二	绥远	
张秉衡	下士	一四二师四二四团	二六	二	二九・一	湖北	
刘连祺	二等兵	八四师五〇二团	二七	二	二八・二	山西	
韩相五	少尉排长	六师三三团	三一	二	二七・四	山东	
张义田	一等兵	一三四师补团二连	二三	二	三〇・一	河南	
刘长林	下士	一四三师四二八团	三一	二	三〇・一	河南	
张富华	上等兵	独四五师七三四团八连	二八	二	二七・六	江苏	
张文翰	少校	八八军军乐队	三三	二	二六・一二	江苏	
萧幼雅	下士	三二师一九〇团	二五	二	二七・九	湖北	
吴凤来	二等兵	三二师一九〇团	二〇	二	二六・一〇	江苏	
魏向廷	一等兵	一四〇师八三七团	三一	二	二八・九	湖北	
萧福林	一等兵	炮兵二八团八连	二六	二	二六・一〇	山西	

姓名	级职	部队番号机关名称	年龄	死亡类别*	死亡日期	死亡地点	备考
杜家泰	一等兵	八一师四八六团	二〇	二	二六·一〇	山东	
沈春虎	上等兵	骑六师一六团一连	二四	二	二六·一〇	绥远	
张文来	上等兵	一一二师六六八团	三三	二	二六·一二	江苏	
李顺成	一等兵	一一一师六六六团	二九	二	二八·二	山东	
张兆彩	中士	山东保安一九团八连	四四	二	二九·二	山东	
寇鸿书	一等兵	山东保安二〇团	一八	二	二九·八	山东	
赵元盛	一等兵	山东保安特务一〇团	二四	二	二九·一〇	山东	
李振起	下士	山东保安特务一〇团	二〇	二	三〇·一一	山东	
王宝树	上尉连长	新三师八八团三连	二四	二	二九·一〇	浙江	
郝文元	中士	三九师二三四团	二八	二	二八·九	山西	
焦文祥	上等兵	五三师三二七团	二〇	二	二六·一〇	江苏	
张铭贵	中尉排长	七四师工兵二连	二九	二	二九·五	湖北	
陶名山	二等兵	一一二师六七三团	二二	二	二六·一二	江苏	
孙恩荣	一等兵	六七师四〇一团		二	二六·九	上海	
林玉书	中士	六七师二九七团	二六	二	二六·九	上海	
李恩起	一等兵	二师一一一团	二八	二	二八·七	湖北	
冯兆明	一等兵	一七师一〇二团	二四	二	二八·四	山西	
王贵臣	一等兵	一一二师六七二团机二连	二一	二	二六·一二	南京	
王世伦	下中	一一二师六七一团机一连	二二	二	二六·一二	南京	
赵时儒	上士	一一二师六七二团		二	二六·一二	江苏	
冀顺祥	中士	骑一师三团七连	二〇	二	二七·四	台儿庄	
吴际云	下士	一一四师六八四团	二八	二	二七·四	陶墩	
杨福春	上等兵	三师九二团输送连	三五	二	二九·五	湖北	
刘志安	二等兵	七九师二三五团	二八	二	二八·四	江西	
王凤奎	一等兵	一一二师六七二团		二	二六·一二	江苏	
李占昆	一等兵	三八师二二八团	一七	二	二八·三	湖北	
孟昭荣	上等兵	一一二师六七二团		二	二六·一二	江苏	
李金恒	一等兵	一一六师九六团	二四	二	二六·九	河北	

姓名	级职	部队番号机关名称	年龄	死亡类别*	死亡日期	死亡地点	备考
高九如	一等兵	一一六师六九六团	三〇	二	二六·九	河北	
吕继荣	一等兵	一三九师七一七团	二一	二	二六·一〇	河北	
李用海	二等兵	四师二三团	二九	二	二六·八	察哈尔	
孙凤枝	一等兵	一一师六六团	二一	二	二六·一〇	江苏	
穆祥璧	少尉排长	二七师一五七团	三一	二	二六·一〇	山西	
刘喜明	二等兵	一一师六九一团	二七	二	二六·九	河北	
赵文江	一等兵	一一六师六九六团	二二	二	二六·七	河北	
任相群	下士	一一六师六九六团	二九	二	二六·九	河北	
朱文江	一等兵	四师一九团	二五	二	二六·八	察哈尔	
马世昌	上尉连长	五七师一六九团机一连	三六	二	二八·一二	江西	
刘振声	一等兵	新六师三团九连	二三	二	二九·三	山东	
邱艳平	上等兵	河北民军二大队九中队	一九	二	三三·五	河南	
林连达	中尉排长	三七师一一一团	三四	二	三三·八	湖北	
刘保田	一等兵	新一一师三三团八连	三七	二	三三·一一	湖南	
吴玉昆	下士	一一六师六九二团	二〇	二	二七·一〇	湖北	
李荣	一等兵	一一六师六九二团	三〇	二	二七·一〇	湖北	
谢四斌	中尉排长	五一师三〇六团	二九	二	二七·一〇	江西	
许敬勋	准尉司书	一五九师令司部	二五	二	二六·一二	江苏	
马超程	一等兵	暂一旅一团二连	二五	二	二七·四	绥远	
谢保重	上等兵	一三师七八团	二二	二	二六·一〇	江苏	
刘洪德	一等兵	一三师七八团	二一	二	二四·一〇	江苏	
王玉山	二等兵	新骑三师三团机二连	二五	二	二六·一〇	绥远	
徐守华	中士	东北挺进军军械处	二五	二	二七·四	绥远	
李金义	二等兵	四一师一二二团	二〇	二	二八·五	湖北	
王敬海	中士	一一三师工兵一连	二六	二	二八·六	山东	
赵宝甫	少尉排长	五七师三三七团	二三	二	二六·九	宝山	
王从周	一等兵	骑六师一六团一连	二六	二	二六·一〇	绥远	
孙永昶	二等兵	骑六师一六团一连	二四	二	二六·一〇	绥远	
赵朴	少尉排长	五七师三三七团	三四	二	二六·九	上海	

姓名	级职	部队番号机关名称	年龄	死亡类别*	死亡日期	死亡地点	备考
李国栋	少尉排长	一三〇师三九〇团	三一	二	三三·五	云南	
王志洪	少尉排长	三〇师八九团		二		河南	
蒋玉福	上等兵	一三〇师三八九团一营营部	二一	二	三三·五	云南	
杨梦青	上尉	空军二四中队	二七	二	二九·九·二三	四川	
潘再荣	上等传达	空军伊宁教导队	二〇	二	三四·一·二七	新疆	
李子余	三等六级机械士	中央航校柳州分校	二七	二	二七·一·一〇	广西	
刘颜	中士三级射击士	空军一大队一中队	二四	二	三三·六·七	四川	
韩树清	上等兵	空军教导队		二	三四·六·一	伊宁	
宋恩儒	中尉	空军三大队二五中队	二六	二	二七·一	汉口	
邵家喜	上士	空军教导队	四〇		三〇·一·二七	伊宁	
章文颖	上尉	军委会	二〇	二	三二·七	北平	

*死亡类别"二"为全国抗日战争时期（1937年7月7日至1945年9月3日）

（天津市档案馆馆藏档案，档案号2—2—1—565）

4. 军事委员会抚恤委员会死亡官兵遗族登记册①

队号	级职	姓名	遗族				恤令字号	备考
			氏名	职业	年龄	详细住址		
陆军21师师长李仙洲	卫士中士	沈宝忠	沈子芳	卖青菜	64	六分局南华里216号	无	该士系于民国26年在山西忻口抗日阵亡
			沈田氏	无	61	同		
			沈刘氏	无	38	同		
			沈文平	无	16	同		
			沈文法	无	11	同		
中央第八十五师	工兵	王学庄	王朱氏	无	64	第八分局城隍庙后11号	无	民国卅年在山西平陆抗战死亡
			王学廉	河北省银行职员	42	同		
			王学礼	无	32	同		
			王张氏	无	38	同		
			王文烈	无	15	同		
			王文涛	无	14	同		
			王文熙	无	12	同		
			王玉英	无	10	同		
			王美立	无	8	同		
			王三喜	无	7	同		
国管区	司令	莫子峨	莫杨氏	无	44	第十分局59号路联兴里	无	26年11月20日在蚌埠死亡
同	副官	莫祖荫	莫刘氏	无	27	同	无	同前莫子峨之子同日死亡
中央航空技术员	陆军炮兵少校	冯干卿	冯玉樵	无	51	第七分局东门内大街广业里1号	无	26年10月19日在洛阳阵亡

（天津市档案馆馆藏档案，档案号 219—3—20）

---

① 档案成文时间不详。

5．天津市政府警察局编报抗战军人忠烈录史料

　　空军上尉阎雷，二十五岁，原籍辽宁省桓仁县，寄居天津市闽侯路四号，于民国二十九年在昆明中央空军军官学校第十期毕业，因成绩优良，留校充任飞行教官。嗣调至空军第三十二队及第十七队，参加前线作战，因曾潜心研究国防新式武器，复调回母校任高级班驱逐组飞行教官兼区队长，先后研究成功空中爆炸弹及延期引信炸弹新式武器数种，尤其空中爆炸弹曾用之保卫陪都上空，予敌人机群以重创，深蒙长官之嘉许，复承委座召见面加奖励。不幸于三十一年六月四日在昆明因试弹而殉职，后经国府明令追赠空军上尉。

　　陆军步兵中尉张奥琰，二十七岁，原籍河北省沧县，寄居天津市洛阳道十九号，于民国二十二年六月由河北省立第二中校高中毕业，考由中央陆军军官学校第十期步兵科毕业，派充中央军校教导总队第三团见习军官，适值江南大学学生集中军训，奉调充任教练队长。二十六年春间仍调回教导总队第三团充任机枪排长。是年十月间，于淞沪战役在上海苏州河畔与日寇作战，臂部受伤，正在阵后绷带所敷药医治中，闻知前线紧张，乃不顾伤势之痛苦，奋勇急赴火线，身先士卒，冲锋陷阵，深入敌后，杀贼甚夥，卒因援绝弹尽，被敌包围，遂致壮烈殉职，全排士兵同归于尽，曾经呈由军政部追赠晋级核发恤金在案。

中华民国三十六年六月一日

（天津市档案馆馆藏档案，档案号 2—2—1—565）

6．天津市抗战忠烈事迹调查表

民国 35 年 4 月　　日填

姓名	郭海庭	年龄	45	籍贯	天津市	职业	天津市警察局第三保安大队
						现住地	南门西吉祥胡同窝铺

家族情形	双亲已老侍奉无人			家庭经济状况	卖烧饼果子维生

加入之抗敌组织	第 5 战区第 33 集团军第 59 军第 180 师 717 团	殉难日期及地点	民国 29 年 2 月 3 日河南渑池就义

殉难事迹	民国 26 年曾随天津保安队退出天津，后辗转加入第 5 战区第 33 集团军第 59 军 180 师 717 团，在渑池县与日寇作战阵亡

填写人	姓名	职业	与忠烈之关系	签名盖章
	郭兆林	小生意	父	

证明人签名盖章		有无证明文件	

区公所调查结果及意见	此表查报到区后，当经派员调查，尚属实在情形。该郭海庭参加抗战以身许国，其坚决之意志与大无畏之精神，殊堪钦佩，应依照优待抗战办法，对其家庭设法予以抚恤	第二区区长签名盖章	韩钟琦
备考			
审查意见			

（天津市档案馆馆藏档案，档案号 36－102）

天津市抗战忠烈事迹调查表

民国 35 年 4 月　　　日填

姓名	刘都阳	年龄	34	籍贯	天津市	职业	天津市警察局第三保安大队
						现住地	南门西马路吉祥胡同口窝铺

家族情形	寡母幼妹	家庭经济状况	以手工针线维持生活

加入之抗敌组织	第 5 战区第 33 集团军第 59 军第 180 师 717 团	殉难日期及地点	民国 30 年 11 月 25 日河南洛阳阵亡

殉难事迹	民国 26 年曾随天津保安队退去，后辗转加入第 5 战区第 33 集团军第 59 军 180 师 717 团，参加洛阳战役阵亡

填写人	姓名	职业	与忠烈之关系	签名盖章
	刘杨氏	手工	母	刘杨氏章

证明人签名盖章		有无证明文件	无

区公所调查结果及意见	此表查报到区后，当经派员调查，尚属实在情形。该刘都阳参加抗战以身许国，其坚决之意志与大无畏之精神，殊堪钦佩，应依照优待抗敌办法予以抚恤	第二区区长签名盖章	韩钟琦

备考	
审查意见	

（天津市档案馆馆藏档案，档案号 36—102）

天津市抗战忠烈事迹调查表

民国 35 年 4 月　　日填

姓名	王廷扬	年龄	33	籍贯	天津市	职业	空军第二大队第八中队
						现住地	南门西太平庄老爷庙东 8 号

家族情形	父、母、兄、弟、妹		家庭经济状况	家庭人口众多生活颇为艰难	
加入之抗敌组织	民国 24 年由航空学校毕业后入军事委员会参加抗战工作	殉难日期及地点		民国 29 年 5 月 5 日殉难于昆明	
殉难事迹	于敌方空军搏斗壮烈牺牲				

填写人	姓名	职业	与忠烈之关系	签名盖章
	王霭亭	商	父子	

证明人签名盖章			有无证明文件		
区公所调查结果及意见	经派员调查尚属实情，请依照优待抗敌办法对其家族予以抚恤	第二区区长签名盖章		韩钟琦	
备考					
审查意见					
第二十八保保长　　呈					

（天津市档案馆馆藏档案，档案号 36—102）

天津市抗战忠烈事迹调查表

民国 35 年 3 月　　日填

姓名	徐庆云 秀言	年龄	57	籍贯	河北 武强县	职业	58 师书记官
						现住地	小马路 70 号
家族情形	母徐刘氏年 71 岁 妻徐孙氏年 54 岁　　　女一			家庭经济状况		贫苦	
加入之抗敌组织	民国 15 年随同 58 师到陕西防地，任务			殉难日期及地点		民国 28 年阵亡陕西	
殉难事迹	民国 15 年随同 58 师到陕西防地任务书记官，于民国 35 年经友言及徐庆云死亡在陕西						
填写人	姓名	职业	与忠烈之关系	签名盖章			
	李福贵	商	朋友				
证明人签名盖章	第 26 保保长		有无证明文件				
区公所调查结果及意见	经派员调查尚属实情，请依优待抗战办法对其家族予以抚恤			第二区区长签名盖章		韩钟琦	
备考							
审查意见							

（天津市档案馆馆藏档案，档案号 36—102）

天津市抗战忠烈事迹调查表

民国 35 年 3 月　　日填

姓名	李文和	年龄	47	籍贯	天津市	职业	重庆兵工场
						现住地	南门西小马路福临里 4 号

家族情形	父母亡 妻李王氏年 46 岁　子一　女二		家庭经济状况	困难

加入之抗敌组织	于民国 18 年随重庆兵工厂走到四川任务	殉难日期及地点	民国 30 年在四川阵亡

殉难事迹	民国 18 年在重庆兵工厂到四川防地任务兵士，于 30 年阵亡

填写人	姓名	职业	与忠烈之关系	签名盖章
	李春荣	手艺	子	

证明人签名盖章	第 26 保保长	有无证明文件	

区公所调查结果及意见	经派员调查尚属实情，请依优待抗战办法对其家族予以抚恤	第二区区长签名盖章	韩钟琦

备考	
审查意见	

（天津市档案馆馆藏档案，档案号 36—102）

7．第一分局第三、四分所管界被敌残杀烈士调查表[①]

姓名	李克忠	年龄	28	籍贯	天津市	住址	西开西安路安宁里5号
职业	（日寇名称）南二区配给所事务员						
事实	据李克忠岳母任张氏声称，李克忠在燕京大学求学时即加入国民党，在沦陷时期任三民主义青年团分团长职务等地下工作，在民国34年2月27日被日军清水部队逮捕，并俘其父李毓藻其妻李刘氏，带去严刑拷打以探实情，并未供认，后将其父及其妻释放，李克忠解往北平侦讯又加严刑拷打受刑不过，当致气绝身死，现在遗留妻子五口均无衣食，其父因被敌军用凉水灌傻，现在家中生活只求外借，其妻在津托儿所做事收入甚微，急待救济。						
附记							
申报人	任张氏	年龄	66	籍贯	天津市	住址	安宁里5号
职业	无	与忠勇军民之关系				岳母	

（天津市档案馆馆藏档案，档案号219—1—6736）

第一分局第三分所管界被敌残杀烈士调查表

姓名	章凯旋	年龄	36	籍贯	天津市	住址	安宁里26号
职业	北平南苑第二十九军陆军无线电台收发音部						
事实	据章凯旋之弟章德志声称，于民国26年卢沟桥事变日机轰炸南苑同时电台被炸，该章凯旋正在电台收发音部工作之际，突被炸身死，以上情形						
附记							
申报人	章德志	年龄	31	籍贯	天津市	住址	西宁路安宁里26号
职业	西北城角翔灵书馆教授	与忠勇军民之关系				弟	

（天津市档案馆馆藏档案，档案号219—1—6736）

第一分局第三分所管界被敌残杀烈士调查表

姓名	邱国瑞	年龄	49	籍贯	天津市	住址	西宁路92号
职业	山东省巨野县县长						
事实	据邱国瑞之妻邱张英年声称，在敌伪时期任山东省安邱县县长，于民国28年转任山东巨野县县长，暗与我军地下工作人员联络，同时救我抗战同志数人，事机不密，该年被日军高山部队逮捕，被刑拷打身死						
附记							
申报人	邱张英年	年龄	38	籍贯	天津市	住址	西宁路92号
职业		与忠勇军民之关系				妻	

（天津市档案馆馆藏档案，档案号219—1—6736）

---

① 题目为编者所加；档案成文时间不详。

第一分局第三分所管界被敌残杀烈士调查表

姓名	陈雍生	年龄	54	籍贯	清苑县	住址	昆明路景安里2号	职业	医
事实	据分所通泰里派出所报称，该陈雍生之家属业于两月前私自迁移他处，并未申请困难根据事实，以上调查情形									
附记	被敌军残杀									
申报人	陈崔氏	年龄	45	籍贯	清苑	住址	昆明路景安里2号	职业	无
与忠勇军民之关系	弟	天津市政府警察局第一分局第三分所呈							

（天津市档案馆馆藏档案，档案号 219—1—6736）

第一分局第四分所管界被敌残杀烈士调查表

姓名	王贻训	年龄	41	籍贯	沧县	住址	天津市一区宁夏路111号
职业	河北省党部督导员						
事实	于民国33年3月19日2时在津南马路中南旅馆内被日本宪兵队捕去，5月15日殉国						
附记	家有母女9口						

申报人	王赵氏	年龄	43	籍贯	沧县	住址	天津市一区宁夏路111号	职业	无
与忠勇军民之关系	系王贻训之妻		第四分所所长潘仲平呈						

（天津市档案馆馆藏档案，档案号 219—1—6736）

8．天津市区抗战期内遭受敌人暴行死伤人口调查表[①]

区别	重伤	轻伤	死亡	说明
男	三	三	三九	
女		三	二	
幼童			二	
不明			一一	
合计	三	六	五四	
附记：本表系饬据各区公所及各工会各团体调查汇总列表（军人伤亡在外）				
（此表列入卅三年内）				

（天津市档案馆馆藏档案，档案号 2—2—1—763）

---

① 档案成文时间不详。

9. 天津市民及劳苦农工被敌伪残害并办理情形明细表①

被害者姓名	事由	办理情形	备考
李　卫	在涿县被俘被敌伪残害	函地方法院检查处办理	
韩耀亭	被大直沽伪警士王回回刺刀砍扎身亡	同上	
张玉成	被大直沽伪警士残害	同上	
王文焕	被伪警士赵某残害	同上	
张用中	箕成二校被强占	函河北高等法院天津分院	曾在该法院起诉
李世清	被日本人抓去	饬经地院检查处直接输检举手续并函港口运输司令部调查	
李文举	被日本人杀害	同上	
周凤义	被日本人佐佐木抓去至今无信	函港口运输司令部调查并施以救济	
朱大爱	被日本人推入坑内淹死	同上	
朱根林	经海源工会招募华工去大连至今未回	同上	
朱小小	被敌伪残害死于长春	同上	
朱大水	被日敌抓苦工至今未归	同上	
朱有喜	被日人推入河内淹死	同上	
吴曾九	被子媳拘串伪公务员引起家庭争吵	自愿和平解决	
王子丹	被敌伪特务等残害	函唐山警察局已抓获转送唐山高四分院办理	
赵凤岐	被日本人残害,日人姓名不详	由本局予以救济	
李玉文	被崔凤鸣等残害	函地方法院检查处办理	
姜文翰	被日本人残害,日人姓名不详	由本局予以救济	
董金德董金发	被日本人抓走,系奸逆姚景山勾结出卖	函地方法院检查处办理	
于思深于守良	被日本人杀害,日本人姓名不详	由本局予以救济	
王鸿勋	被日本人大西金倍殴伤	函港口运输司令部调查	
刘金富	被康作武、刘庆延依势惨害	函地方法院检查处办理	
展树臣	被敌伪残害于安东	电东北行营调查办理	
傅文治	被敌伪残害于黑河	同上	
陈雍生	被韩国人崔阎王杀害	函港口运输司令部调查	
李凤岐	被敌伪残害,害人者已在法院被押	由福利科学施以救济	

（天津市档案馆馆藏档案，档案号 2—2—1—1475）

---

① 档案成文时间不详。

10．李庆顺填报敌人罪行调查表

<table>
<tr><td rowspan="4">罪行人</td><td>姓名</td><td colspan="3">不知</td><td colspan="2">官职或职业</td><td colspan="3"></td></tr>
<tr><td rowspan="3">所属机关部队或</td><td>名称</td><td colspan="7">华蒙部队</td></tr>
<tr><td colspan="8"></td></tr>
<tr><td>官长姓名</td><td colspan="3">不知</td><td colspan="4">官职或职业</td></tr>
<tr><td rowspan="3">被害人</td><td>姓名</td><td colspan="2">李大土儿</td><td>性别</td><td>男</td><td>年龄</td><td></td><td>籍贯</td><td>天津</td></tr>
<tr><td>被害时职业</td><td colspan="4">鞋工</td><td colspan="2">现在职业</td><td colspan="2"></td></tr>
<tr><td>被害时住所</td><td colspan="5">天津市河东大王庄七经路义信里17号</td><td>现在住所</td><td colspan="2">同</td></tr>
<tr><td rowspan="3">罪人事实</td><td colspan="4">日期 二十六年阴六月十九日</td><td>地点</td><td colspan="4">天津河东大王庄七经路</td></tr>
<tr><td>罪行种类</td><td colspan="8">谋害屠杀</td></tr>
<tr><td>被害详情</td><td colspan="8">民国二十六年阴六月十九日，日兵七人入被害人之宅，系华蒙驻军部属。被害人见日兵入宅，恐惧而逃。日兵追出，先以刺刀刺其胸部，继开枪相击，被害人被击死。</td></tr>
<tr><td rowspan="2">证据</td><td>人证</td><td colspan="3">甲种结文
乙种结文</td><td colspan="5">（略）</td></tr>
<tr><td>物证</td><td colspan="8"></td></tr>
<tr><td>备考</td><td colspan="9"></td></tr>
</table>

调查者　天津地方法院检察官　冯浩光　　　　　调查日期　民国三十五年四月六日

（北京市档案馆馆藏档案，档案号 J187－1－153）

11．王右甫填报敌人罪行调查表

罪行人	姓名	木更经			官职或职业		航空队长	
	所或属机部关队	名称	日军航空队					
		官长姓名		木更经	官职或职业		航空队长	
被害人	姓名	王右甫	性别	男	年龄	36	籍贯	天津
	被害时职业	商			现在职业		商	
	被害时住所	天津市金家窑王家胡同二号			现在住所		同	
罪人事实	日期二十六年七月三十日			地点	天津金家窑王家胡同二号			
	罪行种类	故意轰炸未设防地区						
	被害详情	被害人向在天津金家窑王家胡同二号居住，并非设防地区。于民国二十六年七月三十日，被日军之木更经航空队长指挥日机肆意轰炸，致将其女王二增炸死，并将其所住瓦房三间连同室内物品一并炸毁。						
证据	人证	甲种结文 乙种结文		（略）				
	物证							
备考								

调查者　天津地方法院检察官　许志垚　　　　　　　调查日期　民国三十五年七月四日

12．王文忠填报敌人罪行调查表

<table>
<tr><td rowspan="3">罪行人</td><td>姓名</td><td colspan="2">木更经</td><td colspan="2">官职或职业</td><td colspan="2">航空队长</td></tr>
<tr><td rowspan="2">所属机关或部队</td><td>名称</td><td colspan="3">日军航空队</td><td></td><td></td></tr>
<tr><td colspan="2">官长姓名</td><td>木更经</td><td colspan="2">官职或职业</td><td>航空队长</td></tr>
<tr><td rowspan="3">被害人</td><td>姓名</td><td colspan="2">王文忠</td><td>性别</td><td>男</td><td>年龄</td><td>77</td><td>籍贯</td><td>天津</td></tr>
<tr><td>被害时职业</td><td colspan="4">商</td><td colspan="2">现在职业</td><td colspan="2">商</td></tr>
<tr><td>被害时住所</td><td colspan="4">天津市金家窑海潮寺胡同 16 号</td><td colspan="2">现在住所</td><td colspan="2">天津西头大伙巷韦驮庙 14 号</td></tr>
<tr><td rowspan="3">罪人事实</td><td colspan="4">日期二十六年七月三十日</td><td>地点</td><td colspan="4">天津金家窑海潮寺胡同 16 号</td></tr>
<tr><td>罪行种类</td><td colspan="8">故意轰炸未设防地区</td></tr>
<tr><td>被害详情</td><td colspan="8">被害人王文忠前在天津市金家窑海潮寺胡同十六号居住，并非设防地区。于民国二十六年七月三十日，日军之木更经航空队长指挥日机，肆意轰炸，其子王贵英、王贵芳均被炸死，并将其所住砖房三间，连同室内物品一并炸毁。</td></tr>
<tr><td rowspan="2">证据</td><td>人证</td><td colspan="4">甲种结文
乙种结文</td><td colspan="4">（略）</td></tr>
<tr><td>物证</td><td colspan="8"></td></tr>
<tr><td colspan="2">备考</td><td colspan="8"></td></tr>
</table>

调查者　天津地方法院检察官　许志垚　　　　　　调查日期　民国三十五年七月四日

人口伤亡（间接伤亡·劳工）

1. 天津市治安维持会总务局关于批准日本大东公司在津招募4万劳工入满修筑承（德）通（州）铁路的公函①

（1937年9月11日）

顷据大东公司代表面称：满铁公司现计划敷设承德至通州间一段铁路，需用劳工约4万人之数。津市失业人民，如有愿工作者，尽可前往应募等语。查本市自事变后失业人数骤见增多，该代表所称既为便利失业者谋生起见，以工代赈事属可行。除函慈善联合会、社会局并嘱该代表径与该局接洽，贵局接洽外，相应函达，即希查照洽办、径与社会局接洽为荷。此致社会局、慈善事业联合会。

天津市治安维持会总务局（印）

附件：大东公司便笺

承德——通州

满铁220扣（公里——编者注）

苦力4万人

大东公司

（录自中国抗日战争史学会、中国人民抗日战争纪念馆编：《日本对华北经济的掠夺和统制》，北京出版社1995年版，第1049页）

---

① 标题为编者所加。

2. 天津特别市公署准许日军佐藤部队
每日招募 500 名劳工令①

（1941 年 7 月 29 日）

令警察局。

为令遵事。案准天津特别市陆军特务机关天市机产第一七八号公函译开：迳启者，顷因佐藤部队使用苦力不足，以致对于推行业务上感觉困难，请求供给，并予以尽量协助，相应检附对于所要人员及雇用条件一份，送请查照办理为荷。等因准此。令函抄发特务机关原函译文，令仰该局负责，以适当办法每日招募工人五百名，以资接济。同时对于该局招募工人责任者以外之人员，如有假藉招募工人名义任意扰乱市面者，应即依法逮捕究办，并将办理情形具报为要。此令。附抄发特务机关公函译文一件（略）

中华民国三十年七月二十九日

市长　温世珍

（天津市档案馆馆藏档案，档案号 218—1—2174）

---

① 题目为编者所加。

3．天津特别市警察局代日军强征 2000 名劳工 修张贵庄机场呈文①

（1944 年 9 月 20 日）

为签报事。案准联络部②嘱，为修理张贵庄飞机场代募劳工两千名，送交喜代吉队本部工作，除食宿供给外，每日给工资五元等因。当即按保分配数目，饬由各分局会同区公所各保分摊招募。为维持劳工家属生活计，各保筹给津贴，以资补助。兹据各分局先后报告，自九月十四日陆续招送，至十九日共计招送劳工一千九百二十九名。理合将办理情形并造具数目表，签报鉴核。谨呈

市长张

附数目表一纸（略）

天津特别市政府警察局局长　阎家琦谨呈

九月二十日

（天津市档案馆馆藏档案，档案号 1—3—8233）

---

① 题目为编者所加。

② 指日本天津陆军联络部。——编者

6. 天津特别市政府关于每日仍须征派 2000 名劳工修张贵庄机场令①

（1945 年 2 月 20 日）

协乙字秘叁第七五五号。
令第五区公所。

本市张贵庄飞机场，仍须派工修建，各区每日应共派劳工二千名，由二月二十四日起至三月三十一日止。每工每日发给杂谷三斤、国币六元，并须于工作场所居住。兹检发各区应派劳工数目表一纸，仰即遵照办理。切切。此令。

　　附发各区应派劳工数目表一纸（略）

中华民国三十四年二月二十日

市长　张仁蠡

（天津市档案馆馆藏档案，档案号 34—327）

---

① 题目为编者所加。

7. 天津特别市政府关于增派 550 名劳工修张贵庄机场令[①]

（1945 年 3 月 22 日）

协乙字秘叁第一三五四号。

令第二、三、四、六、七、八区公所。

　　查各区应派修建张贵庄飞机场劳工数，已由府规定，令饬遵行在案。兹准关系方面请再添派劳工五百余人等因。兹规定由该区增派□名，自三月二十五日以前派往工作。除分行外，合行令仰遵照依期办理具报，勿误为要。此令。

（天津市档案馆馆藏档案，档案号 1—3—6—8276）

---

① 题目为编者所加。

10. 国民政府天津市警察局关于沦陷期间
天津市被抓劳工经济损失概数表

（1946年9月2日）

案奉钧府丙秘3字第4734号训令，略以准行政院赔偿委员会电，以沦陷时被敌强迫征工或调遣至国外各地服役人数，仰遵照查明报核等因。奉此，查本市沦陷期内，关于被敌方强征劳工事项，敌伪设有劳工协会，所以征雇劳工，均由该会办理。其所征劳工是否全数出国及苛待损失，因该会早已无形取消，无从查知。惟查接收前伪天津市警察局卷内，自29年起，奉前伪市政府令查报劳工出境月报表，据各分局所报数目，分年汇列总表。又关于苛待损失，仅按照历年表列人数及依照本市中央银行接收卷内历年生活费指数，概括估计，一并填入表内。所拟是否有当，理合造具本市征雇劳工人数及苛待损失概数表，备文报请鉴核。
谨呈

市长　张
附呈征雇劳工人数及苛待损失概数表一份

天津市政府警察局长　李汉文

天津市被敌强征劳工人数及苛待损失概数表

年别	强征劳工人数	生活费指数（全年平均）民国25年100%	每人每年损失数（以每人每月工资50元为基数）	估计共苛待损失数	每人历年工资损失累加数	备考
29年	46957	378	2268 元	22263440668 元	474124	5年又8个月工资
30年	18197	416	2496 元	8586363632 元	471856	4年又8个月工资
31年	1528	670	4020 元	717182080 元	469360	3年又8个月工资

年别	强征劳工人数	生活费指数（全年平均）民国25年100%	每人每年损失数（以每人每月工资50元为基数）	估计共苦待损失数	每人历年工资损失累加数	备考
32年	868	2427	14562 元	403915120 元	465340	2 年又 8 个月工资
33年	5824	9519	57114 元	2625331072 元	450778	1 年又 8 个月工资
34年		98416	393664 元			
			（自 34 年 1 月至 8 月损失数）			
共计				34596232572 元		

附记：

一、上列损失数系依照中央银行接收卷内历年生活费指数计算。该项生活费指数以民国 25 年为 100%，当时工人工资每月约 50 元。故本表计算工人工资，以每月 50 元为基数。

二、上表工资系由 29 年 1 月起算至 34 年 8 月日寇降伏止，共计 5 年又 8 个月，共受损失 34596232572 元。

（录自中国抗日战争史学会、中国人民抗日战争纪念馆编：《日本对华北经济的掠夺和统制》，北京出版社 1995 年版，第 1086—1088 页）

11. 冀东区八年来敌伪烧杀抢掠统计（节录）

（1946 年）

类别 县别	敌抓走壮丁数	敌抓工要夫
蓟县	5499	800000
蓟南办事处	6700	800000
武清县	4321	180000
宝坻县	7231	170000
宁河县	3540	190000
合计	24904	2140000

［谢忠厚、张瑞智、田苏苏总主编：《日本侵略华北罪行档案·损失调查》（1），河北人民出版社 2005 年版，第 155—156 页］

12．李仲泉填报敌人罪行调查表

罪行人	姓名	不知	官职或职业						
	所属部队或机关	名称	不知						
		官长姓名	不知	官职或职业					
被害人	姓名	李凤岐		性别	男	年龄	50	籍贯	天津
	被害时职业	无		现在职业	不明				
	被害时住所	天津大丰浮桥东门牌4号		现在住所	不明				
罪行事实	日期	民国三十年阴七月初五日		地点		天津北门外			
	罪行种类	流放平民							
	被害详情	三十年阴七月初五日，被害人在天津北门外被日人抓去，装上汽车，送山海关外做劳工，至今杳无下落。							
证据	人证	乙种结文一件（略）							
	物证								
备考	被害人无下落，故仅由证人填具乙种结文								

调查者：天津地方法院检察官白宝珊　　　　　　调查日期：民国三十五年五月二十四日

（北京市档案馆馆藏档案，档案号 J187—1—171）

13．刘宝庭填报敌人罪行调查表

<table>
<tr><td rowspan="3">罪行人</td><td>姓名</td><td colspan="2">不知</td><td colspan="2">官职或职业</td><td colspan="5"></td></tr>
<tr><td rowspan="2">所属部队或机关</td><td>名称</td><td colspan="2">不知</td><td colspan="6"></td></tr>
<tr><td>官长姓名</td><td colspan="2">不知</td><td>官职或职业</td><td colspan="5"></td></tr>
<tr><td rowspan="3">被害人</td><td>姓名</td><td colspan="2">刘宝珍</td><td>性别</td><td>男</td><td>年龄</td><td>45</td><td>籍贯</td><td>天津</td></tr>
<tr><td>被害时职业</td><td colspan="2">苦力</td><td colspan="2">现在职业</td><td colspan="4">不明</td></tr>
<tr><td>被害时住所</td><td colspan="2">天津永兴胡同 3 号</td><td colspan="2">现在住所</td><td colspan="4">不明</td></tr>
<tr><td rowspan="5">罪行事实</td><td>日期</td><td colspan="2">民国三十一年阴三月十三日</td><td colspan="2">地点</td><td colspan="4">天津河东大王庄</td></tr>
<tr><td>罪行种类</td><td colspan="8">流放平民</td></tr>
<tr><td>被害详情</td><td colspan="8">被害人刘宝珍，向在天津河东大王庄敌仓库做搬运苦工。三十一年阴三月十三日，被日人抓送山海关外做劳工，至今无下落。</td></tr>
<tr><td colspan="9"></td></tr>
<tr><td colspan="9"></td></tr>
<tr><td rowspan="2">证据</td><td>人证</td><td colspan="8">乙种结文一件（略）</td></tr>
<tr><td>物证</td><td colspan="8"></td></tr>
<tr><td colspan="2">备考</td><td colspan="8">因被害人无下落，故仅具乙种结文</td></tr>
</table>

调查者：天津地方法院检察官白宝珊　　　　　　　调查日期：民国三十五年五月二十八日

（北京市档案馆馆藏档案，档案号 J187—1—171）

14．尚文典填报敌人罪行调查表

<table>
<tr><td rowspan="3">罪行</td><td>姓名</td><td>不知</td><td>官职或职业</td><td colspan="3"></td></tr>
<tr><td rowspan="2">所属部队或机关</td><td>名称</td><td colspan="4">天津日本海光寺宪兵队本部</td></tr>
<tr><td>官长姓名</td><td>不知</td><td>官职或职业</td><td colspan="2"></td></tr>
<tr><td rowspan="3">被害人</td><td colspan="2">姓　名</td><td>尚文诚</td><td>性别</td><td>男</td><td>年龄</td><td>34</td><td>籍贯</td><td>天津</td></tr>
<tr><td colspan="2">被害时职业</td><td>无</td><td colspan="3">现在职业</td><td colspan="3">已故</td></tr>
<tr><td colspan="2">被害时住所</td><td>天津西头双庙街134号</td><td colspan="3">现在住所</td><td colspan="3">已故</td></tr>
<tr><td rowspan="3">罪行事实</td><td colspan="2">日　期</td><td colspan="2">民国三十一年七月七日</td><td colspan="2">地点</td><td colspan="3">天津南营门日本海光寺宪兵队本部</td></tr>
<tr><td colspan="2">罪行种类</td><td colspan="8">对平民施以酷刑及流放平民</td></tr>
<tr><td>被害详情</td><td colspan="9">民国三十一年七月七日，尚文诚不知何故被日本海光寺宪兵队宪兵三名由家中捕至该队。每日食糟糠，挨鞭打，后送北平炮局子胡同第一监狱外寄人犯收容所。同年（不记日期），被送塘沽，转送日本国福岛县，又至北海道，流放各处作劳工，因劳成疾故去。</td></tr>
<tr><td rowspan="2">证据</td><td colspan="2">人证</td><td colspan="8">乙种结文一件（略）</td></tr>
<tr><td colspan="2">物证</td><td colspan="8"></td></tr>
<tr><td colspan="3">备考</td><td colspan="8">被害人已死，故仅具乙种结文</td></tr>
</table>

调查者：天津地方法院检察官陈文泽　　　　　　调查日期：民国三十五年四月二十七日

（北京市档案馆馆藏档案，档案号 J187－1－150）

人口伤亡（间接伤亡·"慰安妇"）

1．天津乐户公会文书周谦填报敌人罪行调查表

<table>
<tr><td rowspan="3">罪行</td><td>姓名</td><td colspan="2">不知</td><td>官职或职业</td><td colspan="2"></td></tr>
<tr><td rowspan="2">所属部队或机关</td><td>名称</td><td colspan="3">天津日本防卫司令部</td></tr>
<tr><td>官长姓名</td><td>不知</td><td>官职或职业</td><td></td></tr>
<tr><td rowspan="3">被害人</td><td>姓名</td><td colspan="2">天津妓女 80 名</td><td>性别</td><td>年龄</td><td>籍贯</td></tr>
<tr><td>被害时职业</td><td colspan="2">妓女</td><td>现在职业</td><td colspan="2"></td></tr>
<tr><td>被害时住所</td><td colspan="2"></td><td>现在住所</td><td colspan="2"></td></tr>
<tr><td rowspan="4">罪行事实</td><td>日期</td><td colspan="2">民国三十三年五月间</td><td>地点</td><td colspan="2">天津日本防卫司令部</td></tr>
<tr><td>罪行种类</td><td colspan="5">勒索非法或过度之捐款与征发</td></tr>
<tr><td>被害详情</td><td colspan="5">民国三十三年四五月间，乐户公会忽被天津特别市政府伪警局传令到局听命，时该会长在家养病，由该会文书周谦代往，到局后伪科长言及奉天津日本防卫司令部命，征集妓女 150 名，前往河南慰劳敌军，限次日交齐。该周谦即陈述妓女困苦情形，并家属无人维持生活，请体恤免征等语。该伪科长不允，周谦即请宽限而退。经通知各乐户代表计议后，周谦复到伪警局请求免征，伪科长严加申斥，并迫令次日集中警察医院出发。周谦回会宣告一切，因此妓女逃匿，乐户闭门，届时无妓女送往，伪科长及日人派警士多人至娼窑，强行抓捕妓女 80 名，由伪警局送至天津日本防卫司令部点名后上火车南下。该妓女等在敌军 2 月余始得放回。</td></tr>
<tr><td rowspan="2">证据</td><td>人证</td><td colspan="5">乙种结文一件（略）</td></tr>
<tr><td>物证</td><td colspan="5"></td></tr>
<tr><td colspan="2">备考</td><td colspan="5">因被害人系妓女，时有迁移、死亡及嫁人者，故该妓女等姓名、住址、年龄未能调查详确，并无法取具甲种结文，仅由乐户公会出具乙种结文作证。</td></tr>
</table>

调查者：天津地方法院检察官陈文泽　　　　　　　　调查日期：民国三十五年五月六日

（北京市档案馆馆藏档案，档案号 J187—1—171）

2. 天津特别市警察局就办理选送
妓女赴唐山市慰劳经过情形
给市政府之呈文

（1944 年 10 月 7 日）

为呈复事。案奉钧府协甲字秘三第四一一六号指令，本局呈一件，为准宪兵分队通知，选送美貌妓女十五名，限一星期内送往唐山市，担任慰劳工作。除饬照办外，抄同选送标准、待遇条件一纸，呈请鉴核由。内开：呈暨附件均悉，仰将办理经过情形具报备核。件存。此令。等因。奉此，查此案前据第一、十一、十二等分局先后遵令送到妓女尹□□等四十名，于九月二十二、三日，经警察医院派医师分别检验，结果合格者尹□□等十七名。复经派员联络，于二十四日会同天津及唐山宪兵队长及谀访部少尉复验，均尚合格。惟以唐山妓舍尚未落成，不能依时赴唐。除饬各妓暂回本室照旧营业、听候召集再行办理外，理合造具选送唐山慰劳妓女名册，及检验结果名册各一份，一并备文呈复，伏祈鉴核。谨呈

天津特别市市长
附呈：选送唐山慰劳妓女名册及检验结果名册各一份（略）

天津特别市政府警察局局长　阎家琦（印章）

［录自中国社会科学院近代史研究所近代史资料编辑部编：《近代史资料》（总 94 号），中国社会科学出版社 1998 年版，第 5—6 页］

3．天津特别市警察局关于选派妓女
劳军给市政府的呈文

（1945年5月3日）

为呈报事：窃据四月十一日防卫司令部通知，本市应选派妓女一百名，交由军医验选二十名，集合第二区槐阴里一号军人俱乐部，担任慰劳工作等因。当即令饬第一、六、七、八、九、十一、十二等分局，转饬各乐户分会，负责选送妓女一百名，定于四月二十日送往警察医院，作初次检验。续定于四月二十五日仍送该医院作第二次检验。当日请病假妓女七名，实到妓女九十三名。先后经军部儿玉大尉、出崎军医官、警察医院院长等依次检验，合格者计梁□□等三十四名。复定于四月二十八日下午三时，将验准妓女三十四名（内有刘□□一名因病未到），在警察医院集合，由防卫司令部德本文官派车接赴第十一分局界内秋山街同仁会妇人医院作第三次检验。当日复验结果，合格者张□□等二十名。至下午七时将验准妓女二十名，随同德本文官送往天津第二区槐阴里一号军人俱乐部，交由该部管理人木村点收。据木村云：该妓女等家族有自由探望，每月八日及二十日定为公休日，可以自由出入。其他日期，必须经木村许可方得外出，以便管理。每妓每月由军部发给白面一袋；有家族者，每日另给小米四斤。该俱乐部设日用品廉卖所，各妓可任意选购。军部方面另饬选派监督李长富一名，厨役白英连一名，夫役李长荣、安绍春二名，共四名，均在该部服务。再，妓女家族方面，以军方待遇不足维持全家生活，要求特别津贴，已由各乐户分会拟定，每妓一次津贴二万元，计四十万元。此种款项，拟请依照上次代偿押账办法，则全市各　乐户分会按照等级及妓女人数平均匀摊。除俟各乐户分会将应摊款项数目报局另文呈报外，理合检同选派慰军妓女名簿，一并备文呈报。伏祈鉴核。谨呈

天津特别市市长周①
　附呈：选派慰军妓女名簿一份（略）

[录自中国社会科学院近代史研究所近代史资料编辑部编：《近代史资料》（总94号），中国社会科学出版社1998年版，第6—7页]

---

① 当时伪天津特别市市长周迪平。——编者

人口伤亡（间接伤亡·毒品受害者）

1. 天津市警察局关于抗战期间市民被迫吸食烟毒所受损失的呈文

案查关于调查抗战期间人民被迫吸食烟毒所受损失一案，前据各分局依据各区烟民登记数目估计损失，经汇列总表呈奉。钧府丙秘叁字第五二九三号指令内开：呈表均悉。据称表列损失数字，系按每名吸烟费、生产损失及医药等费平均，约以七百余万元估计，究竟上项损失各估若干，以及计算标准，应于表列备考栏内填注，以昭核实。除将原表照转外，仰再补造一份并详细注明估计标准备查，此令。等因，奉此，遵经令饬各分局遵照办理去后，兹据各分局先后呈报前来，查各区烟民贫富不等，以致吸食烟毒有多寡之别，是以估计种种损失未能划一，实难依据填注。为便于注明起见，兹将各分局估计数目平均核计以每人每日吸烟二钱计，七年共吸五百零四两，每两以六千元作价，约损失三百余万元，以同等数目作为生产损失；其余为医药费，以此估计，每人共约损失七百余万元。理合照缮总表一份备文呈覆鉴核。谨呈

市长张
副市长杜
附呈：天津市抗战期间人民被迫吸食烟毒
及种植烟苗所受损失调查表一份

天津市政府警察局局长：李汉元
天津市政府警察局副局长：毛文佐
民国三十五年七月三十一日

2. 寿丰面粉公司关于抗战期间财产损失的呈文

敬启者，准贵会津区字第七十号函以接奉总会函转奉经济部训令，调查抗战损失，拟定表式，嘱转知各会员查实具报，等因准此。查敝公司在抗战以前存在各地小麦，于七七事变时损失一一一〇四包及麻袋二三四〇九六条，曾于民国三十五年造具抗战损失调查表，呈报天津市政府社会局，汇转在案。惟该项调查表之数字颇有错误，且未将间接损失计算在内，似不合于实际。兹经重行计算，查小麦及麻袋损失时原价系一百八十四万六千五百三十一元三角六分，按现在时价计算应为四百三十五亿六千八百三十二万元；再加入间接损失三百六十九亿四千零七十五万元，两项共计八百零五亿零九百零七万元，重行造表具报。并因此项小麦及麻袋均系敝公司透支天津中国银行款项之外埠抵押品，故请该行具函证明。兹将此项证明函件影片连同民营事业财产直接损失及间接损失报告表各三份随函附奉，即祈察核转报，并请转函行政院赔偿委员会，将敝公司三十五年五月九日所呈报之抗战损失调查表予以注销。至纫公谊。此致

全国工业协会天津分会
附调查表及证明函件影片各三份

寿丰面粉股份有限公司启
中华民国三十六年六月十日

（天津市档案馆馆藏档案，档案号128—3—10154）

寿丰面粉股份有限公司财产直接损失汇报表

事件：本公司在外埠各处购入原料小麦正拟装运来津之际，遭受日军攻击，以致所
存小麦及包装用麻袋全部毁失

日期：民国 26 年 7 月事变时起陆续损失

地点：小麦麻袋损失地点附表说明

填报表：天津寿丰面粉股份有限公司   填报日期：36 年 4 月   日

分　类	价　　值
共　　计	损失小麦及麻袋总计　损失时原价$1846531.36 现在时价$43568320000
厂　房	
现　款	
制 成 品	
原　料	小麦 111104 包　损失时原价每包约$15. 777　共$1752892.96 现在时价每包约合$350000　共$38886400000
机械及工具	
运输工具	
其　他	麻袋 234096 条　损失时原价条$0. 40　　共$93638.40 现在时价每条约$20000　共$4681920000

附财产损失报告单

报告者：寿丰面粉有限公司

寿丰面粉股份有限公司财产损失报告单
（小麦麻袋损失地点说明）

损失地点	损失物资		说　　明
	小麦	麻袋	
蚌埠	29111 包	29515 条	在蚌埠汇兴成粮栈设庄购买小麦，至事变后除已装运来津者外，其余 29111 包存在大陆栈 2331 包，公记栈 1089 包，交通栈 9632 包，中国栈 10814 包，临淮中国栈 1687 包，粮栈存 3558 包，连同麻袋 29515 条全部损失
南京	14809 包	83811 条	在南京汇源米号设庄购买小麦，至事变后除已装运来津者外，其余 14809 包存在中国银行仓库及麻袋 83811 条全部损失
镇江	6327 包	6327 条	由南京汇源米号代包购买小麦，至事变后除已装运来津者外，其余 6327 包连同麻袋 6327 条全部损失
泰兴	14500 包	14500 条	由南京汇源米号代办，原存小麦 14500 包连同麻袋 14500 条全部损失

天津市政府

具呈人：中国南洋兄弟烟草股份有限公司天津驻员

怡怡堂简代表人　　　　　　　　　　　尹邨夫（盖章）

年五十八岁　浙江上虞人

住天津市第十区河北路二九四号

电话：三五四五〇号

中华民国三十五年八月十五日

（天津市档案馆馆藏档案，档案号 2—3—4560）

4. 义同泰合记染织厂财产直接损失汇报表

事件（注1）：敌寇多田部队勒令迁腾分厂

日期（注2）：民国29年3月

地点（注3）：河北黄纬路27号（旧恒源纱厂老址）

填报者：义同泰合记染织厂翟仙舟　　　　　　　　填报日期：35年7月18日

分 类	损失时价值（国币元）	重要物品项目及其数量
共 计	447922000 元	
厂 房		（原为租赁关于损失均归房东）
现 款		
制 造 品	405000000 元	织布每月1500匹，染布每月12000匹，每匹损失按500元，按6年每年按10个月算（生产损失）
原 料	35752000 元	洋灰400袋、4500元/袋，铁筋5000斤、□元/斤，石沙子1200袋、1000元/袋，缸砖20000个、250元/个，4寸钢管子400尺、8800元/尺，凿井工资480工、3000元/工，红砖175000个、50元/个，缸砖12000个、250元/个，□砖50000个、40元/个，铁工200工、3000元/工，水泥工1300工、2500元/工，工人748工、4000元/工（以上为安装机器用）
机械及工具		
运输工具	4500000 元	织布机57架，染布机39架，手工染锅灶8个，染□缸30口，8尺/24锅炉1具，5尺/16尺锅炉1具（运输费及机件损失）
其 他	2670000 元	下水道1200尺，缸管500节，2160元/节，工人遣散费男女工共110名，平均每人9000元，电器安装（包括电力、电灯、电料）600000元

工厂：义同泰合记染织厂

河北三官庙街：6.1467

（天津市档案馆馆藏档案，档案号 25—3—2007）

5. 新公木行财产损失报告单

天津市政府警察局第六分局

填送日期：36 年 12 月　　日

损失年月日	事件	地点	损失项目	购置年月	单位	数量	价值（国币元）		证件
							购置时价值	损失时价值	
29 年 7 月	被迫筑堤	天津市六区台儿庄路 113 号	筑堤用土、草袋、人工，堤长 175 尺、宽 20 尺、高 7 尺	29 年 7 月	方条工	土 250 方，草袋 1500 条，人工 350 工	4000	4000	
33 年 12 月至 35 年 8 月	强占房地	天津市六区台儿庄路 113 号	占用及拆毁房舍	28 年 6 月	亩间	厂地 15 亩，公事房 3 间，仓库 14 间，工厂 30 间	1000000	15000000	
31 年 5 月至 33 年 11 月	强买	天津市六区台儿庄路 113 号	舟山部队强买美松及杨柳木	30 年至 32 年	方尺	美松 4 万尺，杨柳木 45000 尺	8000000	4000000	
33 年 12 月	被迫迁移	天津市六区台儿庄路 113 号	被迫迁移运费		元	运仓库内各种货物及厂内木料	40000	40000	
33 年 8 月	被迫修防空壕	天津市六区台儿庄路 113 号	被迫建防空壕两处	33 年 8 月	木料（尺）、人工	用木料 850 尺，人工 115 工	40000	40000	
33 年 12 月至 35 年 8 月	工厂停工	天津市六区台儿庄路 113 号	因占房地工厂损失		元	家具工厂停工，锯房亦受影响		21000000	
33 年 12 月至 35 年 8 月	因强占不能营业	天津市六区台儿庄路 113 号	不能营业		元	因房地被占不能营业		10000000	
							共计	50084000	

直辖机关名称：天津市政府警察局第六分局　　　　　印信：

受损失商号：新公木行　　　经理人：王士明

通信地址：天津市六区台儿庄路 113 号

（天津市档案馆馆藏档案，档案号 219—3—26510）

6．东亚毛呢纺织股份有限公司财产直接损失汇报表

事件（注 1）：强征物资

日期（注 2）：自 30 年 6 月 10 日至 33 年 6 月 26 日

地点（注 3）：天津

填表者：　　　　　　　　　　　　　　　　　填报日期：35 年 2 月 12 日

分　类	损失时价值（国币元）	重要物品项目及其数量
共　计	$42794750	
厂　房		
现　款		
制 成 品	$42794750	麻袋 1759400 条
原　料		
机械及工具		
运输工具		
其　他		
附注：所有损失数值皆按征发日期当时之伪联币计算倘折合现在之价值恐增何止数十倍		

天津市第六区

东亚毛呢纺织股份有限公司

经理：宋棐卿

（天津市档案馆馆藏档案，档案号 128－2－306）

7. 德源五金工程所财产直接损失汇报表

事　件	日寇第 1400 部队经理部天津出张所长澄山干天带领车队，强迫将[里面]各种瓦期管与各号洋钉子均行拉走，翌年只付 1000 余元伪币，德源五金工程所即行倒闭	
日　期	民国 30 年 12 月 27 日即日本昭和 16 年 12 月 27 日	
地　点	天津市旧极管区 59 号路 122 号德源五金工程所	
填报者	德源五金工程所经理杨奈东	
分　类	损失时价值	重要物品项目及其数量
共　计	11687890	
现　款		
制成品	2519650	6 寸黑瓦斯管 101.31 尺 25000 元
	928125	4 寸黑瓦斯管 61.875 尺 15000 元
	419265	3 寸黑瓦斯管 59.895 尺 7000 元
	330925	2 寸黑瓦斯管 66.165 尺 5000 元
	42900	1 寸黑瓦斯管 21.45 尺 2000 元
	1646025	4 分白瓦斯管 1097.35 尺 1500 元
	316000	6 分白瓦斯管 79 尺 4000 元
	315000	1 寸洋钉 90 公斤 3500 元
	288000	1 寸 2 分洋钉 90 公斤 3200 元
	135000	1 寸 4 分洋钉 45 公斤 3000 元
	540000	1 寸 6 分洋钉 80 公斤 3000 元
	391500	2 寸洋钉 135 公斤 2900 元
	1638000	2 寸 4 分洋钉 585 公斤 2800 元
	630000	3 寸洋钉 255 公斤 2800 元
	611500	4 寸 4 分洋钉 225 公斤 2700 元
	351000	5 寸洋钉 135 公斤 2600 元
	585000	6 寸洋钉 225 公斤 2600 元

（天津市档案馆馆藏档案，档案号 25—3—2007）

8．万源聚木器行财产损失报告单

填送日期：36 年 12 月　　日

损失年月日	事件	地点	损失项目	购置年月	单位	数量	价值（国币元）		证件
							购置时价值	损失时价值	
31 年 7 月	强买	天津市六区小刘庄海河路 111 号	敌舟山部队强买美松方木	31 年 3 月	平方尺	23000 平方尺	26000	32000	
32 年 9 月	强买	天津市六区小刘庄海河路 111 号	敌甲 1810 部队强买榆杨元木	32 年 4 月	方	9000 方	27000	18000	
33 年 12 月	强买	天津市六区小刘庄海河路 111 号	敌甲 1810 部队强买榆杨元木	32 年 4 月	方	40000 方	560000	320000	
34 年 5 月	强占	天津市六区小刘庄海河路 111 号	敌 9461 部队强占厂地房屋	28 年租自北平海丰堂王	货场房屋全部	楼房平房共 43 间，厂地 17，电锯电话各一具		4000000	
34 年 7 月	拆毁移用焚烧	天津市六区小刘庄海河路 111 号	板墙房屋	28 年	方	板墙木板 2 万方，门 6 付窗 7 个	120000	1000000	
							共计	5370000	

直辖机关名称：天津市政府警察局第六分局　　　印信：

受损失商号：天津万源聚木器行

经理人：贾祝三（印）

通信地址：天津市六区小刘庄海河路 111 号

（天津市档案馆馆藏档案，档案号 129—3—26510）

9. 天津仁立公司财产直接损失汇报表

事件（注1）：日军强征

日期（注2）：民国31年口至32年4月

地点（注3）：天津本厂

填表者：天津仁立公司（印章）　　　　　　　填报日期：35年3月　　日

分　类	损失时价值（国币元）	重要物品项目及其数量
共　计	法币$70208.64	
厂　房		
现　款		
制成品		
原　料	法币$70208.64	日军甲第1820部队强征本厂自用澳洲毛条约20000磅，迫为织制哔叽4875.6公尺，损失法币$70208.64元
机械及工具		
运输工具		
其　他		

（天津市档案馆馆藏档案，档案号128—2—306）

天津仁立公司财产直接损失汇报表

事件（注1）：日军强征

日期（注2）：民国32年冬至33年8月

地点（注3）：天津本厂

表者：天津仁立公司（印章）　　　　　　　填报日期：35年3月　　日

分　类	损失时价值（国币元）	重要物品项目及其数量
共　计	法币$51723.99	
厂　房		
现　款	法币$51723.99	日军甲第1820部队强迫加工织制棉毯17000条，损失工费计法币$51723.99元
制成品		
原　料		
机械及工具		
运输工具		
其　他		

（天津市档案馆馆藏档案，档案号128—2—306）

天津仁立公司财产直接损失汇报表

事件（注1）：日军强征

日期（注2）：民国33年春至34年3月

地点（注3）：天津本厂

填表者：天津仁立公司（印章）　　　　　　　　填报日期：35年3月　　日

分　类	损失时价值（国币元）	重要物品项目及其数量
共　计	法币$351619.40	
厂　房		
现　款		
制成品		
原　料	法币$351619.40	日军甲第1820部队强征羊毛20926市斤，损失法币$351619.40元
机械及工具		
运输工具		
其　他		

（天津市档案馆馆藏档案，档案号128—2—306）

天津仁立公司财产直接损失汇报表

事件（注1）：日军强征

日期（注2）：民国33年7月4日

地点（注3）：北平分厂

填表者：天津仁立公司（印章）　　　　　　　　填报日期：35年3月　　日

分　类	损失时价值（国币元）	重要物品项目及其数量
共　计	法币$253368.40	
厂　房		
现　款		
制成品		
原　料	法币$253368.40	日军甲第1821部队强征北平分公司地毯厂自用羊毛毛线共20392市斤，损失法币$253368.40元
机械及工具		
运输工具		
其　他		

（天津市档案馆馆藏档案，档案号128—2—306）

天津仁立公司财产直接损失汇报表

事件（注1）：日军强迫加工

日期（注2）：民国33年冬至34年8月

地点（注3）：天津本厂

填表者：天津仁立公司（印章）　　　　　　　　　填报日期：35年3月　　日

分　类	损失时价值（国币元）	重要物品项目及其数量
共　计	法币$378124.25	
厂　房		
现　款	法币$378124.25	日军甲第1820部队强迫加工织制棉毯28311条，损失工费计法币$378124.25元
制成品		
原　料		
机械及工具		
运输工具		
其　他		

（天津市档案馆馆藏档案，档案号128—2—306）

10．永发顺木行战时损失调查表

商号名称			永发顺木行			
住址	第二区河东路1号					
组织	独资					
资本	通行币12万元（累年公积金38万元）					
成立年月日	前清光绪十年					
经理姓名	訾钰甫（当年营业时之经理为于墨青，因现在该号歇业，故东方訾钰甫负责）					
营业性质	木材					
	年月日	品名	数量	估价 （实损失之数）	被害事实经过	
	33年6月5日	十尺上榆杨木 十尺下榆杨木 楸元木	50524.19才 14039.32才 14925.31才	520399.15元 131969.61元 208954.34元 共合 861323.10元	日本1809部队特别作业场包工者日本浪人野崎以日本军部势力压制商人，任意划价强行收买	
	33年8月11日	元杨木 元柳木 元榆木 满洲榆角材 大杉元木 柳安元木 楢木角材	1495.739石 113.675石 483.964石 56.051石 113.316石 401.799石 231.070石	631949.73元 43253.34元 234722.54元 33350.35元 61190.64元 297331.26元 123622.45元 共合 1425420.31元	前伪警察局保安课生日报员挟嫌检举，日宪兵队即将敝行经理逮捕羁押于伪警察局内十八天之久，百般苦刑，弗敢稍辩，卒判以不协力日军作战之罪而强制收买，最高品付以极微之价，聊避侵夺之恶名，以致亏累甚巨，弗克支持而卒歇业	
损失总额	以上二次共合伪币2286743.41元					
备考	彼时物价子数较诸今日相差悬殊，当时商虽损失220余万元而揆诸目下其损失价额不下数千万地。盖当时木料每材市价十数元，刻下超过500元，即依足金而论，彼时每两不过4000元，刻下市价35万元，超过80倍以上矣（以上皆指伪币而言） 附呈损失清单一纸					

具表商号：天津永发顺　　　经理人：（章）

中华民国35年1月　　日

（天津市档案馆馆藏档案，档案号25—3—2000）

13．华新织染股份有限公司财产直接损失汇报表

事件（注1）：强征

日期（注2）：34年1月25日

地点（注3）：侯家后中街17号

填表者：天津华新织染股份有限公司（印章）　　　　　　填报日期：36年12月25日

分　　类	损失时价值（国币元）	重要物品项目及其数量
共　　计	$220000	铁门窗重1000斤
建　筑　物		
器　　具		
现　　款		
图　　书		
仪　　器		
文　　卷		
医药用品		
衣　　物		
粮　　食		
其　　他		

（天津市档案馆馆藏档案，档案号2—3—4620）

14．国营招商局天津分局战事期间损失破坏概况

当中日战争初起时，本局因房产仓库等均在英租界地区，船只业均驶沪，同时将在津产业委托美商卫利韩公司代为管理。故在此期间本局天津分局除营业收入之损失难以计算外，物资方面尚未直接遭受损失。

迨至太平洋战事发生，津市租界被日敌夺占，卫利韩公司代管天津方面之产业遂被日敌东亚海运株式会社接收，所有房屋、仓库、码头等均为敌利用。如是者二年。嗣日敌战事失利，敌营事业陷于停顿，所占本局产业听其败坏，不加修葺，故虽未遭受直接轰炸之破坏，其无形中间接损失亦难核计。

大沽方面：本局地产二千余亩，内有英商大沽驳船公司向东局订约租赁建厂筑坞之地，于太平洋战事期间亦为敌夺用。在此期内，仅有地租之损失。又日敌三井洋行在本局大沽于家堡地产上掘地建筑船坞，地形变动亦有相当损失。

塘沽方面：在民国卅一年间计有下列损失，（1）日敌满洲铁道株式会社将塘沽东厂（郭庄子界内）码头之铁方船六只、仓库三所及铁轨、枕木与挖泥钢船悉行拆移；（2）平房九间被轰炸倒塌；（3）塘沽西厂被日敌拆去平房十六间、仓库七所、公事房一所。上述多项损失之估价，因近年物价变动不定，估计较难，暂照民国廿六年时价酌为估计，损失数目另附估价单一份。

至破坏形状于日敌未退期中无从拍照。本局在津复员后原状改变、迹象全无，亦无从摄制。

国营招商局天津分局关于战事遭受损失调查报告清单

通和公司图号	所在地	被损种类	数量	单位	估计价值 按照民国 26 年估价	备注
NO56	塘沽东厂	码头铁方船（PONTOON）	长 20′铁皮 15200 磅阔 10′三角铁 2080 磅高 6′6	只	每只 25920 共 155520	民国 31 年被敌满洲铁道株式会社拆去
NO56	塘沽东厂	砖墙铅铁顶仓库	长 140′112 方阔 80′每方 60，1 所	所	6720	民国 31 年被敌满洲铁道株式会社拆去
NO56	塘沽东厂	砖墙铅铁顶仓库	长 120′96 方阔 80′每方 60，2 所	所	11520	民国 31 年被敌满洲铁道株式会社拆去

工程名称	地点	损失数量	损坏情形
板□	汉沽滩地	22 座	全部被拆去
洋井	汉沽滩地	7 口	全部被破坏
路工房	汉沽滩地	1 所	被破坏
筹秤房	汉沽坨地	4 座	均被破坏
坨工房	汉沽坨地	3 间	均被破坏
板具	汉沽坨地	3 只	被破坏
盐车过道活□	汉沽坨地	5 座	被匪人抢去
盐车库	汉沽坨地	1 座	尚未竣工所需之木料均被匪人抢去
轻便盐车	汉沽坨地	78 辆	已被破坏

邓沽分场通讯设备损失统计表

地点区别	电杆	线担	3 号直磁瓶	3 号湾磁瓶	交换机	电话机	避雷器	20 门挡雷机	电线
第 1 路干线	173 根	272 根	1172 个	125 个					45640 公尺
第 1 路支线	154 根			365 个					16400 公尺
第 2 路支线	179 根			384 个					19500 公尺
第 3 路支线	32 根			125 个					5300 公尺
高山岭支线				230 个					11500 公尺
附刘家河支线				25 个					1250 公尺
东沽支线				210 个					750 公尺
附道口支线				15 个					750 公尺
大梁子支线	20 根			131 个					5750 公尺
转电处					1 座			1 份	
各□房及分场						13 架	13 个		
总计	558 根	272 根	1172 个	1610 个	1 座	13 架	13 个	1 份	116590 公尺
说　明	（1）电杆原有 602 根，损失 558 根，现有 44 根 （2）电线原有 120690 公尺，损失 116590 公尺，现存 4100 公尺 （3）电话机原存 21 架（行区域在内），损失 13 架，现存 8 架 （4）避雷器原有 20 个，损失 13 个，现有 7 个。 其他损失罄尽								

17. 永利化学工业公司塘沽碱厂战时财产损失估计

（1947年3月19日）

说明：财产损失估计方式，凡属旧有财产悉以26年账簿上价格为准，依其损坏程度估计损失金额。至于接收敌人添置之财产，则依敌人账面上之金额再按接收时物价指数之倍数反折算出战前币值，双方冲算得出纯净损失。

根据直接税局所颁布调整资本办法，34年物值应等于26年之1800倍，本表即以1800倍为反折之根据。

提要　本表所列字均已折成战前币值

一、器材损失	2017806.71元
二、修理损失	1819227.90元
三、复员损失	39559.48元
四、营业利益损失	8000000元
五、员工内迁及生活维持费	1293000元
六、私人损失	165000元
共计	13334594.09元

（损失清单略）

（录自中国抗日战争史学会、中国人民抗日战争纪念馆编：《日本对华北经济的掠夺和统制》，北京出版社1995年版，第1047页）

社会财产损失（间接损失·工业）

1. 华北制革股份有限公司财产间接损失报告表

填送日期：36 年 7 月 24 日　　　　　　　　　　　　　　　　　　（单位：国币元）

分类 / 受损失者		华北制革股份有限公司		备注
可能生产额减少		民国 26 年物价基数计算	4000 万	自民国 26 年日寇统制皮革，全部工作停顿直至胜利始得筹备复工
		按照现时物价指数计算	2 万亿	
可获纯利额减少		按照民国 26 年基数计算	80 万	
		按照现时物价指数计算	400 亿	
费用之增加	拆迁费	按照民国 26 年物价基数计算	15 万	
		按照现时物价指数计算	75 亿	
	防空费	按照民国 26 年物价基数计算	10 万	
		按照现时物价指数计算	50 亿	
	救济费			
	抚恤费			

（天津市档案馆馆藏档案，档案号 128—3—10154）

2．寿丰面粉股份有限公司财产间接损失报告表

填报者：天津寿丰面粉股份有限公司   填报日期：36年4月   日

分　　类	数　　额
可获纯利额减少（3） 可能生产额减少（3）	可能生产额减少损失 36940750000
	按原损失小麦11万余包，可供本公司三个工厂一个月工作之量。由26年7月起，至35年年终止，全年以工作10个月计算，可以工作95个月，是即本公司最低可能减少之生产量。每工作一个月其营业利润以百分之一之最低比例计算（即小麦每百斤利润一斤），则每月最低损失小麦1111包，以95个月计之共应损失利润小麦105545包，每包价值$350000，计合损失总值如上数

费用之增加	拆迁费	
	防空费	
	救济费（4）	
	抚恤费（4）	

附表

报告者：寿丰面粉公司（章）

社会财产损失（直接损失·农业）

1. 天津市第五区农会财产直接损失汇报表

事件：（注1）

日期：（注2）

地点：（注3）

填表者：天津市第五区农会常务理事蒋长华（章）　　　　填报日期：35年2月16日

分　类		损失时价值（国币元）	重要物品项目及其数量
共　　计		32621337	
房　　屋		3001200	2501 间　每间 1200 元
器　　具			
现　　款			
产品	农产品		
	林产品		
	水产品		
	畜产品		
	农具		
	渔具		
工具	园田	26078937	8692 亩 979，每亩 3000 元
	树	3152000	3940 株，每株 800 元
	砖窑	120000	12 座，每座 10000 元
	砖井	199200	166 口，每口 1200 元
	石桥	30000	1 座
	葡萄架	30000	30 架，每架 1000 元
	砖墙	10000	1 道
牲　　畜			
运输工具			
其　　他			

（天津市档案馆馆藏档案，档案号 2—2—763）

2．天津市第六区农会财产直接损失汇报表

事件：炮火轰炸

日期：民国 26 年 8 月 1 日

地点：天津市第六区

填表者：天津市第六区农会常务理事蓝金城　　　　　填报日期：35 年 2 月 25 日

分 类		损失时价值（国币元）	重要物品项目及其数量
共 计		$5500	
房 屋		1000	房间 10 间
器 具		500	
现 款			
产品	农产品	2000	稻谷 50 亩，约产米 100 石
	林产品		
	水产品		
	畜产品		
工具	农具	1500	
	渔具		
	其他		
牲 畜		500	骡子 5 头
运输工具			
其 他			

（天津市档案馆馆藏档案，档案号 25—3—2003）

3．天津市第七区农会财产直接损失汇报表

事件：炮火轰炸

日期：民国 26 年 8 月 1 日

地点：天津市第七区

填表者：天津市第七区农会常务理事房国政　　　　　填报日期：35 年 2 月 25 日

分　类		损失时价值（国币元）	重要物品项目及其数量
共　　计		29601.75	
房　　屋		10000	房屋 34 间
器　　具		10340	
现　　款			
产品	农产品	899.75	芦苇 1192.5 个
	林产品	100	
	水产品		
	畜产品		
工具	农具	3220	
	渔具		
	其他	2400	
牲　　畜		2042	骡马牛等 11 头，鸡鸭猪等 69 个
运输工具		600	
其　　他			

（天津市档案馆馆藏档案，档案号 25—3—2003）

4. 天津市第九区农会财产直接损失汇报表

事件（注1）：一、种禽损失　二、种猪损失　三、车畜损失　四、器物土地损失

日期（注2）：一、民国27年秋　二、民国28年至29年　三、民国29年　四、民国30年

地点（注3）：一、天津西车站西　二、邵公庄　三、军粮城四道桥　四、邵公庄铁道北

填表者：冯筱斋（章）　　　　　　　　　　　　填报日期：35年12月5日

分　类		损失时价值（国币元）	重要物品项目及其数量
共　计		2041万元	以下5项总计
房　屋			
器　具			
现　款			
产品	农产品		
	林产品		
	水产品		
	畜产品	一、（1）鸭种404万元 （2）鸡种225万元 二、（1）猪种1000万元	一、（1）鸭种202双 （2）鸡种225双 二、（1）猪种200双
工具	农具	四、（1）200万元 （2）100万元 （3）32万元	四、（1）一吨重锅炉1口 （2）半吨重水罐1口 （3）二寸铁管320尺
	渔具		
	其他		
牲　畜		三、（1）10万元（2）20万元	三、（1）马1头（2）骡1头
运输工具		三、（3）10万元	三、（3）车1辆
其　他		三、（4）40万元	三、（4）耕地消耗损失40亩

（天津市档案馆馆藏档案，档案号25—3—2006）

5．日本在天津附近设农场总表

日本人在天津一带的农业垄断组织主要有"华北垦业公司"和"米谷统制协会"两大系统。这两个垄断组织除直接经营农场外，并控制了绝大部分日本其他集团或私营的农场。日本在天津总共设立了 120 个农场，掠夺土地 61450.8 公顷（921763 亩）。

日本在天津附近设农场总表

所属系统	农场数	土地面积（亩）	附　注
华北垦业公司	5	164520	该公司另控制农场 32 个
米谷统制协会	5	193778	该会另控制农场 48 个
其他集团或个人	110	563465	其中 13 个垄断集团占地 46 万多亩
总　计	120	921763	

（录自天津市地方志编修委员会编著：《天津通志·土地管理志》，天津社会科学院出版社 2004 年版，第 184 页）

6. 冀东区八年来敌伪烧杀抢掠统计（节录）

（1946 年）

类　别　　　　　县　别	碉堡公路沟墙占地
蓟县	45000
蓟南办事处	40000
武清县	8000
宝坻县	950
宁河县	9000
合计	102950

［录自谢忠厚、张瑞智、田苏苏总主编：《日本侵略华北罪行档案·损失调查》（1），河北人民出版社 2005 年版，第 155—156 页］

社会财产损失（直接损失・交通）

1. 交通部平津区铁路管理局天津办事处关于抗战期间财产损失的呈文^①

呈奉钧处人二字第二一〇九号指令，附发更正印鉴，开箱书到处，遵经饬派总务处文书课主任课员曹锡瑁持函洽取该项密存卷宗，点查无误，又以局总字第三三〇号呈报取出情形，并分令总务、运输两处，各就前项卷宗内将主管部份［分］查取损失详情具报，各在案。兹据总务处呈复，产业部分，计日军占用天津机务段等房屋二百间，照现在规定租价办法，一等房租每间每年法币一千二百元计算，计租金损失约法币一百九十二万元。又材料部分，计日军强取天津东站等处之材料损失，原购时价格系一万四千九百七十元一角八分，至损失时价格应合法币八百五十万五千七百九十元。又据运输处呈复，日军强迫运送军队军品及日韩人走私货物，其注明人数重量者，按原案核算；未经注明者，按整车计算；至走私货物系装客车运送按包裹计算；货物只有件数而无重量者，按当时经验每件以六十斤计算，以上各项均按事变前客货运率核计，应补缴运费损失法币一百九十四万七千八百八十九元一角五分。若再案［按］照当时每值一元现应作千元升算计，合法币一十九亿四千七百八十八万九千一百五十元。并附送七七事变前输送日本军队军品及日韩人走私货物运费损失清册一册。又据工务处呈复，天津东站上行站台贵宾室与食堂间壁凿开双扇门一项，按现时价值计损失法币一万六千五百元。各等情前来，除将由新华银行保险箱取出卷宗二十宗一并列入职处档卷保管外，理合抄同各部分原送文件、表册，备文呈报，仰祈鉴核办理，实为公便。谨呈

交通部平津区特派员　石

呈路总文字第二四六一号

（中国第二历史档案馆馆藏档案，档案号 213—4—46）

---

① 档案成文时间不详。

2．天津市区内平津区铁路管理局建筑及电讯破坏状况统计表①

破坏项目	单位	数量	地点	破坏年月日	破坏状况	购置年月	价值（元）		证件
							购买时价值	破坏时价值	
（建筑）									
旧北宁路管理局大楼	座	1	总站	26年7月28日	三层楼房大小104间及地窖全部焚毁	光绪30年	380000	800000	无
办公房	间	16	总站	29年6月	拆毁			19200	无
扶轮中学南楼北楼内部	座	2	河北马路北口	26年8月10日	拆毁	民国7年	250000	600000	无
员工宿舍	间	130	宁园后	26年7月29日	拆毁	民国17年		150000	无
6、7、8号官房内部	所	3	河东大王庄	26年8月10日	拆毁			300000	无
高级职员宿舍	所	1	河东大王庄	26年8月10日	拆毁			140000	无
旧地亩段宿舍	间	3	东站	26年7月29日	拆毁	光绪32年		50000	无
办公房	间	76	东站	27年8月	拆毁			91200	无
花车房	座	0.5	东站	27年8月	拆毁			35000	无
汽车房	间	5	东站	27年8月	拆毁			5000	无
员工宿舍	间	22	东站	28年5月	拆毁			17600	无
东货场出租石造房屋	间	49	东站	26年10月	拆毁			39200	无
（电讯）									
人工交换台	具	1	旧管理局后楼	26年7月8日	与建筑物一同焚毁				无
电气母钟	具	1	旧管理局后楼	26年7月8日	与建筑物一同焚毁	民国26年1月	35000	35000	无

---

① 档案成文时间不详。

| 破坏项目 | 单位 | 数量 | 地点 | 破坏年月日 | 破坏状况 | 购置年月 | 价值（元） | | 证件 |
							购置时价值	破坏时价值	
电气子钟	具	50	旧管理局各办公室	26年7月8日	与建筑物一同焚毁	民国26年1月	5000	5000	无
电气实验仪器	具	45	电信课办公室	26年7月8日	与建筑物一同焚毁		9600	9600	无
电报音响机带继电器等全套	具	12	旧管理局电报室	26年7月8日	与建筑物一同焚毁		12000	12000	无
雷氏电瓶	套	20	旧管理局电报室	26年7月8日	与建筑物一同焚毁		2000	2000	无
无线电发报机	部	2	旧管理局后楼无线电台	26年7月8日	与建筑物一同焚毁		9000	9000	无
无线电收报机	部	2	旧管理局后楼无线电台	26年7月8日	与建筑物一同焚毁		800	800	无
电动发动机	部	1	旧管理局后楼无线电台	26年7月8日	与建筑物一同焚毁		2600	2600	无
铜线 A.W.G.9.	吨	2	旧管理局后楼	26年7月8日	与建筑物一同焚毁		6000	6000	无
200回线自动交换机	部	1	旧管理局后楼	26年7月8日	与建筑物一同焚毁	民国26年1月	42000	42000	无
自动电话机	具	200	旧管理局各办公室	26年7月8日	与建筑物一同焚毁	民国26年1月	10000	10000	无

（天津市档案馆馆藏档案，档案号 2—2—1475）

3．天津市破坏损失登录表（船舶）①

破坏处所	地址	损坏数量	损坏概况	损失金额 26年上半年价值	说明
总计		钢质船只37，木质6只，铁方船6只，挖河船1只		230520	除天津招商局所属铁木船及挖河船外，其余船只均未估列金额
北安轮	天津北方航业股份有限公司	钢质汽机1500匹，马力3585.89吨	民国31年由香港开西贾途中失踪		天津航政局函称已专案呈报交通部
北孚轮	天津北方航业股份有限公司	钢质汽机1200匹，马力1975.12吨	民国29年在角岛坐礁		天津航政局函称已专案呈报交通部
北华轮	天津北方航业股份有限公司	钢质汽机800匹，马力1378.89吨	民国34年在温州被空袭		天津航政局函称已专案呈报交通部
北康轮	天津北方航业股份有限公司	钢质汽机610匹，马力1015.26吨	民国34年在朝鲜被空袭		天津航政局函称已专案呈报交通部
茂利轮	天津政记轮船公司	钢质三联式161公称	七七事变于香港被日掠去		天津航政局函称已专案呈报交通部
安利轮	天津政记轮船公司	钢质三联式146公称	七七事变于香港被日掠去		天津航政局函称已专案呈报交通部
胜利轮	天津政记轮船公司	钢质三联式271公称	七七事变于香港被日掠去		天津航政局函称已专案呈报交通部
丰利轮	天津政记轮船公司	钢质三联式180公称	七七事变于香港被日掠去		天津航政局函称已专案呈报交通部
英利轮	天津政记轮船公司	钢质三联式129公称	七七事变于香港被日掠去		天津航政局函称已专案呈报交通部
新利轮	天津政记轮船公司	钢质三联式95公称	七七事变于香港被日掠去		天津航政局函称已专案呈报交通部

---

① 档案成文时间不详。

破坏处所	地址	损坏数量	损坏概况	损失金额 26年上半年价值	说明
天利轮	天津政记轮船公司	钢质三联式 162 公称	32年在室口被日空袭		天津航政局函称已专案呈报交通部
同利轮	天津政记轮船公司	钢质三联式 129 公称	33年被日强租于渤海湾触雷		天津航政局函称已专案呈报交通部
福利轮	天津政记轮船公司	钢质三联式 129 公称	33年被日强租于朝鲜触礁		天津航政局函称已专案呈报交通部
成利轮	天津政记轮船公司	钢质三联式 72 公称	34年在黄海被日空袭		天津航政局函称已专案呈报交通部
昌利轮	天津政记轮船公司	钢质三联式 155 公称	34年在朝鲜被日空袭		天津航政局函称已专案呈报交通部
坤利轮	天津政记轮船公司	钢质三联式 198 公称	34年在朝鲜被日空袭		天津航政局函称已专案呈报交通部
广利轮	天津政记轮船公司	钢质三联式 73 公称	34年在大连触雷		天津航政局函称已专案呈报交通部
厚利轮	天津政记轮船公司	钢质三联式 504 公称	34年在上海被空袭		天津航政局函称已专案呈报交通部
永利轮	天津政记轮船公司	钢质三联式 60 公称	33年6月被日寇空袭		天津航政局函称已专案呈报交通部
泰利轮	天津政记轮船公司	钢质三联式 115 公称	消息不明		天津航政局函称已专案呈报交通部
加利轮	天津政记轮船公司	钢质三联式 198 公称	消息不明		天津航政局函称已专案呈报交通部
增利轮	天津政记轮船公司	钢质三联式 65 公称	消息不明		天津航政局函称已专案呈报交通部
平济轮	天津直东轮船股份有限公司	钢质三联式 1832.43 吨	沉塞封锁线		天津航政局函称已专案呈报交通部
北晋轮	天津直东轮船股份有限公司	钢质三联式 1623.98 吨	沉塞封锁线		天津航政局函称已专案呈报交通部
北京轮	天津直东轮船股份有限公司	钢质三联式 440.55 吨	被敌占后搁浅		天津航政局函称已专案呈报交通部
福星轮	天津亚细亚航运公司	钢质三联式 760.93 吨	在福铜山空袭		天津航政局函称已专案呈报交通部
禄星轮	天津亚细亚航运公司	钢质三联式 1917.14 吨	在广州黄浦袭沉		天津航政局函称已专案呈报交通部
禧星轮	天津亚细亚航运公司	钢质三联式 749.02 吨	在山东石岛袭沉		天津航政局函称已专案呈报交通部

破坏处所	地址	损坏数量	损坏概况	损失金额 26年上半年价值	说明
新泰轮	天津通顺轮船有限公司	钢质二联式 472.03 吨	消息不明		天津航政局函称已专案呈报交通部
北江轮	天津通顺轮船有限公司	钢质三联式 217.25 吨	消息不明		天津航政局函称已专案呈报交通部
新津轮	天津通顺轮船有限公司	钢质二联式 69.50 吨	消息不明		天津航政局函称已专案呈报交通部
新华轮	天津通顺轮船有限公司	钢质三联式 92.56 吨	消息不明		天津航政局函称已专案呈报交通部
天久轮	叶绪耕	钢质二联式 114.02 吨	被日寇征租现不详		天津航政局函称已专案呈报交通部
天利轮（驳船）	叶绪耕	钢质二联式 336.06 吨	被日寇征租在长江服役后炸沉		天津航政局函称已专案呈报交通部
天平轮（驳船）	叶绪耕	钢质二联式 336.06 吨	被日寇征租在长江服役后炸沉		天津航政局函称已专案呈报交通部
江春轮	贺仁庵	钢质二联式 490.772 吨	34年被炸沉		天津航政局函称已专案呈报交通部
月春轮	贺仁庵	木质二联式 222.65 吨	33年被炸沉		天津航政局函称已专案呈报交通部
长春轮	贺仁庵	木质二联式 186.85 吨	32年被炸沉		天津航政局函称已专案呈报交通部
华顺轮	功元泰、路锡廷	钢质三联式 224.06 吨	26年奉命沉于港口		天津航政局函称已专案呈报交通部
水祥轮	刘海村	木质 161.10 吨	34年6月被炸沉		天津航政局函称已专案呈报交通部
广兴轮	代表莫惠堂	木质 220.94 吨	27年被炸沉		天津航政局函称已专案呈报交通部
泰升轮	代表秦福达	木质 336.91 吨	34年被炸沉		天津航政局函称已专案呈报交通部
华新轮	王化南	木质 107.31 吨	34年被炸沉		天津航政局函称已专案呈报交通部
招商局天津分局	天津	铁方船6只	31年被敌拆去	155520 元	天津航政局函称已专案呈报交通部
招商局天津分局	天津	挖河船	被日寇运走	75000 元	天津航政局函称已专案呈报交通部

（天津市档案馆馆藏档案，档案号 2—2—1475）

4．北方航业公司填报敌人罪行调查表

<table>
<tr><td rowspan="3">罪行人</td><td>姓名</td><td colspan="2">大西敬一、小林孝知</td><td>官职或职业</td><td colspan="3">大西敬一系驻津海军武官，小林孝知系日寇驻北平大使馆交通部长</td></tr>
<tr><td rowspan="2">所属部队或机关</td><td>名称</td><td colspan="2">大西敬一属驻津海军　小林孝知属日寇驻北平大使馆交通部</td></tr>
<tr><td>官长姓名</td><td colspan="2">大西敬一、小林孝知</td><td>官职或职业</td><td colspan="2">海军武官
大使馆交通部长</td></tr>
<tr><td rowspan="3">被害人</td><td>姓名</td><td>陈世如</td><td>性别</td><td>男</td><td>年龄</td><td>52</td><td>籍贯</td><td>天津市</td></tr>
<tr><td>被害时职业</td><td colspan="3">天津北方航业公司代理董事长</td><td colspan="2">现在职业</td><td colspan="2">同</td></tr>
<tr><td>被害时住所</td><td colspan="3">天津第十区贵州路 407 号</td><td colspan="2">现在住所</td><td>同</td></tr>
<tr><td rowspan="4">罪行事实</td><td>日期</td><td colspan="2">民国二十八年春</td><td>地点</td><td colspan="4">天津</td></tr>
<tr><td>罪行种类</td><td colspan="7">没收财产</td></tr>
<tr><td>被害详情</td><td colspan="7">天津北方航业公司共有北孚、北安、北华、北康四轮。民国二十八年春，日寇驻津海军武官大西敬一强令将四轮交与日本国际运输会社代理经营。该国际运输会社不得该公司同意，擅将北孚轮船转租与日本山下轮船株式会社，以致民国二十九年七月十六日在日本山口县角岛沉没；又华北运输公司（系国际运输会社改名）致函北方航业公司内称：奉兴亚院（日寇驻北平之侵略机关后改大使馆）指令，北安船应配船南方。该船于民国三十一年十月二十四日由香港空船出口，遭失踪之险。日寇驻北平大使馆交通部长小林孝知通知各轮船公司于民国三十年十一月十六日在使馆开会，以军宪威胁，迫令华北各轮船公司代表人以各公司轮船现物出资组织华北轮船联营社（后改公司），供其运输，以致北方航业公司北华船于民国三十四年三月十七日在温州附近被飞机炸沉，北康船于民国三十四年七月二十二日在朝鲜艮绝岬被飞机炸沉，现北方航业公司已无一轮存在。</td></tr>
<tr><td rowspan="2">证据</td><td>人证</td><td>甲种结文
乙种结文</td><td colspan="6">（略）</td></tr>
<tr><td>物证</td><td colspan="7"></td></tr>
<tr><td colspan="2">备考</td><td colspan="7"></td></tr>
</table>

调查者：天津地方法院检察官冯浩光　　　　　调查日期：民国三十五年四月二十九日

（北京市档案馆馆藏档案，档案号 J187—1—152）

5. 国营招商局天津分局关于抗战期间财产损失的呈文

案奉钧局第二八六六号函开："兹准交通部京沪区特派员办公处三十五年一月廿三日函，以奉交通部转奉行政院令，为加紧调查战时公私损失一案抄送附件，请查照依限具报等由，抄同部令原文及调查要点等件随函附达，即希讯予详查，于文到七日内报送来局，以凭汇转为要"等因，查天津分局所转部份［分］七七事变以后由卫利韩公司管理，除分别调查外，并嘱前天津卫利韩公司经理毕斐尔君调查具报以供参考。今据该员报称：现款损失：结［截］至民国三十年十二月六日止，尚存有伪币六十五万七千九百五十二元另六分，彼时折合率为伪币十五元等于美钞一元，现在美钞一元值伪币九千元，共计损失法币七千八百九十五万四千二百四十六元。查天津卫利韩公司在日本正金银行冻结账内尚存有伪币若干万元，现在该项存款概移由天津中国银行清理，迭向该行查问，迄今尚未得到确实结数。一俟该行将存数清单送来，尚可将该项结余由上列损失数内扣除。船只损失：计有小火轮拖船一只、驳船三只，系由上海卫利韩公司天津代理人隆祥洋行经营。查该项事宜及损失情形已由上海卫利韩公司报告钧局在案。利益损失：在民国三十年损失纯利伪币二十七万六千二百六十五元七角七分，若按每年损失伪币三十万计算，则三十一年、三十二年、三十三年及三十四年内七个月共四十三个月，共损失纯利伪币一百另七万五千元，按伪币十五元合美钞一元计之共损失美钞七万二千元，折合法币共计损失法币一万二千九百六十万元。房屋损失：塘沽东厂旧有大平栈三座，于民国二十八年被华北交通公司拆去移走，计第一号、第二号两栈大小尺寸相同，长一百三十五尺，阔四十五尺，每座六千另七十五平方米，计一万二千一百五十平方尺，损失法币七千二百九十万元；第三号栈长一百三十五尺，阔六十尺，计八千一百平方尺，损失法币四千八百六十万元；职员宿舍六间，工人宿舍十二间，均被日本宪兵拆去、毁坏，不能修复，损失法币三百六十万元。兹奉前因，理合具文，并检同调查损失表二份一并呈覆，仰祈察核汇转为祷。此上

总经理

副总经理

国营招商局天津分局

中华民国卅五年四月七日

（中国第二历史档案馆馆藏档案，档案号 468—354）

社会财产损失（直接损失·邮电）

1. 天津各支局事变时房屋、现款、邮票损失汇报表[①]

（七七事变后之天津事变）

	现款	邮票	房屋
第一支局			$63510 （天津事变时该支局屋顶被炸毁，上列数目系估计修复费用）
第二支局	$516.03		
第十支局	$100.00	$256.86	
第十二支局 （前南开大学校内支局）	$48.36	$25.00	
总计	$664.39	$281.86	$63510

（中国第二历史档案馆馆藏档案，档案号 137—5—2790）

---

① 档案成文时间不详。

2．七七事变后天津事变天津管理局及各支局事变损失器具汇报表①

家具名称	数量（件）	价值（元）
秤磅	11	180994
招牌	10	14000
信筒	14	21800
图书	3	2800
铁床	2	17000
木柜	21	255200
凳子	59	68600
椅子	31	76800
茶几	1	2600
桌子	37	681500
铁柜	1	10000
钏	8	48020
日戳	28	12700
防寒用具	14	109400
痰盂	11	2460
电料	59	22220
文具	77	23370
锁	36	24480
铜栏铜牌	10	61500
梯子	1	1500
号码机器	3	7860
戳垫	6	10000
制服雨衣	21	59500
木格木架	45	1410200
竹帘布帘	23	22320
玻璃	8	1800
消防用具	7	25400
卫生用具	5	65000

---

① 档案成文时间不详。

家具名称	数量（件）	价值（元）
电扇	3	69600
铁门	3	230000
打字机	1	45000
椅垫	8	6400
他区帆袋及无号麻袋	498	687400
显微镜	1	1000
国旗	5	7500
献纳之各项铜资材	1211 斤 2 两	242225
铅志夹	1	4000
其他	39	4362
总计	1110 又 1211 斤 2 两	4536511

（中国第二历史档案馆馆藏档案，档案号 137—5—2790）

3．天津管理局及各支局受托日本业务损失汇报表①

（天津事变以后至和平前夕止）

员佐薪津	文具及单册	共计
$784300（估计）	$2886680（估计）	$1072980

（中国第二历史档案馆馆藏档案，档案号 137—5—2790）

---

① 档案成文时间不详。

社会财产损失（间接损失·邮电）

1．天津各支局事变后拆迁费间接损失汇报表①

（天津事变以后至和平前夕止）

	开办费	房租	迁移局址	装修费	总计	附注
第七支局	$350000				$350000	该支局系事变后应日人需要成立者
第十一支局				$23000	$23000	该局楼上改为日籍人员住宅，如复旧观所需如左
第十二支局	$282800	$9063			$291863	该局事变前附设于南开大学内，事变该校被毁，故另觅现址办公，左列即间接损失估计数目
第十三支局			$2500		$2500	
第十四支局		$16250	$200000		$216250	事变前该局设于电报局内（不付租金），事变后该局为日人占据，故有此间接损失
第十五支局	$200000				$200000	该局系事变后成立者
总计					$1083613	（估计）

（中国第二历史档案馆馆藏档案，档案号 137—5—2790）

---

① 档案成文时间不详。

社会财产损失（直接损失·商业）

1. 永兴木器行财产损失报告单

填送日期：34 年 11 月 30 日

损失年月日	事件	地点	损失项目	购置年月	单位	数量	价值（国币元）		证件
							购置时价值	损失时价值	
民国 26 年 7 月 28 日	日军攻击	南门东 106 号	家具什物	民国 26 年 2 月	件	34	500 元	800 元	
			房屋	年久	间	2 间	失记	600 元	契纸号

直辖机关学校团体或事业名称：永兴木器行　　　　受损失者：

填报者：永兴行经理　　　　　　　　　　　　服务处所与所任职务：永兴行经理

与受损失者之关系：　　　　　　　　　　　　姓名：张殿兴

通信地址：南门东 106 号

（天津市档案馆馆藏档案，档案号 219—3—42311）

4. 利源成米面杂货铺财产直接损失汇报表

事件：日军焚毁

日期：民国 26 年 7 月 29 日

地点：天津南门外八里台大街 11 号

填表者：利源成米面杂货铺　　　经理：田泽霖　　　填报日期：35 年 5 月 29 日

分　类	损失时价值（国币元）	重要物品项目及其数量
共　计	38806000 元	
建　筑　物		
器　具	180000 元，8000 元，120000 元	大货架 3 个，柜台 2 个，切面机 1 架
现　款	特值 2160000 元	与此同时银洋 540 圆
图　书		
仪　器		
文　卷		
医药用品		
衣　物	2500000 元	羊皮袄 2 件，狐腿皮袄 2 件，夹袍 4 件，洋布大褂 4 件，软罗大褂 2 件，毛布大褂 2 件，裤褂 14 身，棉袍 4 身，棉裤袄 10 身，强贡呢被褥 25 床
粮　食	10640000 元，7300000 元	炮车面 380 袋，大米 84 包
其　他	13200000 元，480000 元，120000 元，138000 元，168000 元，900000 元，320000 元，500000 元	烟卷 1320 盒，红白糖 320 斤，酒二百斤，香油 150 斤，煤油 240 斤，长条香 150 捆，蔚州香 40 捆，料香 50 捆

（天津市档案馆馆藏档案，档案号 25—3—2002）

5．余昌表行、同利源票号财产直接损失汇报表

天津市破坏损失调查表　　　　　　　　　　　　　　　　　　35 年 12 月 29 日制

损　坏 名　　称	损失数量	损失概况	损失金额	备注
住（商户）宅	楼房 35 间 门面 2 间	全部损坏 倒塌	39000000 200000	查该号系余昌表行楼房在作战时被敌用炮轰坏，地点在官银号查该号系在大胡同票号同利源，此门面被日军用车撞倒，以上两处均修好
公有 建筑				
公有 建筑				
道路				

主管官：分局长苗际霖　　　　主管单位：行政组　　　　审核：行政组长赵纯簏

（天津市档案馆馆藏档案，档案号 2—2—1475）

6. 恒孚金店财产直接损失汇报表

事件（注1）：炮击天津市轰炸市政府
日期（注2）：民国26年七七事变后
地点（注3）：天津东马路战争火线

填报者：恒孚金店　　　　　　　　　　　　填报日期：35年3月25日

分　类	损失时价值（国币元）	重要物品项目及其数量
共　计	法币29万元	
店　房	2万元	房顶门面装修全部
器　具	2万元	柜台桌椅及家具
现　款	15万元	存外软被日军破火抢掠
存　货	7万元	洋金戒指珠宝首饰被日军抢掠
运输工具		
其　他	3万元	同人受日军枪伤医疗费

（天津市档案馆馆藏档案，档案号25—3—2006）

7. 和利地产公司关于抗战期间财产损失的呈文

为呈报抗战时期被敌炸毁房产损失情形,肯准登记汇案,向日政府要求赔偿事。窃敝公司于前清光绪三十四年间成立,经营房产事业。曾在本市大经路建筑雍和里及人和里楼房、平房多幢,有房地契及历年收租并支付房地捐账目为凭。讵于中华民国二十六年七月七日天津发生事变,敌军于七月二十九日在河北大经路新车站一带大事轰炸,计敝公司被烧炸毁楼房二百三十间,大小平房一百十间,估计物资损失即在国币二千九百五十万元(另有清单粘附于后)。在此八年抗战期内,敌伪强占上开地基,建筑房屋,每年所收地租为数甚微,敝公司损失尤为重大。现在日军全部投降,国土光复,敌伪财产多经查封,理合据实呈报敝公司七七事变当时房产被炸毁损失情形,伏祈钧府鉴核,准予登记备案,就查封敌伪财产项下赔偿损失,以示公道,实为德便。谨呈

天津市政府张市长钧鉴

附呈损失房屋清单一件(略)

具呈人:和利地产实业股份有限公司

兼代经理傅

年龄:58 岁

籍贯:北平市

职业:商

住址:本市河北新大路平和里三号和

利公司内

连署人:曹历农

铺保:方记号鲜果局

地址:新大路一六九号

执事人:方秀亭

中华民国三十五年一月二十九日

(天津市档案馆馆藏档案,档案号 2—3—4560)

8. 益兴津青正隆汽车行财产直接损失汇报表

事件（注一）：强征物资

日期（注二）：自年月日至年月日

地点（注三）：天津

填表者：益兴津青正隆汽车行经理陈达三　　　　　　　　填报日期：35年4月12日

分　　类	损失时价值（国币元）	重要物品项目及其数量
共　　计	35000000元	大小汽车18辆
厂　　房		
现　　款		
制 成 品		
原　　料		
机械及工具		
运输工具	3200000元	通用牌大汽车1辆
	4200000元	佛特牌大汽车2辆
	9000000元	佛特牌小汽车6辆
	6200000元	雪佛蓝牌大汽车2辆
	7500000元	雪佛蓝牌小汽车5辆
	3200000元	导济牌大汽车1辆
	1700000元	导济牌小汽车1辆
其　　他		
附注：所填损失数值皆按征发日期当时之伪联币计算，倘折合现在之价值恐增何止数十倍		

（天津市档案馆馆藏档案，档案号2—2—763）

9. 天津饭店财产直接损失汇报表

事件（注1）：

日期（注2）：

地点（注3）：天津第一区河北路71号（即旧日本租界芙蓉街）

填表者：天津饭店经理（印章）   填报日期：民国35年6月

分 类	损失时价值	重要物品项目及其数量
共　　计	552500 元	
建 筑 物	155000 元	29 年 3 月 4 日被敌强行拆去白熟铜招牌两块，重 340 斤
建 筑 物	31000 元	29 年 5 月 10 日被敌强行拆去铜栏杆及楼梯铜板等，重 290 斤
建 筑 物	228000 元	32 年 4 月 1 日被敌强行拆去前后大铁门 2 副，重 1000 余斤
器　　具	35000 元	30 年 7 月 5 日被敌强行索去铜痰桶 50 个，重 150 斤
器　　具	36000 元	30 年 11 月 15 日被敌强行索去铜床 3 架
其　　他	42000 元	27 年 9 月 7 日至 11 月 15 日共 69 天全部楼房被敌占用，计房租及电水损失
其　　他	25500 元	27 年全部楼房被敌占用，拆改房产毁坏铜床器具事后修理计损失
附　　注		敌伪强迫献铜献铁前后四次约 500 斤未列入此表

（天津市档案馆馆藏档案，档案号 25—3—2006）

10. 成城贸易行抗战期间损失表[①]

商号名称	损失货类	价值金额	天津市皮货商业同业公会
成城贸易行	生黑猾皮 4700 张	国币 4700 万元	民国 29 年 3 月由遵化来津在天津东站被清水部队扣留没收
	生黑猾皮 7300 张	国币 8760 万元	民国 29 年 5 月由包头来津在北平车站被敌宪兵队强制没收
	黑猾褥子 305 条	国币 4575 万元	民国 31 年由天津去纽约于 12 月在上海海关仓库被敌陆军部没收
	生青猾皮 3000 张	国币 7500 万元	民国 31 年由天津去纽约于 12 月在马尼拉将美国邮船逮捕货物没收
			以上四宗总值国币 25535 万元

（天津市档案馆馆藏档案，档案号 128—2—304）

---

① 档案成文时间不详。

11. 德庆号财产直接损失汇报表①

事件（注一）：被敌宪兵强行提走

日期（注二）：29 年 12 月

地点（注三）：天津东站邮局

填表者：德庆号经理杨渠清（印章）　住址：（印章）　　　　填报日期：民国 35 年 5 月 31 日

分　类	损失时价值（国币）	重要物品项目及其数量
共　计	63500000	
厂　房		
现　款		
制成品	32000000	青哗叽 400 匹，每匹 80000
	10200000	府绸 120 匹，每匹 85000
	8800000	复豫厂绉 110 匹，每匹 80000
	2240000	白雪绉 14 匹，每匹 160000
	3000000	洋纺 100 匹，每匹 30000
	7260000	丝绒 242 件，每件 30000
原　料		
机械及工具		
运输工具		
其　他		

（天津市档案馆馆藏档案，档案号 25—3—2002）

---

① 档案成文时间不详。

12．庆泰隆绸缎庄损失包裹清单^①

<table>
<tr><td rowspan="3">发寄地</td><td rowspan="3">到达地</td><td colspan="6">发寄及到达年月日</td><td rowspan="3">包裹号码</td><td rowspan="3">包裹件数</td><td colspan="5">现在价值</td><td rowspan="3">备考</td></tr>
<tr><td colspan="3">发</td><td colspan="3">到</td></tr>
<tr><td>年</td><td>月</td><td>日</td><td>年</td><td>月</td><td>日</td><td>万</td><td>千</td><td>百</td><td>十</td><td>万</td></tr>
<tr><td>苏州</td><td>天津</td><td>29</td><td>12</td><td>27</td><td>30</td><td>1</td><td>7</td><td>30081</td><td>1</td><td></td><td></td><td></td><td>3</td><td>6</td><td></td></tr>
<tr><td></td><td></td><td>29</td><td>12</td><td>27</td><td>30</td><td>1</td><td>7</td><td>30126</td><td>1</td><td></td><td></td><td></td><td>2</td><td>9</td><td></td></tr>
<tr><td></td><td></td><td>29</td><td>12</td><td>27</td><td>30</td><td>1</td><td>7</td><td>30339，30340</td><td>2</td><td></td><td></td><td></td><td>2</td><td>9</td><td></td></tr>
<tr><td></td><td></td><td>29</td><td>12</td><td>30</td><td>30</td><td>1</td><td>8</td><td>30662</td><td>1</td><td></td><td></td><td></td><td>8</td><td>9</td><td></td></tr>
<tr><td></td><td></td><td>29</td><td>12</td><td>30</td><td>30</td><td>1</td><td>8</td><td>30663</td><td>1</td><td></td><td></td><td></td><td>8</td><td>9</td><td></td></tr>
<tr><td></td><td></td><td>29</td><td>12</td><td>31</td><td>30</td><td>1</td><td>10</td><td>30916</td><td>1</td><td></td><td></td><td></td><td>2</td><td>9</td><td></td></tr>
<tr><td></td><td></td><td>30</td><td>1</td><td>4</td><td>30</td><td>1</td><td>18</td><td>31088</td><td>1</td><td></td><td></td><td></td><td>3</td><td>5</td><td></td></tr>
<tr><td></td><td></td><td>30</td><td>1</td><td>10</td><td>30</td><td>1</td><td>21</td><td>32094</td><td>1</td><td></td><td></td><td></td><td>4</td><td>8</td><td></td></tr>
<tr><td></td><td></td><td>30</td><td>1</td><td>13</td><td>30</td><td>1</td><td>21</td><td>32551</td><td>1</td><td></td><td></td><td></td><td>4</td><td>5</td><td></td></tr>
<tr><td></td><td></td><td>30</td><td>1</td><td>17</td><td>30</td><td>1</td><td>31</td><td>33586</td><td>1</td><td></td><td></td><td></td><td>7</td><td>7</td><td></td></tr>
<tr><td></td><td></td><td>30</td><td>1</td><td>18</td><td>30</td><td>1</td><td>31</td><td>33840，33841</td><td>2</td><td></td><td>1</td><td>2</td><td>3</td><td></td><td></td></tr>
<tr><td></td><td></td><td>30</td><td>1</td><td>21</td><td>30</td><td>2</td><td>4</td><td>3424-3426</td><td>3</td><td></td><td></td><td></td><td>7</td><td>5</td><td></td></tr>
<tr><td></td><td></td><td>30</td><td>1</td><td>30</td><td>30</td><td>2</td><td>6</td><td>3415，34216</td><td>2</td><td></td><td></td><td>1</td><td>8</td><td>6</td><td></td></tr>
<tr><td></td><td></td><td>30</td><td>1</td><td>21</td><td>30</td><td>2</td><td>5</td><td>34423</td><td>1</td><td></td><td></td><td></td><td>8</td><td>2</td><td></td></tr>
<tr><td></td><td></td><td>30</td><td>1</td><td>22</td><td>30</td><td>2</td><td>5</td><td>34416</td><td>1</td><td></td><td></td><td></td><td>5</td><td>4</td><td></td></tr>
<tr><td>上海</td><td></td><td>29</td><td>12</td><td>26</td><td>30</td><td>1</td><td>6</td><td>24080</td><td>1</td><td></td><td></td><td></td><td>4</td><td>4</td><td></td></tr>
<tr><td></td><td></td><td>29</td><td>12</td><td>28</td><td>30</td><td>1</td><td>13</td><td>54587-54591</td><td>5</td><td></td><td></td><td>2</td><td>1</td><td>8</td><td></td></tr>
<tr><td></td><td></td><td>29</td><td>12</td><td>31</td><td>30</td><td>1</td><td>8</td><td>24294</td><td>1</td><td></td><td></td><td></td><td>6</td><td>1</td><td></td></tr>
<tr><td></td><td></td><td>30</td><td>1</td><td>6</td><td>30</td><td>1</td><td>13</td><td>24329</td><td>1</td><td></td><td></td><td></td><td>4</td><td>5</td><td></td></tr>
<tr><td></td><td></td><td>30</td><td>1</td><td>16</td><td>30</td><td>1</td><td>31</td><td>24971</td><td>1</td><td></td><td></td><td></td><td>7</td><td>2</td><td></td></tr>
<tr><td></td><td></td><td>30</td><td>1</td><td>23</td><td>30</td><td>2</td><td>3</td><td>25301</td><td>1</td><td></td><td></td><td></td><td>9</td><td>9</td><td></td></tr>
<tr><td>南京</td><td></td><td>30</td><td>1</td><td>4</td><td>30</td><td>1</td><td>7</td><td>2927</td><td>1</td><td></td><td></td><td></td><td>5</td><td>0</td><td></td></tr>
<tr><td>杭州</td><td></td><td>29</td><td>12</td><td>13</td><td>30</td><td>1</td><td>7</td><td>1027</td><td>1</td><td></td><td></td><td></td><td>5</td><td>1</td><td></td></tr>
<tr><td></td><td></td><td>29</td><td>12</td><td>28</td><td>30</td><td>1</td><td>8</td><td>1912</td><td>1</td><td></td><td></td><td></td><td>6</td><td>7</td><td></td></tr>
<tr><td></td><td></td><td>29</td><td>12</td><td>31</td><td>30</td><td>1</td><td>10</td><td>2434，2435</td><td>2</td><td></td><td></td><td>1</td><td>1</td><td>0</td><td></td></tr>
<tr><td></td><td></td><td>30</td><td>1</td><td>20</td><td>30</td><td>2</td><td>3</td><td>1502，1503</td><td>2</td><td></td><td></td><td>1</td><td>1</td><td>4</td><td></td></tr>
<tr><td>苏州</td><td></td><td>30</td><td>1</td><td>10</td><td>30</td><td>1</td><td>21</td><td>32245</td><td>1</td><td></td><td></td><td></td><td>7</td><td>0</td><td></td></tr>
</table>

① 档案成文时间不详。

发寄地	到达地	发寄及到达年月日						包裹号码	包裹件数	现在价值					备考
		发			到					万	千	百	十	万	
		年	月	日	年	月	日								
								34360	1				5	2	包裹详情单遗失容查呈
								31181, 31182	2				9	6	
								31142	1				5	1	
上海								24407	1				5	2	
								24397	1			1	5	0	
杭州								109	1				3	8	
				总计					45		2	5	3	2	

（天津市档案馆馆藏档案，档案号 25—3—2001）

13. 厚记商行财产直接损失汇报表

事件（注1）：由上海寄津之邮包到津后被日本没收

日期（注2）：民国30年1月7日由上海寄津

地点（注3）：天津东站邮局

填报者：厚记商行　　　　　　　　　　　　　　　填报日期：35年7月30日

分　类	损失时价值（国币元）	重要物品项目及其数量
共　计	13000万元	
店　房		
机械及工具		
现　款		
制成品	每码5万元	毛呢78匹，共2660码
运输工具		
原　料		
其　他		

天津厚记商行（章）天津第一区林森路148号

（天津市档案馆馆藏档案，档案号25—3—2008）

14．同华新绸庄财产直接损失汇报表

事件（注一）：被敌宪兵强拉及主使汉奸扣留

日期（注二）：30 年 4 月至 32 年之间共三次

地点（注三）：天津东站邮政局及徐州车站、开封东站

填表者：同华新绸庄　　　　　　　　　　　　填送日期：民国 35 年 5 月　　　日

分　类	损失时价值（国币元）	重要物品项目及其数量	
共　计	61980000		
厂　房			
现　款			
制成品	春绸 322 匹，共 24150000	每匹价 75000	
	杭罗 256 匹，共 19200000	每匹价 75000	
	杭纺 54 匹，共 4050000	每匹价 75000	37 件
	克利缎 37 匹，共 8880000	每匹价 240000	
	奇云绉 19 匹，共 5700000	每匹价 300000	
原　料			
机械及工具			
运输工具			
其　他			

（天津市档案馆馆藏档案，档案号 25—3—2002）

15. 泰昌公司关于抗战期间财产损失的呈文

谨呈者，为敌人吞没强征物资，请求救济、责令归还及赔偿事。窃商民等于民国二十三年四月二十三日在前英租界海大道门牌一二四号合资组织泰昌公司，资本十万元正，经营英美出进口贸易事业。不幸，华北沦陷，于民国三十年七月二十六日美国颁发资金冻结令，敌华北占领军对于输往美国物资强力制止装运，彼时敝公司曾接受美国纽约商号订单，计猪鬃、鸡蛋白、甘草等货，或在天津待运，或已运往日本神户转口，候轮运往美国。俟因日寇强制停运，致行搁浅。后日寇视敝公司之货为敌产，相继吞没或强征，致敝公司蒙受重大损失。兹谨遵钧府民国三十四年十月三十一日布告具呈，恳请救济，责令日寇归还及赔偿，以维护商民等之权益，而继续经营中美贸易事业，于吾国经济建设上稍尽绵薄之力，不胜感激盼祈之至。兹将敌人强征吞没之经过详情缕陈如左：

一、猪鬃二十八箱，每箱重一百一十磅……每磅售价美金六元一角五分共值美金一万八千六百零三元七角五分，有订货电报及信用纸为凭。

二、猪鬃四箱，每箱重一百一十磅……每磅售价美金八元八角一分，共值美金三千八百七十六元四角，有订货电报及信用纸为人凭。

三、猪鬃四箱，每箱重一百一十磅……每磅售价美金三元零五分，共值美金一千三百四十二元，有订货电报及信用纸为凭。

上项猪鬃三批共三十六箱，已成装发往码头待运，并在天津海关报关纳税完毕，因日寇强制停运，不得已退关止运，将该货用德余生名义寄存于中国银行仓库内。乃日寇认为敌产，于民国三十二年十二月十八日华北敌产处理委员会发给敝公司受领证一纸（另纸抄呈），将该货强制扣留。于民国三十三年八月八日接到中国银行公函，称所存猪鬃三十六箱，由华北敌产处理委员会天津清算部事务所偕同日军一八二零部队，于民国三十三年六月三十日用军用车提去等语（中国银行公函另纸抄呈），敝公司方知该货已由日寇吞没，不知下落。

四、鸡蛋白五十六箱，每箱重二百磅，共重一万一千二百磅。于民国三十年六月十八日售与美国韩宁森公司，每磅售价美金六角八分七厘五，共值美金七千七百元，有订货电报及信用纸为凭。

上项鸡蛋白五十六箱，于民国三十年七月七日由天津运往日本神户转口，候海轮运往美国。日寇认为敌产，强制停运，并于民国三十二年五月七日日政府汇来联银币四万五千七百六十五元七角三分，强迫征收，现有轮船公司提单为凭。

五、甘草六十三包，共净重二万二千七百十三磅。于民国三十年七月三日售与美国马订公司，每磅售价美金一角四分五，共值美金三千二百九十三元三角九分，有订货电报为凭。

上项甘草六十三包，于民国三十年七月二十四日由天津运往日本神户转口，候海轮运往美国。日寇认为敌产，强制停运，于民国三十一年十二月三日日政府移让与天津日商兴胜洋行，汇交联银币五千五百十一元八角九分，强迫征收，现有轮船公司提单为凭。

敝公司因上开物资由日寇强征、吞没，蒙受重大损失，几难维持，呈请钧府设法救济，责令日寇归还与赔偿，以维护商民等之权益，俾继续营业，是所至祷。

谨呈

天津市政府市长钧鉴

　附呈　受领证一纸

　　　　中国银行公函一纸

天津泰昌公　经理人孙哲民　　谨呈

现住址：旧英租界十号路松寿里一一零号

保证人：同昌贸易商行经理人：冯学勤

现住址：旧法租界三号路平安里十九号

中华民国三十四年十一月十六日

（天津市档案馆馆藏档案，档案号 2—2—1475）

16. 益华新财产直接损失汇报表①

事件（注一）：被日寇宪兵队强行拉走

日期（注二）：民国 30 年 7 月至 8 月间

地点（注三）：东车站河北邮政包裹管理局

填表者：益华新经理杨景新　住址：估衣街归贾胡同　　　　　填送日期：　年　月　日

分　类	损失时价值（国币元）	重要物品项目及其数量
共　计	69236000	
厂　房		
现　款		
制 成 品	12000000	男丝袜 1000 打
	2556000	大毛由 426 打
	1920000	西装背带 64 打
	6800000	男线汗衫 170 打
	36840000	宽紧袜带 614 罗
	6840000	手帕 456 打
	360000	毛巾被 24 条
	1920000	小毛占 640 打
原　料		
机械及工具		
运输工具		
其　他		

（天津市档案馆馆藏档案，档案号 25—3—2006）

---

① 档案成文时间不详。

17. 忠义成绸绫丝线庄财产直接损失汇报表

事件（注一）：被日宪兵扣留

日期（注二）：30 年 8 月 20 日

地点（注三）：天津老站邮政局

填表者：经理聂仙洲　地点：寓天津锅店街近仁里内　　　　填送日期：民国 35 年 5 月 30 日

分　类	损失时价值（国币元）	重要物品项目及其数量
共　计	125660000	
厂　房		
现　款		
制 成 品	杭罗纺 2870000 克利缎 550000 巾昌呢 2760000 云巾绉 34650000 金丝绒料 3560000 平缎 990000 花毛格 4800000 拷纱 18720000 钢扣纺 9000000 盛纺 9060000	杭罗纺 41 匹，每匹 70000 克利缎 22 匹，每匹 250000 巾昌呢 92 匹，每匹 300000 云巾绉 231 匹，每匹 150000 金丝绒料 178 匹，每匹 20000 平缎 33 匹，每匹 300000 花毛格 12 匹，每匹 400000 拷纱 36 匹，每匹 520000 钢扣纺 225 匹，每匹 40000 盛纺 302 匹，每匹 30000 共邮包 58 件
原　料		
机械及工具		
运输工具		
其　他		

（天津市档案馆馆藏档案，档案号 25—3—2002）

18. 平安皮件公司关于抗战期间财产损失的呈文

谨呈者，民于十年前在天津旧英租界四号路七十五号设立平安皮件呢绒公司，专作皮革营业。由美国买进货物，运至国内售卖。于民国三十年十二月八日敌日本对英美宣战，民经营之公司即被敌人封锁，所存之皮革被敌人强行拿去。关于所拿去之货物，今例表呈上。敬呈

天津市政府钧鉴

愚民：沙正兴 谨上

现住所：天津第十区营口道二三号泰东公司内

三十五年五月三十一日

品名	数量	每斤价格	原买价格	每斤价格	被拿去时之价格
边皮	9323 斤	5 圆	46615 圆	10 圆	93230 圆
头皮	2296 斤	7 圆	16072 圆	14 圆	32144 圆
水牛皮	1186 斤	7.14 圆	8468.04 圆	15 圆	17790 圆

（天津市档案馆馆藏档案，档案号 2—3—4560）

19. 恒兴铁号填报敌人罪行调查表

<table>
<tr><td rowspan="3">罪行人</td><td>姓名</td><td>不知</td><td colspan="2"></td><td>官职或职业</td><td colspan="2"></td></tr>
<tr><td>所属部队或机关</td><td>名称</td><td colspan="4">舟山部队　1820 部队　澄山部队</td></tr>
<tr><td>官长姓名</td><td colspan="2">不知</td><td colspan="2">官职或职业</td><td></td></tr>
<tr><td rowspan="3">被害人</td><td>姓名</td><td>恒兴铁号</td><td>性别</td><td>男</td><td>年龄</td><td>籍贯</td><td></td></tr>
<tr><td>被害时职业</td><td colspan="2">商</td><td colspan="2">现在职业</td><td colspan="2"></td></tr>
<tr><td>被害时住所</td><td colspan="3">天津金汤桥北大口 153 号</td><td>现在住所</td><td colspan="2"></td></tr>
<tr><td rowspan="4">罪人事实</td><td>日期</td><td>民国</td><td colspan="2">三十年七月九日
三十一年一月二十八日
三十一年五月十五日</td><td>地点</td><td colspan="2">天津　　　西车站
　　　　　太古码头
　　　　　恒兴铁号</td></tr>
<tr><td>罪行种类</td><td colspan="6">勒索非法或过度之捐款与征发</td></tr>
<tr><td>被害详情</td><td colspan="6">敌人在天津强行征收各铁商钢铁，以供军用。民国三十年七月九日，敌舟山部队佐籐由天津西车站强运去恒兴铁号之小铁皮五十九把。三十一年一月二十八日，敌 1820 部队由天津太古码头没收该商号元铁二百八十四把，新铅丝一百五十把，小洋钉三十桶。三十一年五月十五日，敌澄山部队由该商号内强运去钢管一百零五条，以上各物总价三千七百一十八万三千九百元。</td></tr>
<tr><td colspan="7"></td></tr>
<tr><td rowspan="2">证据</td><td>人证</td><td colspan="2">甲种结文　一件
乙种结文　一件</td><td colspan="3">（略）</td></tr>
<tr><td>物证</td><td colspan="5"></td></tr>
<tr><td>备考</td><td colspan="6"></td></tr>
</table>

调查者　天津地方法院检察官　陈文泽　调查日期　民国三十五年五月十日

（北京市档案馆馆藏档案，档案号 J187—1—151）

20．育民西药行填报敌人罪行调查表

<table>
<tr><td rowspan="3">罪行人</td><td>姓名</td><td colspan="3">茂川</td><td colspan="2">官职或职业</td><td colspan="2">特务机关队长</td></tr>
<tr><td rowspan="2">所属部队或机关</td><td>名称</td><td colspan="5">天津茂川特务机关</td></tr>
<tr><td>官长姓名</td><td colspan="2">茂川</td><td colspan="2">官职或职业</td><td colspan="2">特务机关队长</td></tr>
<tr><td rowspan="3">被害人</td><td>姓名</td><td colspan="2">王养斋</td><td>性别</td><td>男</td><td>年龄</td><td>四十七</td><td>籍贯</td><td>河北完县</td></tr>
<tr><td>被害时职业</td><td colspan="3">育民西药行经理</td><td colspan="2">现在职业</td><td colspan="3">天津货物税局</td></tr>
<tr><td>被害时住所</td><td colspan="3">天津第十区华荫东里七十九号</td><td colspan="2">现在住所</td><td colspan="3">天津第十区华荫东里七十九号</td></tr>
<tr><td rowspan="3">罪人事实</td><td>日期</td><td colspan="4">三十年八月十一日</td><td>地点</td><td colspan="3">天津估衣街范店胡同吉安栈内</td></tr>
<tr><td>罪行种类</td><td colspan="8">没收财产</td></tr>
<tr><td>被害详情</td><td colspan="8">被害人于民国二十八年设立育民西药行于天津估衣街范店胡同吉安栈内，经售西洋药品。三十年八月十一日，天津茂川特务机关特高科藉口西药系统制物品不得私自存积，将被害人所有药品强行没收。计双桃牌盐规二百两，糖精一百磅，阿司匹林粉二百磅，杨曹五十磅，沙鲁尔五十磅，披拉米同一百磅，非拿昔丁一百磅，日本606一万二千支，德国606五百支，安比五十磅，黄碘二十五磅，碘片三十磅，灰碘三十磅，消发灭锭一百磅，利尿素十五磅，得利克浓二十磅，雷夫奴耳十两，维他赐保命针一百盒，米太宝灵五十瓶，山道年四十两，甘汞二十磅，升汞十磅。以上二十二宗，按三十五年六月七月两月份行情计算，约值四千万元有余。</td></tr>
<tr><td rowspan="2">证据</td><td>人证</td><td>甲种结文乙种结文</td><td colspan="7">（略）</td></tr>
<tr><td>物证</td><td colspan="8"></td></tr>
<tr><td colspan="2">备考</td><td colspan="8"></td></tr>
</table>

调查者　　天津地方法院检察官　　许志垚　　调查日期　　民国三十五年七月十一日

（北京市档案馆馆藏档案，档案号 J187—1—176）

21．华盛五金行填报敌人罪行调查表

<table>
<tr><td rowspan="4">罪行人</td><td colspan="2">姓名</td><td colspan="3">不知</td><td colspan="2">官职或职业</td><td colspan="3"></td></tr>
<tr><td rowspan="3">所属部队或机关</td><td>名称</td><td colspan="7">1820 部队、1800 部队</td></tr>
<tr><td rowspan="2">官长姓名</td><td colspan="3" rowspan="2">不知</td><td colspan="2" rowspan="2">官职或职业</td><td colspan="2" rowspan="2"></td></tr>
<tr></tr>
<tr><td rowspan="3">被害人</td><td colspan="2">姓名</td><td>杜景伯</td><td>性别</td><td>男</td><td>年龄</td><td>44</td><td>籍贯</td><td>河北静海</td></tr>
<tr><td colspan="2">被害时职业</td><td colspan="4">商（天津华盛五金行经理）</td><td>现在职业</td><td colspan="2">同</td></tr>
<tr><td colspan="2">被害时住所</td><td colspan="4">天津东门外扒头街 4 号</td><td>现在住所</td><td colspan="2">同</td></tr>
<tr><td rowspan="4">罪人事实</td><td colspan="2">日期</td><td colspan="3">三十一年一月二十八日及四月七日三十一年二月十日</td><td>地点</td><td colspan="3">天津怡和码头
天津太古码头</td></tr>
<tr><td colspan="2">罪行种类</td><td colspan="8">勒索非法或过度之捐款与征发</td></tr>
<tr><td rowspan="2">被害详情</td><td colspan="9">敌人在天津强制征收各铁商钢铁，以供军用。三十一年一月二十八日，敌 1820 部队于天津怡和码头强行运去华盛五金行 25# 皮带钩一箱，计值 45000 元，三分盘根五盒计值 36375 元，五分盘根五盒计值 49125 元。同年四月七日，敌 1800 部队于天津怡和码头强行运去该号六分钢丝绳三捆，计值 932000 元，七分钢丝绳二捆，计值 962000 元。三十一年二月十日，敌 1800 部队于天津太古码头强行运去该号 1 寸铁合扇五箱，计值 340000 元，1 寸半铁合扇五箱，计值 260000 元。以上共七宗，共值国币 2624500 元。</td></tr>
<tr></tr>
<tr><td rowspan="2">证据</td><td colspan="2">人证</td><td colspan="8">甲种结文
乙种结文   （略）</td></tr>
<tr><td colspan="2">物证</td><td colspan="8"></td></tr>
<tr><td colspan="3">备考</td><td colspan="8"></td></tr>
</table>

调查者　天津地方法院检察官　白宝珊　　　　　　调查日期　民国三十五年五月十七日

（北京市档案馆馆藏档案，档案号 J187—1—171）

22．福英纸行财产损失报告单

填送日期：36 年 9 月　　日

损失 年月日	事件	地点	损失项目	购置 年月	单位	数量	价值（国币元）购置时价值	价值（国币元）损失时价值	证件
31 年 5 月 10 日	日敌威胁和 强制征用	天津	伪警局罚金				账簿被日敌 没收且系伪 币无法计算	46200 元	
33 年 5 月		同上	献机金					200000 元	
33 年 9 月 11 日		北平	敌日华北派遣军 司令部罚金					300000 元	
33 年 12 月 34 年 1 月		天津	80P.模造纸	32 年		4 克令		270000 元	
			30 令水粉连粉			13 件 26 令		17940000 元	
			22 令白漉漉			13 件		16900000 元	
			13 令粉牛皮纸			2 件		2600000 元	
			13 令藤牛皮纸			5 件		4500000 元	
			10 令云入牛皮纸			11 件 2 令		14560000 元	
			60P.9 令云入牛皮纸			3 件 8 令		4380000 元	
			65P.9 令牛皮纸			1 件		1300000 元	
			70P.8 克牛皮纸			1 件		1300000 元	
			12 令华北牛皮纸			12 件		15600000 元	
			20 令江南千住纸			12 件 17 令		18880000 元	
			13 令石州纸			1 件		1300000 元	
			14 令硫酸纸			1 件		1300000 元	
			25 令白毛边纸			19 件		24700000 元	
			12 令祥云宣			10 件		13000000 元	
			16 令丹红料纸			2 件		2600000 元	
			纸纽			55 包		24750000 元	
			30000 枚衣封筒			1 件		1300000 元	
			6000 枚牛皮封筒			7 件		9100000 元	
			20000 枚牛皮封筒			5 件		6500000 元	
			37P.16 令艳纸			2 件		2600000 元	
			41P.大信片艳			98 件		5880000 元	

损失年月日	事件	地点	损失项目	购置年月	单位	数量	价值（国币元）		证件
							购置时价值	损失时价值	
			15 令燕京片艳			4 件		5200000 元	
			15 令红片艳			11 件		14300000 元	
			15 令绿片艳			4 件		5200000 元	
			15 令黄片艳			4 件		5200000 元	
			190P.3 令马尼拉			1 件		1300000 元	
			200P.2.6 令马尼拉			5 件		6500000 元	
			200P.3 令马尼拉			2 件		2600000 元	
			225.5 令马尼拉			4 件		5200000 元	
			15 令贡川料纸			5 件		6500000 元	
			17 令千住纸			5 件		6500000 元	
			米色亮光纸			2 令		200000 元	
			15 令光华牛皮纸			5 件		6500000 元	
			灰纸			195 捆		5850000 元	
			50 令考皮纸			4 件		52000000 元	
			丹红料			150 令		8000000 元	
			30 令水白粉			62 件		80600000 元	
			13 令王子牛皮纸			2 件		2600000 元	
			13 令藤色牛皮纸			7 件		9100000 元	
			55P.10 令牛皮纸			1 件		1300000 元	
			20 令藤色漉漉			2 件		2600000 元	
			12 令华北牛皮纸			5 件		6500000 元	
			200P.2.6 令马尼拉			1 件		1300000 元	
			20 令东南千住			5 件		6500000 元	
			38P.16 令片艳纸			6 件		7800000 元	
			12 令祥云宣			12 件		15600000 元	
			16 令丹红料			5 件		6500000 元	
计						285 件 207.5 令 55 包 195 捆		418456200 元	

（1）查表列各项除献机金 20 万元交由为天津市纸业同业公会汇交敌日天津宪兵队取具总收据存于该会外，其伪天津警局罚金收据一纸及敌华北派遣司令部罚金收据三纸连同敌伪受领纸张种类分配表 72 纸，均于民国 35 年 12 月 31 日随民营商业财产直接损失汇报表呈由天津市政府社会局转呈在案

（2）查商号全部损失共计国币 418456200 元，除强制收买纸货部分仅给价 265 万元外，计净损失国币 415806200 元。谨此证明

天津福英纸行　　　　　受损失者：本号资东白鸣九

填报者：刘静斋　服务处所在服务：福英纸行经理　　　与受损失者之关系：东伙

通信地址：天津第十区营口道 41 号

（天津市档案馆馆藏档案，档案号 2—3—4620）

23．峻源永铁号财产损失报告单

填送日期：36 年 12 月 31 日

损失年月日	事件	地点	损失项目	购置年月	单位	数量	价值（国币元）		证件
							购置时价值	损失时价值	
31 年 6 月 1 日	敌宪兵队指为军用品没收	天津市河北大街北营门内 30 号峻源永铁号	洋钉	民国 28 年间	公斤	18000	27000	513000	敌军天津驻海光寺城市宪兵队军断一人携同宪兵、工人 12 名、载重汽车 3 辆，往返四次，以没收名义强迫装运未付证件，有左右邻经理同人元兴成袋铺、美昌车行经理同人贾焕庭、纪恩波等当时亲见，情愿作证，并有本号该年损失账可查
			新铅丝		公斤	4000	8000	1520000	
			鹿皮铁		公斤	2000	2600	49400	
			洋板		公斤	2500	3000	5700	
			郎头		公斤	1000	1000	19000	
			元铁		公斤	6500	7800	148200	
			洋钢		公斤	14500	8100	153900	
			截头		公斤	2500	2000	38000	

直辖机关学校团体或事业名称：（章）　　　　印信：　　　　受损失者：峻源永铁号

（中国第二历史档案馆馆藏档案，档案号 679—6—208）

24．天义成线店财产损失报告单

填送日期：36 年 10 月 25 日

损失 年月日	事件	地点	损失 项目	购置 年月	单位	数量	价值（国币元）		证件
							购置时价值	损失时价值	
民国 33 年 3 月 6 日	定货 未付	天津	普通照相机	33 年 3 月 6 日	7 架		每架 13 元	每架 80 万元	在案
同上	同上	同上	照相卷纸	同上	35 打		每打 6 元	每打 35 万元	
同上	同上	同上	特制西洋剃刀	同上	8 把		每把 6.5 元	每把 10 万元	
同上	同上	同上	流线型手表	同上	1 枚		每枚 97 元	每枚 30 万元	
同上	同上	同上	水晶印章	同上	5 件		每件 8 元	每件 2 万元	
同上	同上	同上	自来水笔	同上	5 支		每支 9.5 元	每支 6 万元	

直辖机关学校团体或事业名称：　　　　　　　　印信：

受损失者：张启谦（印章）　　　　　　　　　填报者姓名：张启谦（印章）

服务处所所住地点：（印章）　　　　　　　　与受损使者之关系：股东

通信地址：中华民国天津市河北大街 170 天义成线店

（天津市档案馆馆藏档案，档案号 2—3—4620）

25．天津市民营自行车□□号财产损失报告表

强买及劫走者名称：日本陆军 1820 部队

强买或劫走日期：民国 33 年 4 月

地点：天津市

报告者：经理（章）　　　　　　　　　　　填报日期：民国 36 年 8 月　日

种类名称	数量	劫走时共值价若干	有无付给价值及数目	按劫走时价值损失若干	约值现时价值共若干	按时值损失确数	劫走强买时及付证据	备考
洋全套架子	76 套	78800 元			91200000 元			
本车条	95 罗	28500 元			4750000 元			
洋车条	20 罗	10000 元			3000000 元			
红外带	50 付	50000 元			13500000 元			
黑外带	50 付	40000 元			9000000 元			
洋把头	10 罗	8000 元			28800000 元			
洋车把	110 个	110000 元			27500000 元			
洋前后闸	113 套	90400 元			11300000 元			
洋闸吊	1000 个	150000 元			20000000 元			
洋瓦圈	45 付	54000 元			22500000 元			
洋鞍子	160 个	96000 元			20800000 元			
洋良架	952 个	190400 元			28560000 元			
内带	40 付	12000 元			1200000 元			
洋飞轮	1430 个	1001000 元			214500000 元			
洋链子	30 条	18000 元			5400000 元			
闸肖子	50 罗	75000 元			11000000 元			
		共 2032100 元	共 7231.13 元	共 2024868.87 元	共 513010000 元	共 511588441.9 元		

（天津市档案馆馆藏档案，档案号 128—3—8530）

26. 聚兴车行财产损失报告表

强买及劫走者名称：1820 部队

强买或劫走日期：33 年 4 月

地点：天津市

报告者：（聚兴车行）经理（章）　　　　　　填报日期：民国 36 年 8 月 14 日　第 1 页

种类名称 \ 数量价值	数量	劫走时共值价若干	有无付给价值及数目	按劫走时价值损失若干	约值现时价值共若干	按时值损失确数	劫走强买时及付证据	备考
东洋轴皮	100 付	60000			12000000			
东洋车把	50 个	50000			12500000			
东洋瓦圈	20 付	24000			10000000			
本地车条	100 罗	30000			5000000			
东洋前后闸	50 套	40000			5000000			
东洋架子	15 套	19500			18000000			
东洋飞轮	150 个	105000			22500000			
西洋轴皮	170 付	136000			47600000			
东洋轴皮	227 付	136200			27240000			
东洋瓦圈	178 付	213600			89000000			
西洋链子	84 条	67200			18480000			
东洋飞轮	320 个	224000			48000000			
东洋链子	172 条	103200			30960000			
东洋车把	96 个	96000			24000000			
东洋前后闸	500 套	400000			50000000			
过次页	共	$1704700		共	$420280000			

聚兴车行财产损失报告表

强买及劫走者名称：1820 部队

强买或劫走日期：33 年 4 月

地点：天津市

报告者：经理（章）　　　　　　　　　　填报日期：民国 36 年 8 月 14 日　第 2 页

种类名称	数量	劫走时共值价若干	有无付给价值及数目	按劫走时价值损失若干	约值现时价值共若干	按时值损失确数	劫走强买时及付证据	备考
接上页	共	$1704700		共	$420280000			
东洋飞轮	180 个	126000			27000000			时价损失净数
东洋瓦圈	22 付	26400			11000000			系按当时提款
西洋练子	106 条	84800			23320000			数以每百万元
东洋练子	538 条	322800			96840000			收 43000 元比
东洋衣架	288 个	57600			8640000			例数折合纯损
本地车条	100 罗	30000			5000000			共数为
东洋登子	200 付	120000			13000000			595036560 元
本地外带	100 付	60000			15000000			
	共数	共数	共数	共数	共数	纯损共数		
		$2532300	$108058.67	$2424241.33	$620080000	$595036560		

（天津市档案馆馆藏档案，档案号 128—3—8530）

27．兴立德车行财产损失报告表

强买及劫走者名称：1820 部队

强买或劫走日期：33 年 4 月份

地点：南马路 71 号

报告者：（兴立德车行）经理迟兴瑞　　　　填报日期：民国 36 年 8 月 5 日　第 1 页

数量价值 种类名称	数量	劫走时共值价若干	有无付给价值及数目	按劫走时价值损失若干	约值现时价值共若干	按时值损失确数	劫走强买时及付证据	备考
昌和瓦圈	8 付	$9600			$4000000			
洋瓦圈	59 付	$70800			$29500000			
宝塔外带	20 付	$16000			$3600000			
麦司外带	25 付	$20000			$4500000			
国防外带	5 付	$4000			$900000			
#15 车条	50 罗	$15000			$2500000			
昌字架子	24 套	$31200			$28800000			
艮片闸	100 套	$80000			$10000000			
昌和平把	50 套	$50000			$12500000			
洋本把	52 套	$51000			$12750000			
本英鞍子	12 套	$3600			$720000			
本美鞍子	15 套	$4500			$900000			
青岛链子	100 条	$40000			$7000000			
本飞轮	130 个	$52000			$6500000			
艮片闸	100 套	$80000			$10000000			

兴立德车行财产损失报告表

强买及劫走者名称：1820 部队

强买或劫走日期：

地点：南马路 71 号

报告者：（兴立德车行）经理迟兴瑞　　　　　　填报日期：民国 36 年 8 月 13 日　第 2 页

种类名称 \ 数量价值	数量	劫走时共值价若干	有无付给价值及数目	按劫走时价值损失若干	约值现时价值共若干	按时值损失确数	劫走强买时及付证据	备考
本黑把	99 套	$59400			$6930000			
中村美鞍子	8 套	$16800			$1020000			
中村英鞍子	5 套	$3000			$650000			
黑 BS 外带	50 付	$40000			$9000000			
黑长途外带	15 付	$12000			$2700000			
红汇外带	20 付	$20000			$5400000			
BS 内带	100 付	$30000			$3000000			
本白瓦圈	50 付	$30000			$7300000			
本□□□子	100 付	$30000			$4000000			
#15 车条	50 罗	$15000			$2500000			
天官内带	100 付	$30000			$3000000			
毛轮内带	300 付	$90000			$9000000			
本美鞍子	30 付	$9000			$1800000			
本大销子	2 罗	$4000			$300000			
				88186.7				
		904900	23713.30		190970000	185966586		

（天津市档案馆馆藏档案，档案号 128—3—8530）

28．仁利成记财产损失报告表

强买及劫走者名称：1820 部队

强买或劫走日期：33 年 4 月份

地点：天津市

报告者：（仁利成记）经理张香固（印）　　　填报日期：民国 36 年 8 月 15 日　第 1 页

种类名称 ＼ 数量价值	数量	劫走时共值价若干	有无付给价值及数目	按劫走时价值损失若干	约值现时价值共若干	按时值损失确数	劫走强买时及付证据	备考
本地瓦圈	377 付半	226500			56625000			
洋瓦圈	266 付	319200			133000000			
黑外带	700 付	560000			126000000			
本地外带	50 付	30000			7500000			
内带	2000 付	600000			60000000			
本地车条	300 罗	90000			15000000			
东洋轴皮	694 付	416300			83280000			
本地轴皮	120 付	48000			7200000			
洋飞轮	256 个	179200			38550000			
本飞轮	2100 个	840000			105000000			
东洋链子	1800 条	1080000			324000000			
东洋脚登子	800 付	480000			52000000			
本地脚登子	1200 付	360000			48000000			
西洋三人头飞轮	20 个	16000			4000000			
东洋鞍子	606 个	363600			78780000			
本地鞍子	804 个	24120			48240000			
东洋把	713 个	7130000			178250000			
本地把	600 个	360000			42000000			
胶皮把头	10 罗	7200			2500000			
洋全套架子	302 套	393900			363600000			
本地车架子	10 套	10000			8000000			
东洋脚登锤子	2 付	600			160000			
东洋鞍子卡子	8 个	1600			160000			

30. 天增祥抗战期间损失表①

商号名称	损失货类	价值金额
天增祥	青猾褥子 5 条	国币 50 万元
	驴马皮 28 张	国币 224 万元
	大五福市布 10 件 160 匹	国币 4800 万元
	存金城银行国币 11224.82 元，折合伪币 4821.62 元	
	存金城银行 966.33 元，折合伪币 386.53 元	
	天增祥经理张霭庭存中国银行 10000 元，折合伪币 4000 元	
	天增祥经理张霭庭以裕芷堂名义存中国银行 10000 元，折合伪币 4000 元	
	天增祥经理赵茂林存交通银行 1563.75 元，折合伪币 625.50 元	

（天津市档案馆馆藏档案，档案号 128—2—304）

---

① 档案成文时间不详。

31．和记抗战期间损失表^①

商号名称	损失货类	价值金额
和记	生黑山羊皮 600 张	国币 1200 万元

（天津市档案馆馆藏档案，档案号 128—2—304）

---

① 档案成文时间不详。

社会财产损失（直接损失·财政）

1. 日人走私造成天津等海关关税损失

1935 年 10 月 4 日 天津、秦皇岛海关调查表明，自本年八月至今，经冀东偷运至津的走私货物，计人造丝 120069 包，白糖 975807 包，卷烟纸 8342 包，杂货 234166 捆，总计偷漏税款达 3466 万元。严重扰乱了天津经济。

1936 年 5 月 13 日 据天津海关报称，近年日本浪人走私成风，使华北税收损失甚巨，仅 9 个月就达 2500 余万元。本年 4 月份就损失 800 万元。

〔录自［日］广濑龟松主编、王大川副主编：《津门旧恨——侵华日军在天津市的暴行》，天津社会科学院出版社 1995 年版，第 293—294 页〕

2. 津海关财产损失报告单①

（自抗战发生之日起至 29 年 3 月 6 日止）

填送日期：年　　月　　日

日期	地点	事件	损失项目	数量	原价 （单位：国币元）	附注
28 年 7 月 30 日	津浦线路总站海关检查处	日机轰炸	房屋损失（器具什物在内）	1 所	27964.85	
28 年 7 月 29 日	特三区津浦铁路东站分卡	日机攻击被占据	房屋损失（器具什物在内）	1 所	12386.10	
28 年 7 月 30 日	大窑分所	日军进攻时被抢	器具什物损失		138.30	
28 年 7 月 30 日	八里台分所	日军进攻时被抢	器具什物损失		138.69	
28 年 7 月 30 日	白庙分所	日军进攻时被抢	器具什物损失		298.00	
				共计	40925.94	

海关总税务司梅乐和代报

（中国第二历史档案馆馆藏档案，档案号 679—6—208）

---

① 档案成文时间不详。

3. 天津市敌伪时期征收税捐数额调查表①

（抗战损失调查表）

年度\类别	26年8月至12月	27年	28年	29年	30年	31年	32年	33年	34年1至9月	总计
田赋	454.05	362.40	1654.58		3795.00	2876.92	1498.87	3022.24		13664.06
契税	29351.66	349867.85	693351.40	1541456.96	1965729.50	1953647.88	3905757.85	10145629.79	57515684.56	78100477.45
房捐	337077.90	540323.28	458154.26	597004.76	742383.41	988117.62	2959310.41	5060180.31	5632220.00	17214771.95
筵席捐				185066.27	419489.50	1048941.14	2288396.93	10702893.76	6967104.50	83931892.10
娱乐捐					231870.90	42912.07	1671250.85	5856279.92	55211298.88	63382612.62
车捐	144497.90	596205.71	592552.14	825955.12	958685.45	859361.63	3075280.60	6282030.20	28290411.25	4162980.00
屠宰税	133027.07	689716.60	624190.30	672980.47	748800.03	731010.03	301329.31	386341.79	1560028.71	5847424.31
普通营业税				54786.82	537110.45	1681871.39	2560943.30	19570668.59	59155801.44	83528181.99
地捐	33750.45	215346.45	182173.89	219942.19	233739.01	208733.39	863855.90	1547935.42	10687567.45	14193044.15
禁烟附加捐		129248.50	328104.11	570677.01	883354.00	835379.80	492141.99	330998.63	210584.16	3780488.20
铺捐及特种营业捐	150932.00	383037.42	359326.90	559635.813	39395.92	158261.44	828587.37	927930.73	659760.00	4266867.59
牙行营业税	748629.65	2066993.81	896366.46	1424765.04	1706725.75	1165425.33	1892926.39	1099470.47	2152176.15	14153479.05
烟酒牌照税	10719.07	52346.00	45515.20	69746.04	80978.70	90079.40	161999.00	288512.20	237037.50	1036933.11
船及码头捐	9198.07	140436.26	123362.52	100699.62	53941.55	36827.45	181828.38	358198.99	169472.69	1173695.53
旅宿捐							71684.18	1154066.04	5994066.18	7219816.40
清洁费					217704.32	221019.43	325638.81	2449411.62	2793758.95	6007533.13
乐户妓捐	16640.50	59332.25	54965.00	85621.40	97134.00	94104.80	185134.40	255009.60	164136.00	1012077.95
冰窖捐				4670.00	7070.00	7870.00	4400.00	5320.00	200.00	29530.00
砖瓦捐					12935.42	27173.41	49267.16	110995.49	531699.0473	2070.52
杂项税捐	31697.65	190125.48	319960.13	98710.72	200304.85	1095927.04	1544120.50	1294158.04	7507210.66	12283215.07
官产收入	1216.70	9459.55	35828.77	51747.62	94419.17	1562563.84	155635.22	152651.74	846608.00	1910130.61
总计	1557192.67	5422801.56	4715505.66	7063425.85	9535566.93	12072104.01	23520987.42	67981705.57	308573826.12	441443155.79

（天津市档案馆馆藏档案，档案号 2—2—763）

---

① 档案成文时间不详。

4．财政部天津货物税局调查敌伪侵据期间损失税收数目表^①

年份	联银券金额（元）	折合当时法币金额（元）	备考
民国 27 年	26327900	26327900	系伪政府规定法币对伪币 1:1
28 年	23752471	237452471	系伪政府规定法币对伪币 1:1
29 年	39124205	642419727	系 1 至 6 月份共联币 13986891 按法币对联币 1:1，7 至 12 月份联币 25137313 按伪政府规定法币 1 元对伪币 4 角折合
30 年	54674104	1366852604	系按当时法币 1 元对伪币 4 角折合
31 年	68829589	1720739728	系按当时法币 1 元对伪币 4 角折合
32 年	112213496	2755337422	系按当时法币 1 元对伪币 4 角折合
33 年	1099543342	27488583572	系按当时法币 1 元对伪币 4 角折合
34 年	3967625519	99190637987	系按当时法币 1 元对伪币 4 角折合
合计	5392090626	133214651411	
五十三亿九千二百另〔零〕九万另〔零〕六百二十六元			
一千三百三十二亿一千四百六十五万一千四百一十一元			

（天津市档案馆馆藏档案，档案号 63—165）

社会财产损失（间接损失·财政）

1. 津海关财产间接损失报告表[①]

（自抗战发生之日起至 28 年 12 月 31 日止）

分　类	数额（单位国币元）	附　注
1. 迁移费	125.00	
2. 防空设备费	21.80	
3. 疏散费	2210.41	
4. 救济费		
5. 抚恤费	8569.00	
6. 修理费		
7. 其他		
共　　计	10926.21	

海关总税务司梅乐和代报

（中国第二历史档案馆馆藏档案，档案号 679—6—208）

---

① 档案成文时间不详。

社会财产损失（直接损失·金融）

1. 天津中国实业银行财产直接损失汇报表

事件（注1）：被日人强占完全拆毁无余

日期（注2）：民国26年6月芦［卢沟］桥事变时

地点（注3）：南开六里台同安里

填报者：天津中国实业银行　　　　　　　　　填报日期：35年5月24日

分　　类	损失时价值（国币元）	重要物品项目及其数量
共　　计	房屋70间，合计国币21000万元整	
房　　屋	70间整	
器　　具		
现　　款		
生金银		
保管品		
抵押品		
有价证券		
运输工具		
其　　他		

（天津市档案馆馆藏档案，档案号128—2—305）

2．中国银行天津分行仓库财产直接损失汇报表

事件：（自太平洋战争爆发敌侵占津市租界区，本行仓库代客保管之各项物资全部被其搜刮）

日期：（30 年 12 月 8 日封锁仓库）

地点：（天津第十区大同道河沿＜即旧英租界四号路＞）

填报者：中国银行天津分行仓库　　　　　　　　　填报日期：36 年 2 月 18 日

分类	损失时价值（国币元）	重要物品项目及其数量
共计	$38286912000	（该项损失系被敌强迫收买部分）
厂房		
现款		
制成品	$34544922000	15 匹布，60 件，每件 1905000，共 11430000 16 匹布，9894 件，每件 2032000，共 20104608000 □匹布，128 件，每件 2540000，共 325120000 50 匹布，12 件，每件 6350000，共 76200000 大米 62040 包，每包 180000，共 11167200000 碎米 15617 包，每包 100000，共 1561700000 粮砂□，540 包，每包 540000，共 291600000 洋白□，50 包，每包 440000，共 22000000 麻袋赤穗 180 包，每包 390000，共 70200000 烟□纸 39 件，每件 3000000，共 117000000 杉连纸 11 件，每件 960000，共 10560000 报纸 17 箱，每箱□，共 2204000 便笺纸 45 令，每令 80000，共 3600000 64″卷纸 44 件，每件 1000000，共 44000000 洋酒 610 箱，每箱 120000，共 73200000 洋□4563 箱，每箱 100000，共 456300000 海茄参 20 件，每件 600000，共 12000000 杂项 1 件，500000 呢绒，□绒，吡叽 23 件，每件 8500000，共 195500000
原料	$3741990000	□支行 10 件，每件 2200000，共 22000000 20 支行 74 件，每件 2685000，共 198690000 32 支行 5 件，每件 3200000，共 16000000 硫化青 399 件，每件 3700000，共 1476300000 颜料 348 件，每件 5000000，共 1740000000 油漆料 178 件，每件 1200000，共 213600000 □水，29 件，每件 2600000，共 75400000
机械及工具		
运输工具		
其他		

（天津市档案馆馆藏档案，档案号 25—3—2010）

3．中央银行天津分行敌伪时期受损财产总明细表

（民国 30 年 12 月 8 日）

项目	存款处所	币名	原币	定价	本信币	附注
本行钞票	存花旗银行库内	国币			573800	发库
本行钞票	大通银行库内	国币			10444545	发库
关金券	大通银行库内	关金	92500	20	1850000	发库
农民钞票	大通银行库内	国币			36000	发库
本行钞票角	大通银行库内	国币			1638840	发库
铜元券	大通银行库内	铜元券	6234840 枚	300	20779.47	押品
本行钞票角	本行库内	国币			120000	发库
他行券	本行库内	国币			42.10	业库
本行钞票	本行库内	国币			7410	业库
双铜元	本行库内	国币			0.16	业库
关金券	本行库内	关金	1668.80	20	33376	业库
家具部分	本行	联币	1857250	40	4643125	附表 6
修理部分	本行	联币	7329420	5	1465884	附表 3（胜利后修理）
合计：20833801.73						

（中国第二历史档案馆馆藏档案，档案号 396—9518）

社会财产损失（直接损失·文化）

1. 静海王口镇文昌阁、禅林寺、万寿庵、 康熙碑等被日军炸毁

日军占领独流、县城后，一面南进，一面向西线子牙河沿岸窜犯。独流日军宫岐部队、首下部队乘汽艇沿子牙河向西南，静海镇中井部队向西，合击子牙河西岸重镇王口及东岸大瓦头镇。1937 年 8 月 26 日，1 架敌机由北飞来，盘旋侦察后离去。午，10 架又至，扫射投弹。28 日仍然。29 日，两路日军齐逼大瓦头镇，一三二师奋起反击，终以白刃战退敌。30 日，敌机复来肆虐，王口镇文昌阁、禅林寺、万寿庵、康熙碑，大瓦头镇桥会花园及两镇大量民房被炸毁，村民刘子静、王瑞清、王宝成、秦义发等数十人殒命，通连两镇的子牙河崇善桥也中弹被毁。

（录自静海县志编修委员会编著：《静海县志》，天津社会科学院出版社1995 年版，第 565 页）

2．天津市市立第一图书馆财产损失报告单

填送日期：34 年 12 月 28 日

损失 年月日	事件	地点	损失项目	购置年月	单位	数量	价值（国币元）		证件
							购置时 价值	损失时 价值	
27 年 4 月	胁迫	图书馆	书籍 杂志等	沦陷前 陆续购置		960 册	3447.5 元	34475 元	清册 一份

直辖机关学校团体或事业名称：市立第一图书馆　　　　　　　　受损失者：天津市市立第一图书馆

填报者：馆长

姓名：王君石

服务处所与所任职务：馆长

与受损失者之关系：负责人

通信地址：天津南开杨家花园

盖章：王君石（章）

附注：书籍原购价平均每册拟按 5 元计算

杂志原购价值平均每册拟按 1 元 5 角计算

儿童书籍原购价平均每册拟按 2 元 5 角计算

损失后物价增涨平均按原购价加 10 倍计算

（天津市档案馆馆藏档案，档案号 110－1830）

3. 天津平安影业公司填报敌人罪行调查表

<table>
<tr><td rowspan="3">罪行人</td><td colspan="2">姓名</td><td colspan="2">矢野荣策</td><td colspan="2">官职或职业</td><td colspan="3">敌驻津防卫军司令部宣传班班长</td></tr>
<tr><td rowspan="2">所属部</td><td>队或机关</td><td>名称</td><td colspan="6">敌驻津防卫军司令部宣传班</td></tr>
<tr><td>官长姓名</td><td colspan="2">矢野荣策</td><td colspan="2">官职或职业</td><td colspan="2">班长</td></tr>
<tr><td rowspan="4">被害人</td><td>姓名</td><td>冯紫墀</td><td>性别</td><td>男</td><td>年龄</td><td>45</td><td>籍贯</td><td colspan="2">天津</td></tr>
<tr><td colspan="2">被害时职业</td><td colspan="3">天津平安影业公司经理</td><td colspan="2">现在职业</td><td colspan="2">商</td></tr>
<tr><td colspan="2">被害时住所</td><td colspan="3">天津第十区浙江路30号</td><td colspan="2">现在住所</td><td colspan="2">同</td></tr>
<tr><td rowspan="5">罪人</td><td colspan="2">日期</td><td colspan="3">三十二年二月
三十二年十一月</td><td colspan="2">地点</td><td colspan="2">天津平安影业公司</td></tr>
<tr><td colspan="2">罪行种类</td><td colspan="7">僭夺主权、没收财产</td></tr>
<tr><td colspan="2">被害详情</td><td colspan="7">敌驻津防卫军司令部宣传班长矢野荣策等，见天津平安影业公司营业甚佳，藉口敌性嫌疑，于民国三十二年二月以武力接管该公司经营之平安影院及光明影院，经理冯紫墀再三交涉，于同年六月始行发还。后矢野荣策又以冻结资金为名，复行强制接收管理。前后两次，共经十三个月，并于三十二年十一月将光明影院强行没收。敌降伏后，光明影院始由中央宣传部发还。总计该公司损失约法币五百万元。</td></tr>
</table>

<table>
<tr><td rowspan="2">证据</td><td rowspan="2">人证</td><td>甲种结文
乙种结文</td><td>（略）</td></tr>
<tr><td>物证</td><td></td></tr>
<tr><td>备考</td><td colspan="3">罪行人除矢野荣策外，尚有伪华北电影公司职员田中公，浪花馆及天津剧场经营人藤雄光茂，敌天津写真联盟河村虎吉，伪华北电影公司天津支社长柳田友乡等。</td></tr>
</table>

调查者：天津地方法院检察官冯浩光　　　　　　　调查日期：民国三十五年五月八日

（北京市档案馆馆藏档案，档案号 J187—1—151）

4．蓟县天成寺等数十座庙宇被日军焚毁

天成寺，又名天成福善寺、天成法界，在翠屏幕峰南，是距山门最近的寺。取"天成图画"，故名。寺始建于唐，辽、明、清曾扩建重修。主要建筑有大殿、配殿、三间殿、江山一览阁。清乾隆皇帝为寺门题"天成寺"，为江山一览阁题额"江山一览"，为大殿题匾"清净妙音"。日军侵华时期，该寺被日军烧毁。

万松寺，是盘山最大的寺庙，清朝以前称李靖庵，因唐初名将李靖曾在此居住，故名。该寺始建于唐，明万历年间重修。万历四年（1576），普照禅师来此住持。明神宗朱翊均为此庵写了"清心"二字。清初改称卫以庵。因寺周围有大片古松，故康熙帝赐额称"万松寺"。康熙十四年（1655），康熙皇帝为正殿书"乐天真"匾。乾隆年间，乾隆皇帝为殿檐题"慈育万物"额。日军侵华时，寺毁于战火，现仅存佛殿石基和重修李靖庵碑。

天香寺，又名妙祥禅院，在静寄山庄西北先师台上。上方寺，在嶕峣峰。感化寺，又名宝积寺、广济寺，在玉石庄。双峰寺，又名重峦禅院，在双峰下（许家台乡林场）。普济寺，又名甘泉寺，在静寄山庄西北。香水寺，在盘山西南。白岩寺，在盘山东尽处。静安寺，又名醴泉院、净名寺，在渔山西。报国寺，在静寄山庄北。龙泉寺，又名暗峪寺，在盘山西侧。在香水寺南 2 里，亦有龙泉寺。报恩寺，在千像寺东。中盘寺，与少林寺相连。法常寺，在玉石庄西。定慧寺，在小盘山。慧因寺，又名正法禅院。古中盘寺，在静寄山庄西北，砖瓦窑村西。盘谷寺，又名青沟禅院，在静寄山庄西北、砖瓦窑村西，寺东有智朴墓。金山寺，又名四门塔，在云罩寺北 3 里。招提寺，在先师台上，故又名先师台。云净寺，曾称净业庵。在静寄山庄北。法藏寺，又名茶子庵，在万松寺北。青峰庵，在万松寺北。圣泉庵，在盘山后。白岩庵，在九华峰前。净土庵，一在西甘涧，一在塔院北 3 里。瑞云庵，在感化寺东北 3 里。观音庵，一在东甘涧，一在破𥔲峪。刘家庵，在上甘涧内。弥陀庵，又名东竺庵，在松树峪。水月庵，已毁，地址不详。大慈庵，又名五峰庵，已毁，地址不详。报国庵，在云净寺西南 2 里。华岩庵，在黑塔峪。接引庵，在版铺。翠云庵，无考，白峪前石壁刻"翠云庵"。秀峰庵，在卢家峪。龙泉庵，已毁，地址不详。继靖庵，在方净寺东 10 里。西方庵，在塔院北 3 里。大悲庵，在千像寺东北 3 里。龙凤庵，在上方寺西南。甘露庵，在少林寺前。西架静室，在上方寺西。东架静室，在上方寺东。黑石峪静室，

在上方寺东南 1 里。茶子庵东静室，已毁，地址不详。中盘西静室，有 3 处，地址不详。少林寺静室，在少林寺东南 1 里。九儿峪静室，在云净寺南 2 里。关帝庙有四：一在田家峪西，一在塔院庄，一在怪子峪，一在卢家峪。药王庙，在怪子峪。山神庙有三：一在玉石塘北，一在龙泉寺侧，一在田家峪东。五道庙，在玉石庄东。这些寺庙，或在明、清、民国年间因年久失修逐渐废圮，或在抗日战争时期被日军飞机炸毁，现在只存其基。

（录自蓟县志编修委员会编著：《蓟县志》，天津社会科学院出版社、南开大学出版社 1991 年版，第 711—713 页）

5. 蓟县皇家行宫静寄山庄被日军夷为瓦砾

静寄山庄，即盘山行宫，在盘山南麓、玉石庄东、千像寺西的盘山怀抱之中，占地约 6000 亩。清乾隆九年（1744）动工，十九年（1754）竣工，山庄围墙用白灰块石垒成，周长 7.5 公里，南墙用汉白玉筑闸，可随时起闭。

静寄山庄由外八景、内八景等组成。

外八景有天成寺、万松寺、云罩寺、千像寺、盘谷寺、舞剑台、紫盖峰、浮石舫。

内八景有静寄山庄、太古云岚、层岩飞翠、清虚玉宇、镜圆常照、众音松吹、四面芙蓉、贞观遗踪。静寄山庄，既是行宫的总称，又是行宫大宫门内的主要建筑的称谓。

清高宗驻宿山庄 25 次，仁宗驻宿 7 次。嘉庆十八年（1813）以后，清代皇帝不再来此。道光十一年（1831），裁撤盘山行宫，所有陈设运往热河，分储各库。但直到清末，尚有园官看守。日军侵华时期，多次扫荡盘山，山庄被夷为一片瓦砾。

（录自蓟县志编修委员会编著：《蓟县志》，天津社会科学院出版社、南开大学出版社 1991 年版，第 714—715 页）

社会财产损失（间接损失·文化）

1. 圆通观财产间接损失汇报表

名称：圆通观

时间：民国 27 年 6 月　日至 35 年　月　日

填报者：崔省霖　　　　　　　　　　　　　填报日期：35 年 1 月 24 日

分　类	实际价值共计	摘要说明
共计	共计 4000 万元伪币	于民国 27 年 6 月，该庙房神殿被伪政府警察局河东小关曹大场派出所占用 9 间，每月给租金 4 元 5 角；下余 6 间被崔世亨、董光义、史光明 3 人强行租用，每月付 12 元。生产减少若干，于 27 年藉敌方势力拆毁大殿 3 间，全殿木料全部移走拆去。
迁移费		
防控设备费		
疏散费		
救济费（注 1）		
抚恤费		
生产减少		
盈利减少		

（天津市档案馆馆藏档案，档案号 25—3—2006）

2. 玉皇阁财产间接损失汇报表

名称：玉皇阁

时间：民国26年　月　日至35年　月　日

填报者：陈省铭　　　　　　　　　　　　　　　填报日期：35年1月　　日

分　类	实际价值共计	摘要说明
共计	法币8000万元	被乙种工业小学校全部占用，现仍占用中。拆毁美术神像11尊、格扇香炉供桌等运往日本，拆毁房屋占用64间、院子6道。
迁移费		
防控设备费		
疏散费		
救济费（注1）		
抚恤费		
生产减少		
盈利减少		

（天津市档案馆馆藏档案，档案号25—3—2006）

3. 天后宫文昌殿财产间接损失汇报表

名称：天后宫文昌殿

时间：31年8月　日至35年2月　日

填表者：崔省霖（章）　　　　　　　　　　　　　填表日期：35年2月20日

分　类	实际价值共计	摘要说明
共计	共4年，损失1000万	本庙旧有文昌殿10间，坐落天后宫南
迁移费		廊下，于民国32年7月间经前警察局
防控设备费		长阎家琦、年光垚借敌方势力将本殿强
疏散费		行拆卸，改建楼房，设立警察子弟学校
救济费		及连保办事处，并将原有的砖瓦木材料
抚恤费		全部拆毁。于本殿道士并无任何意义，
生产减少		置不闻问，势为己有。故此生产减少，
盈利减少		请求发还损失，已保故迹而重产权。

（天津市档案馆馆藏档案，档案号 25—3—2006）

4．天后宫三元殿财产间接损失汇报表

名称：天后宫三元殿

时间：31 年 8 月　日至 35 年 2 月 20 日

填表者：刘开荫　　　　　　　　　　　　　　填表日期：35 年 2 月 20 日

分　　类	实际价值共计	摘要说明
共计	共计损失 560 余万	天后宫南廊下房屋 3 间、院地七里，于民国 32 年间经前警察局长阎家琦及一区长年光垚借重敌方势力强行拆去,建立警察子弟学校及一区办公厅。于本殿道士道地任何意义,置不闻问,势为己有。故生产减少 10 万余元,房屋价值 500 余万,院地价值 50 余万。又警察派出所占据 1 部。
迁移费		
防控设备费		
疏散费		
救济费		
抚恤费		
生产减少	10 万余元	
盈利减少		

（天津市档案馆馆藏档案，档案号 25—3—2006）

5．关帝庙财产间接损失汇报表

名称：关帝庙

时间：民国 32 年 1 月　日至　年　月　日

填报者：张承启（章）　　　　　　　　　　　填报日期：35 年 1 月　　日

分　类	实际价值共计	摘要说明
共计	40 万元法币	本庙房 10 余间皆被前天津特别市政府警察局第二分局西关街派出所于 32 年 1 月占用，每月付给伪币 41 元，今已数月未付，请求发还，所以 3 年中生产减少 40 万元法币。
迁移费		
防控设备费		
疏散费		
救济费		
抚恤费		
生产减少	房屋 10 余间、地 1 段	
盈利减少		

（天津市档案馆馆藏档案，档案号 25—3—2006）

社会财产损失（直接损失·教育）

1. 南开大学财产损失报单

填送日期：民国 36 年 7 月　　日

损失年月日	事件	地点	损失项目	购置年月	单位	数量	价值（国币元）购置时价值	价值（国币元）损失时价值	证件
26 年 7 月 29 日	轰炸	天津市八里台	房屋					共计 1040000	证件已送教育部
26 年 7 月 29 日	轰炸	天津市八里台	秀山堂		座	1		100000	
26 年 7 月 29 日	轰炸	天津市八里台	恩源堂		座	1		300000	
26 年 7 月 29 日	轰炸	天津市八里台	图书馆		座	1		150000	
26 年 7 月 29 日	轰炸	天津市八里台	第一宿舍		座	1		60000	
26 年 7 月 29 日	轰炸	天津市八里台	第二宿舍		座	1		40000	
26 年 7 月 29 日	轰炸	天津市八里台	女生宿舍		座	1		30000	
26 年 7 月 29 日	轰炸	天津市八里台	教员宿舍		座	1		40000	
26 年 7 月 29 日	轰炸	天津市八里台	工厂实验室座		座	4		110000	
26 年 7 月 29 日	轰炸	天津市八里台	白树村教员住宅		所	22		180000	
26 年 7 月 29 日	轰炸	天津市八里台	其他		所	4		30000	
26 年 7 月 29 日	轰炸	天津市八里台	图书					共计 3100000	
26 年 7 月 29 日	轰炸	天津市八里台	中文		册	100000		800000	

损失年月日	事件	地点	损失项目	购置年月	单位	数量	价值（国币元）		证件
							购置时价值	损失时价值	
26 年 7 月 29 日	轰炸	天津市八里台	西文		册	45000		1800000	
26 年 7 月 29 日	轰炸	天津市八里台	成套报章					500000	
26 年 7 月 29 日	轰炸	天津市八里台	仪器、标本、机器					1490000	
26 年 7 月 29 日	轰炸	天津市八里台	化学系					60000	
26 年 7 月 29 日	轰炸	天津市八里台	物理系					500000	
26 年 7 月 29 日	轰炸	天津市八里台	算学系					50000	
26 年 7 月 29 日	轰炸	天津市八里台	电工系					300000	
26 年 7 月 29 日	轰炸	天津市八里台	生物系					150000	
26 年 7 月 29 日	轰炸	天津市八里台	化工系					150000	
26 年 7 月 29 日	轰炸	天津市八里台	矿科					200000	
26 年 7 月 29 日	轰炸	天津市八里台	打字机计算机		架	25 10		30000	
26 年 7 月 29 日	轰炸	天津市八里台	其他					50000	
26 年 7 月 29 日	轰炸	天津市八里台	家具					共计 360000	
26 年 7 月 29 日	轰炸	天津市八里台	木器					180000	
26 年 7 月 29 日	轰炸	天津市八里台	铁床		架	500		10000	
26 年 7 月 29 日	轰炸	天津市八里台	暖气管炉		座	4		40000	

损失 年月日	事件	地点	损失 项目	购置 年月	单位	数量	价值（国币元）		证件
							购置时 价值	损失时 价值	
26 年 7 月 29 日	轰炸	天津市 八里台	自来水管					20000	
26 年 7 月 29 日	轰炸	天津市 八里台	电器设备					10000	
26 年 7 月 29 日	轰炸	天津市 八里台	煤气设备			2		60000	
26 年 7 月 29 日	轰炸	天津市 八里台	图书馆钢 铁书架					40000	
共计								5990000	

机关学校团体或事业 印信：国立南开大学（章） 受损失者：私立南开大学

填报者姓名：张伯苓（章） 与损失者关系： 服务处所学所与任职务：

通信地址：卫津路 84 号

（天津市档案馆馆藏档案，档案号 219－3－26510）

损失情形 学校名称	建筑		其他（包括器具 图书仪器医药用品）		备考
	数量	金额	数量	金额	
市立第八十七小学校	1	300	997	753	共计1053，现改六区二十九保国民学校
市立第九十四小学校			79	905	共计905，现改九区二十八保国民学校
市立第一百小学校	5	5000	33	9180	共计14180，现改二区中心国民学校
市立师范附属小学校			1191	2414840	共计2414840
市立第一民众教育馆	31	6200	121715	221100	共计227300，现改第八民众教育馆
市立第五民众教育馆	19	1650	162150	168247	共计169897，现改第二民众教育馆
市立第六民众教育馆			97	71	共计71，现改第一民众教育馆
私立大同中学校	女中 全部	300000	1956	55320	共计355320
私立育才商科职业学校			68	306	共计306
私立民德中学校	171	306800	79872	2057706	共计2364506
私立特一中学校	22	8000000	1836	1259820	共计9259820
私立南开中学校	全部	628800	全部	530400	共计1159200（男女两部）
私立时文小学校			175	182	共计182
私立励德小学校			162	现款3800 912	共计4712
私立新民小学校	40	5000000	973	现款120000 1020000	共计6140000
私立桃林小学校			63	155	共计155
私立裕斋小学校			45	88	共计88
私立崇德小学校			54	1823	共计1823

学校名称 \ 损失情形	建筑		其他（包括器具图书仪器医药用品）		备考
	数量	金额	数量	金额	
私立文华小学校			157	176	共计 176
私立育正小学校			95	154	共计 154
私立赵氏小学校			1442	111709	共计 111709
私立智丛小学校			988	2629	共计 2629
私立崇实小学校			17	27	共计 27
私立五育小学校			135	775	共计 775
私立育民小学校			65	195	共计 195
私立育青小学校			281	819	共计 819
私立民四女子小学校	20	2800	2347	25818	共计 51700
私立南开小学部	全部	42600	全部	9100	共计 51700
合计	337 间又三校全部	14486350	390349 件又二校全部	12768351	共计 27254701
					表列数字系按 26 年估计，兹注

（天津市档案馆馆藏档案，档案号 2—2—1475）

4. 天津县政府关于要求日人归还所强占、转让校产的呈文

为呈请事：查职县有经管在天津市内草厂庵学产房屋四十间，事变后为日人田丸强占，设立立正学园一所，职到任后，经即派员前往该学园接收以资管理去后，旋据报称：该学园已经停闭，所有家具等件于敌日降服后，为该园负责人田丸以廉价私自售与天津市私立进修中学校等情，附呈日人田丸开具出售种类暨价款清单一纸，据此。查该学园家具等件，既属敌产，照章不准私自移让，可否由职县直接向该进修中学追回，抑或饬令该日人田丸赎回转交，以事关处理敌产，未敢擅专，理合抄同上项清单一纸一并备文呈请鉴核俯赐指令只遵。谨呈

河北省政府主席孙
附呈：照抄立正学园田丸开具售与进修学校家具及价款清单一纸

天津县县长刘桐山
中华民国三十四年十一月二十九日

照抄立正学园田丸开具售与进修学校家具及价款清单

品　　名	数　　量
学生桌子	214
板凳	186
黑板（大小）	9
讲桌（两屉）	9
讲台（大小）	7
茶几	2
预备室教员用桌	5
广告牌（大小）	2 面
篮球架	1 对
椅子	7
长椅子	1
烟碟	2
台板	2
印字机（腾［誊］写机）	1
乒乓球台	1 架
以上各物约于 8 月 15 日前后让与进修学校，总价 10 万元正	
立正学园田丸具	34 年 11 月 21 日

（河北省档案馆馆藏档案，档案号 617—4—1125）

社会财产损失（直接损失·公共事业）

1. 天津市破坏损失登录（机关）[①]

破坏处所	地址	损坏数量	损坏概况	损失金额（26年上半年价值）	说明
旧义国工部局	第二分局界	铁炮2个（1吨）	献铁	280	35年12月估值200万元
旧特三区公署	第二分局界	铁栏50丈	献铁	6300	35年12月估值4500万元
前警局一分局五分所	第二分局界	房屋28间	炸毁	3540	35年12月估值6000万元
旧法院	第三分局界	楼房200余间	炸毁	354000	35年12月估值60亿元
旧市府楼房□	第三分局界	楼房3座	炸毁	354000	35年12月估值60亿元
前警察第四分局	第三分局界	平房50余间	炸毁	2950	35年12月估值5000万元
旧水工第一实验所	第三分局界	房屋15间	炸毁	1770	35年12月估值3000万元
旧财政局	第三分局界	配房21间	炸毁	2537	35年12月估值4300万元
旧京奉铁路局	第三分局界	楼房1所	炸毁	29500	35年12月估值5亿元
警察局第五分局	第五分局界	铁栅栏2扇，铁杆105根	拆除	70	35年12月估值50万元
警察局第一分局	第七分局界	房屋37间	烧毁	4366	35年12月估值7400万元

（天津市档案馆馆藏档案，档案号2—2—1475）

---

① 档案成文时间不详。

2．前财政局局址（月纬路）破坏损失调查表

36 年元月　　日制

名称 ＼ 损坏		损坏数量	损坏概况	损失金额	备注
住宅					
共有建筑	机关	约 100 余间	炸毁无存	约 3000000000.00	原财政局旧址约 100 余间应估计如上数
	学校				
公用建筑	医院				
	娱乐场所				
道路	市县道路				
	乡镇道路				
自来水		约 1000 余尺	多半已炸毁	约 40000000	
下水道		缸管约 2000 余	多半已炸毁	约 28000000	
其他		家具约 2000 件	多半已炸毁	约 40000000	以上全部损失共计约 3108000000 元
说明		1. 本表请于 35 年 11 月底以前填送来部以凭汇报 2. 损坏数量、损坏概况各栏须填正确明白，损失金额可照 35 年物价估计列入 3. 本表有漏列之项目可填入其他一栏内 4. 备注栏须将损坏各工程最近状况、已行修整、未修整及以后计划填入 5. 表下所列主管官及主管单位、审核、制表各款须盖章			

主管官：（章）　　　　　主管单位：（章）　　　　　审核：（章）　　　　　制表：（章）

（天津市档案馆馆藏档案，档案号 2—2—763）

3．天津市卫生局破坏损失调查表

36 年 12 月　　日制

名称＼损坏		损坏数量	损坏概况	损失金额	备注
住宅					
共有建筑	机关				
	学校				
公用建筑	医院	塌漏不堪应用者 50 间倒塌者 2 间	当 26 年 7 月事变后因年久失修阴雨连绵以致塌漏及倒塌	50000000 元 4000000 元	该医院为本局附属市立第二医院院址，在本市河北狮子林大街，现拟计划补修工程费约 32000000
	娱乐场所				
道路	市县道路				
	乡镇道路				
自来水					
下水道					
其他					

天津市政府卫生局

（天津市档案馆馆藏档案，档案号 2—2—1475）

4．同和医院财产损失报告单

填送日期：35 年 8 月 5 日

损失年月日	事件	地点	损失项目	购置年月	单位	数量	价值（国币元）		证件
							购置时价值	损失时价值	
28 年 7 月 3 日起	日寇依事变前院中悬有市长萧振瀛及秘书长施骥生并石友三为祝院长生辰送匾 3 块，又因院长之子在内地工作概以抗日分子为名，强占医院房屋，有敌警察持枪将人及物逐出继被水淹。	旧日界须磨街二十一番地，陕西路 97 号	各种药品		箱	4	10000 元	40000 元	账簿单据被水淹泡
			头号太阳灯	21 年 7 月	架	1	2000 余元	10000 余元	
			电疗机	20 年 2 月	架	1	2100 余元	12000 余元	
			头号紫光电机	21 年 7 月	架	1	1000 余元	10000 余元	
			西洋外科眼科手术器具	20 年 2 月	匣	4	8000 余元	45000 余元	
			化验室内全部化验器械	20 年 2 月	套	1	4000 余元	22000 余元	
			显微镜	20 年 4 月	架	1	2000 余元	10000 余元	
			西洋大毒药天秤	20 年 4 月	架	1	2000 余元	10000 余元	
			铁框玻璃砖面药架	20 年 3 月	个	2	2000 余元	10000 余元	
			大消毒器瓶架	20 年 3 月	架	3	2000 余元	10000 余元	
			西洋滤水缸	20 年 4 月	个	6	1300 余元	7000 余元	
			大玻璃立柜	20 年 4 月	件	3	2000 余元	8000 余元	
			漆布面带套大沙发	20 年 3 月	件	3	1800 余元	8000 余元	
			大玻璃梳妆台	20 年 3 月	件	3	1600 余元	6000 余元	
			绒布面带套大沙发	20 年 3 月	件	3	2000 余元	12000 余元	
			西洋大号喷气消毒器	20 年 2 月	件	1	2000 余元	10000 余元	
			狗牌大留声机与片子 38 张	22 年 1 月	件	1	1500 余元	8000 余元	
			西门子电话 2 局 3600	20 年 3 月	架	1	50 余元	700 余元	电话局合同收据
			各种零星器械	20 年	大箱	1	100 余元	400 余元	
			手术台	20 年 3 月	架	1	150 余元	500 余元	
			妇科手术台	20 年 4 月	架	1	120 余元	450 余元	

损失年月日	事件	地点	损失项目	购置年月	单位	数量	价值（国币元）		证件
							购置时价值	损失时价值	
			眼耳鼻喉药品		大箱	1	200 余元	800 余元	
			调剂室内药品		大箱	1	150 余元	500 余元	
			妇科床	20 年 4 月	架	1	10 余元	50 余元	
			诊病床	20 年 4 月	张	1	8 余元	40 余元	
			耳鼻喉科椅	20 年 4 月	张	1	20 余元	100 余元	
			手术机玻璃砖面	20 年 4 月	块	9	30 余元	120 余元	
			药架玻璃砖格	20 年 4 月	块	12	40 余元	150 余元	
			手术器厨	20 年 4 月	件	2	30 余元	120 余元	
			手术转架	20 年 4 月	件	2	20 余元	100 余元	
			玻璃药柜	20 年 4 月	件	3	60 余元	250 余元	
			调剂室六层柜瓶架	20 年 4 月	件	4	50 余元	300 余元	
			调剂室衣柜桌	20 年 4 月	件	2	20 余元	80 余元	
			诊病桌全玻璃砖面	20 年 4 月	张	4	70 余元	300 余元	
			抬病床	20 年 4 月	件	2	20 余元	80 余元	
			牙科椅子	20 年 4 月	件	1	150 余元	600 余元	
			大消毒器	20 年 4 月	件	2	250 余元	1000 余元	
			小消毒器	20 年 4 月	件	2	200 余元	800 余元	
			白漆茶几	20 年 4 月	个	20	60 余元	200 余元	
			白漆椅子	20 年 4 月	把	34	130 余元	550 余元	
			白漆便柜	20 年 4 月	个	6	30 余元	150 余元	
			长方漆桌	20 年 4 月	张	15	90 余元	360 余元	
			白漆铁丝床	20 年 4 月	张	20	400 余元	1600 余元	
			大钢丝床	20 年 4 月	张	4	160 余元	650 余元	
			大小草褥	20 年 4 月	个	24	90 余元	350 余元	
			白漆写字台桌	20 年 4 月	张	2	30 余元	120 余元	
			转椅	20 年 4 月	把	6	35 余元	150 余元	
			候诊室白漆长靠凳	20 年 4 月	条	8	50 余元	200 余元	
			白漆元凳	20 年 4 月	个	29	30 余元	120 余元	
			墨漆带腿元桌面	20 年 4 月	张	4	30 余元	120 余元	
			白漆大方桌	20 年 4 月	张	5	30 余元	120 余元	
			黑漆抽屉厨柜	20 年 4 月	个	1	6 余元	20 余元	
			白漆书架	20 年 4 月	件	2	5 余元	20 余元	

损失 年月日	事件	地点	损失项目	购置年月	单位	数量	价值（国币元）		证件
							购置时价值	损失时价值	
			医书与他种书		大箱	1	约1500余元	约6000余元	
			诊室转凳	20年4月	个	4	25余元	130余元	
			中西衣服		大箱	6	约5000余元	约20000余元	
			花砖地、铁丝［网］、 工资等费	20年4月			约1200余元	约8000余元	
			28年7月3日至今8 年未能［经］营损失					约计800余万元	
			被迫迁移4次一切 费用损失					约计50余万元	

名称：同和医院　　　　　印信：同和医院　　　　受损失者：郑克明　　　　　填报者：郑克明

姓名：郑克明　　　　通信地址：第一区长春道兆丰路耀安里四号　盖章

（天津市档案馆馆藏档案，档案号219—1—6736）

5．长芦育婴堂财产直接损失汇报表

事件：被日军及伪机关占用毁坏所受之损失

日期：民国 26 年 8 月

地点：河北新开河北岸长芦育婴堂

填表者：长芦育婴堂堂长王贞儒（章）　　　　　　　　　填报日期：35 年 3 月 19 日

分类	损失时价值（国币元）	重要物品项目及其数量
共计	150720000 元（各项损失均按现时价值估计）	
建筑物	8000000 元	本堂全部平房 300 余间，因被伪机关占用拆毁拆走者均甚多，计全部修补雨漏，修理围墙，填补拆走之地板、断间、隔扇、走廊、电线、水管、纱窗、玻璃、铁门等，共需如上数。
器具	6000000 元	工厂织布机、毛巾机器 32 架全部损毁，并家具桌椅、厨房用具、铁炉灶、水罐、教室桌椅、游戏器具、篮球架、秋千等，共需如上数。
现款		
图书	1000000 元	儿童刊物书报并参考书等共需如上数
仪器	2000000 元	磅秤、地球仪、理科挂图、教育挂图、全份地图、人体模型及诊疗室化验器具等，共需如上数。
文卷		文卷 2 箱计 39 宗
医药用品	1000000 元	诊疗室用具、计粉药、水药药瓶、病床手术器等共 288 件，共需如上数
衣物	4000000 元	堂婴被褥共 35 件，衣服 103 件，工厂成品台布 28 件，大毛巾 12 打，袜子 6 打，纱布 2 匹，共需如上数。
粮食	220000	面粉 3 袋，大米 2 包，共需如上数。
其他	2500000 元	道木 2 吨，杉高 10 棵，房檩 80 棵，山西大砟 10 吨，开滦原煤 20 吨，共需如上数。

本堂现址：城内中营西南项家胡同内邵家大门十一号

（天津市档案馆馆藏档案，档案号 2—2—763）

6．天津市警察局第一分局管界破坏损失调查表

名称 损坏		损坏数量	损坏概况	损失金额	备注
住宅					
共有建筑	机关				
	学校				
公用建筑	医院				
	娱乐场所	胜利公园铁栏杆 313.5 公尺，罗斯福公园 372.5 公尺，铁门 5 扇	于沦陷时期均被日军拆去	24946 万元	以上两公园铁栏杆均于拆毁后以砖修建完整
道路	市县道路				
	乡镇道路				．
自来水					
下水道					
其他		罗斯福路铁电灯杆 77 个	于沦陷时期均被日军拆去	231 万元	铁电灯杆拆毁后迄未修整，但尚无重建必要
说明		胜利公园 313.5 公尺，罗斯福公园 372.5 公尺，又铁门 5 个。铁栏杆每公尺按时价计算每公尺 36 万元计，686 公尺合 24696 万元；铁门按时价计算每扇 50 万元，合 250 万元；罗斯福路铁电灯杆 77 个，每个按时价 30 元计算，合 231 万元，共计 25177 万元。			

主管官：分局长　　　　主管单位：第一分局　　　　审核：行政组长

（天津市档案馆馆藏档案，档案号 219—1—6736）

7．天津市管区公共设施下水道被毁调查表

民国 35 年 5 月 20 日填

名称	所在地	修置年月	事变前价值	淤塞程度	备考
雨水沟	墙子河北			在 60%以上者计 7400 公尺在 60%以下者计 15300 公尺	修置年月及事变前价值无法查考
污水沟	墙子河北			在 60%以上者计 4850 公尺，在 60%以下者计 11320 公尺	
合流管	墙子河南			在 60%以上者计 2290 公尺，在 20%至 60%者计 5500 公尺，在 20%以下者计 20450 公尺	
合流管	旧法租界			在 60%以上者计 1830 公尺，在 20%至 60%者计 5690 公尺，在 20%以下者计 13680 公尺	
合流管	旧日租界			在 60%以上者计 200 公尺，在 20%至 60%者计 580 公尺，在 20%以下者计 25330 公尺	
合流管	旧意租界			在 20%至 60%者计 6445 公尺，在 20%以下者计 630 公尺	
雨水沟	旧特一区			在 60%以上者计 12400 公尺，在 20%至 60%者计 1755 公尺	
污水沟	旧特一区			在 60%以上者计 5030 公尺，在 20%至 60%者计 2805 公尺，在 20%以下者计 300 公尺	
合流管	旧特二区			在 60%以上者计 180 公尺，在 20%至 60%者计 5310 公尺，在 20%以下者计 60 公尺	
合流管	旧特三区货栈东			在 60%以上者计 780 公尺，在 20%至 60%者计 4010 公尺，在 20%以下者计 850 公尺	
合流管	旧特三区货栈西			在 60%以上者计 1190 公尺，在 20%至 60%者计 1280 公尺，在 20%以下者计 240 公尺	

名称	所在地	修置年月	事变前价值	淤塞程度	备考
合流管	旧城区河北			在60%以上者计3194公尺	
合流管	旧城区南市			在60%以上者计6834公尺， 在20%至60%者计6800公尺	
合流管	旧城区城厢			在60%以上者计7438公尺， 在20%至60%者计11418公尺	
雨水沟	旧城区西头			在60%以上者计3060公尺， 在20%至60%者计162公尺	
雨水沟	旧城区 小河北			在60%以上者计1640公尺	
检查井盖	全市各 下水道			计112个	
收水井盖	全市各 下水道			计3619个	

说明：（一）疏浚本市旧下水道沟管共长192882公尺，修配检查井井盖计112个，收水井井
　　　　盖计3619个，共需工科费78011000元。
　　　（二）疏浚梁家嘴沟渠及挖掘河北一带明沟2处，工程需工4523名，计工费5427600元。
　　　（三）整理墙子河总下水道工料费计685840920元。
　　　（四）修理本市污水抽水房10处，计需工料17173600元。
　　　　　　以上共计修理费用786453120元。

（天津市档案馆馆藏档案，档案号2—2—763）

8．天津市立第一体育场财产损失报告单

填送日期者：34 年 12 月 12 日

损失 年月日	事件	地点	损失项目	购置年月	单位	数量	价值（国币）		证件
							购置时 价值	损失时 价值	
自民国 31 年 9 月 25 日至 民国 32 年 6 月 30 日	驻军	本场	（木）看台	民国 18 年		5 座	50000	2500000	
自民国 31 年 9 月 25 日至 民国 32 年 6 月 30 日	驻军	本场	桌	民国 18 年		5 个	800	35000	
自民国 31 年 9 月 25 日至 民国 32 年 6 月 30 日	驻军	本场	椅	民国 18 年		8 把	160	8000	
自民国 31 年 9 月 25 日至 民国 32 年 6 月 30 日	驻军	本场	藤椅	民国 18 年		20 把	500	25000	
自民国 31 年 9 月 25 日至 民国 32 年 6 月 30 日	驻军	本场	冰场木板	民国 20 年		80 块	5000	250000	
民国 33 年 10 月	征集 铁钢	本场	铁门	民国 20 年		9 扇	9000	450000	

名称：天津市立第一体育场　　　印信　　　　　受损失者　　　　　填报者

姓名：刘海寰　　　服务处所与所任职务：天津市立第一体育场场长　　与受损失者之关系

通信地址：旧英租界 17 号路　　　　　　盖章

（天津市档案馆馆藏档案，档案号 110—1830）

社会财产损失（直接损失·其他）

1. 津变损失可惊

（1932年1月25日）

津市两遭变乱，损失甚重，社会局前曾拟定调查表，分函八自治区转饬各所街公所详细查填，以凭编制统计表而便有所依据。前闻第一区已调查完竣，除一区五所僻在河北，一区二、三两所，多属中下民户外，就中以一区四所受灾最重，一区一、六两所次之，统共全区商民住户，直、间接损失约在1000余万。兹将一区四所民商各户损失详细数目，志之如下，（一）第一编街由东门迤北至东北角一带，商号58家，直接损失共37514元，间接损失16万元。（二）第二编街东门外一带同义成720地，瑞生祥300元，义和祥280元，东来发200元，一品香15000元，德源永1020元，鼎□斋8300元，美利昌300元，详瑞兴180元，德盛成320元，瑞珍号300元，鸿兴号120元，裕和当2750元，德义厚165元，陈大生2841元，天义德200元，广华672元，义盛兴80元，永顺成80元，德盛号4000元，义和煤栈400元，德聚永80元，恒丰瓷庄100元，裕兴恒300元，永玉成120元，兴益170元，直接损失37008元。（三）第三编街多属民户，其损失志后。第四编街，信义兴4000元，祥发号120元，桑春泽70元，恒达200元，泰和祥130元，永源号6028元，福兴10地，恩钰公司525元，永聚兴50元，万益兴50元，朋顺4000元，东兴2200元，裕泰祥170元，兴盛德1000元，庆成号1276元，同兴楼260元，启合兴300元，□泰昌1500元，顺兴3□□□，永生店300元，荣发顺73□□□，慎昌400元，同利脚行30元，□□成410元，开泰祥4000元，□□508元，同泰500元，同聚园□0元，瑞华昌300元，东合兴1000元，增兴70元，同泰永600元，春来250元，集丰楼50元，三顺2000元，义泰昌5000元，荣义和300元，益兴珍4000元，庆元成1350元，中永兴500元，利祥顺100元，隆顺号300元，义升200元，振声斋40元，长源号150元，东万义200元，广茂居200元，永顺70元，洪志祥200元，崇丰100元，润记祥100元，德素园100元，义恒600元，复顺和1406元，永发成300元，高永兴6000元，直接损失516706元。（四）第四编街待查。（五）第五编街，聚昌厚 7300 元，德春恒 1000 元，德兴 1100 元，春记 800 元，联陞斋 1000 元，同善堂 500 元，永三元 2000 元，以上直接损失 14800 元。（六）第六编街，华生工厂 1800 元，广大 1500 元，志成 500 元，中兴 2700 元，德育堂 150 元，宏胜昌 1000 元，盛兴 900 元，兴盛 800 元，慎丰 1250 元，东全居 1200 元，源祥 200 元，广兴号 520 元，龚天成 160 元，永宏号 500 元，隆泰兴 100 元，源丰泰 600 元，翠文魁 387 元，卫生堂 4000 元，义承裕 11700 元，隆泰和 500 元，鸿兴顺 1100 元，各商直接损失 315676 元。（七）第七编街，崇华工厂 2000 元，华新印刷局 900 元，华记 600 元，永丰玉 [5] 00 元，振记 1500 元，同春和 600 元，聚成 400 元，同丰成 1000 元，源泰 5000 元，洪昌 200 元，恒记 200 元，同新 1000 元，广源兴 500 元，锦兴 600 元，福华 1000 元，东兴栈 5000 元，各商直接损失 20□00 元。（八）第八编街，德盛窑业厂 246 元，鸿昌德 184 元，志成兴 10679 元，德昌 745 元，颐康 30 [元]，永利 211 元，庆源隆 3000 元，荣兴顺 83 元，韩记 285 元，大源 3000 元，元泰 330 元，源成 2000 元，钰泰成 1150 元，菜商公会 63217 元，中华魁 4500 元，庆丰荣 569 元，德丰 6 元，正昌 58 元，钰泰 273 元，恒益成 168 元，各商直接损失 89734 元。统计以上 7 个编街各商直接损失，共约 282893 元，其间接损失以 5 倍计之，约 141 万余元，合计不下 169 万，为数殊足惊人，然此尚只为商店之损失，此外第二编街，尚有民户正户 11 户，第三编街民户 118 户，第五编街 42 户，第六编街 60 余户，第七编街 67 户，第八编街 41 户，共民户 340 余户，每户平均损失 1000 元，亦不下 34 万余元，总计一所民商损失，即达 200 万元者，6 所计之，其数殊足惊人矣。又一区六所第八编街第九编街，昨向区公所报告损失，计华纶兴 705 元，桐兴德 450 元，鑫彩华 950 元，环球 390 元，一小堂 450 元，庆□公 250 元，文盛和 338 元，久昌 230 元，兴华 230 元，遇庆成 800 元，兴隆轩 100 元，德昌木厂 550 元，李连捷 150 元，起兴顺 140 元，东兴号 500 元，永盛兴 400 元，三义成 1000 元，义泰和 60 元，议益成 420 元，义利 250 元，华鑫久 350 元，德记 215 元，祥源 100 元，储华普 120 元，乘云 2090 元，同兴德 150 元，音雅斋 100 元，宝文斋 805 [元]，顺兴 140 元，徐绍奎 125 元，合泰米铺 170 元，博济医院 210 元，公寓栈 470 地，益盛居 25 元，振源 200 元，由业 80 元，李殿 260 元，联兴德 100 元，裕泰成 105 元，兴隆 50 元，永源茂 150 元，德盛和 60 元。（下尚有商店 7 家损失 1480 元，从略。）

[录自天津市地方志编修委员会办公室、天津图书馆编：《〈益世报〉天津资料点校汇编》（二），天津社会科学院出版社 1999 年版，第 7—8 页]

2. 天津市警察局关于沦陷期间被敌强征劳工人数及苛待损失概数表

（1946 年 9 月 2 日）

年别	强征劳工人数	生活费指数（全年平均）民国25年100%	每人每年损失数（以每人每月工资50元为基数）	估计共苛待损失数	每人历年工资损失累加数	备考
29 年	46957	378	2268 元	22263440668 元	474124	5 年又 8 个月工资
30 年	18197	416	2496 元	8586363632 元	471856	4 年又 8 个月工资
31 年	1528	670	4020 元	717182080 元	469360	3 年又 8 个月工资
32 年	868	2427	14562 元	403915120 元	465340	2 年又 8 个月工资
33 年	5824	9519	57114 元	2625331072 元	450778	1 年又 8 个月工资
34 年		98416	393664 元（自34年 1 月至 8 月损失数）			
共计				34596232572 元		

附记：一、上列损失数系依照中央银行接收卷内历年生活费指数计算。该项生活费指数以民国 25 年为 100%，当时工人工资每月约为 50 元，故本表计算工人工资以每月 50 元为基数。

二、上表工资系由 29 年 1 月起算至 34 年 8 月日寇降伏止，共计 5 年又 8 个月，共受损失 34596232572 元。

（天津市档案馆馆藏档案，档案号 2—2—1474）

社会财产损失（间接损失·其他）

1. 天津各界抗日募捐

募捐运动益形热烈（1932年3月6日） 暴日侵沪，我忠勇国军，誓死抵抗，全国同胞，莫不平心静气，耳听捷音，或慨解义囊，或发起募捐，藉资慰劳，自国军缩防消息到津后，不论老少男女，莫不满面忧愁，长吁短叹，其关心国是，决非往日可比，致各方已在进行中之劝募工作，不约而同，一致停顿，吾人方惶惶不知所措之际，而今日各报忽刊载大胜消息，于是□淡空气，又一变而为欣喜，各方劝募工作，亦复活跃，且较前更见努力，兹将昨日调查所得分录于后。

津浦员工将再扣薪 津浦铁路全路员工，曾奉令员司扣薪二日，工友一日，以为慰劳沪战国军之用，业由路局分别扣除，先行填汇上海2万余元，办理完毕。惟昨日沪战复转胜后，所有援军当不在少，而一切军用物品饷糈等物，所需又巨而且急，兹悉该路工会，拟今明日建议特党部及管理局，请作二次扣薪，慰劳抗日将士，办法仍按第一次办理，亦请路局不日垫汇沪上，以表敬忱。

北宁员工捐款劝募 北宁路特党部曾函路局，请援照津浦路办法，员工扣薪慰劳，通饬施行，旋该路一部员工，主张各自量力捐助，已集合千余元汇出一次，但大多员工仍在观望，刻党部决件工会联合，派员赴各段站按员劝募，俾集有成数，即日汇沪，刻在筹备中，日内出发。

本报汇沪慰劳金吴市长电复收到（3月10日） 本报前汇之2500元，上海吴市长已如数收到，兹将复电志后。

上海9日电：益世报馆鉴，艳（29日）电悉，慰劳金2500元业已收到，特复。吴□□虞印。

蒋光鼐蔡廷楷［锴］复电第二次慰劳金收（3月17日） 本报第二次汇沪之慰劳金，十九路军已如数收，将复电列后。

上海16日电：益世报馆鉴，劳金4500元，经照拜受，盛意至此，电谢。蒋光鼐、蔡廷楷［锴］删印。

道士劳军天后宫玉皇阁共捐洋40元（3月2日） 本报昨接天后宫玉皇阁全体道士函云，益世报大主笔台鉴，日军阀既战不北，复扰天津，犹不满其兽望，又大举增兵，轰炸上海，击毁文化机关，焚烧商业中心，枪杀无辜同胞，惨毒手段，无所不用其极，幸赖我十九路军及守沪各将士，奋勇御敌，共赴国难，月余以来，敌虽屡遭惨败，而稍不悔过，大举增援，希图孤注之一掷，真我国无上之光荣，亦暴敌自趋灭亡之日也，（太上曰）祸福无门，惟人自召，善恶之报，如影随形，以公理言，以因果言，我方定操最后之胜利。鄙等虽系出家人，而种族观念，爱国思想，犹深关切，对于守沪将士之精忠神勇，无量钦佩。兹经敝同人等缩食所集银洋，计天后宫 30 元，玉皇阁 10 元，共 40 元，送缴贵报，即烦转汇东南守土将士，聊表微忱，是为至荷，此请撰安。天津东门外天后宫，玉皇阁全体道，仝［同］启。

[录自天津市地方志编修委员会办公室、天津图书馆编：《〈益世报〉天津资料点校汇编》（二），天津社会科学院出版社 1999 年版，第 11 页]

妇女文化促进会捐助大批药品（3 月 12 日） 　本市妇女文化促进会，购置药品多种，托本报代为转寄。兹将原函及药品件数，照志于后：

敬启者，倭寇逞凶，愈演愈烈，杀我同胞，侵我国东北，将沦异域，复悍然毁我沪滨，狼子野心，奢欲太深，觑我华胄，视若无人，赖我苏沪将士忠勇抗敌保我国疆，中外钦佩，国人有托，敝会为救护起见，特组织救护队，惟因组织尚未就绪，未克即时南下，特先购置药品，函奉贵军备用，聊表寸衷，以申慰意，此致苏沪抗日救国军，天津市妇女文化促进会启，附药品单一纸，计开宝炳丸 40 打，象皮膏 21 条，七厘散 10 打，跌打丸 20 打，白树油 50 瓶，止血散 10 打，玉树油 70 瓶，薄荷油 50 瓶，□峒丸 5 打，以上计丸散 59 打，皮肤膏 10 盒，药油 220 瓶，圣灵油 50 瓶，膏药 41 件，共 290 件。

[录自天津市地方志编修委员会办公室、天津图书馆编：《〈益世报〉天津资料点校汇编》（二），天津社会科学院出版社 1999 年版，第 266 页]

扶轮中学抗日青年团举行扩大募捐运动（3 月 2 日） 　扶中抗日青年团，前由寒假留校同学捐款慰劳将士并加紧宣传，现已集得洋 120.9 元，除购买馒首慰劳车站开赴前方之兵士外，余款 82.7 元，已全数购置风镜 2110 付，并推定郭麟□、吴承渠二君负责运送前方，捐赠抗日义勇军云。又：该校同学，鉴于日帝国主义进攻愈急，前方将士艰苦更甚，实有再行扩大募捐，购置钢盔面具等物运送前方增加实力之必要，故特于 27 日（星期一）下午 7 时半，在该校抗日会，开全体团员大会，一致决议扩大宣传募集，及组织等项，积极工作，以尽国民救国抗日之天职云。

[录自天津市地方志编修委员会办公室、天津图书馆编：《〈益世报〉天津资料点校汇编》（二），天津社会科学院出版社 1999 年版，第 275 页]

2．中国红十字会天津分会财产间接损失汇报表

名称：中国红十字会天津分会

时间：26 年 7 月 30 日至 35 年 1 月 26 日

填报者：刘恩治 　　　　　　　　　　　　　　填报日期：35 年 1 月 26 日

分类	实际价值共计	摘要说明
共计		
迁移物		
防空设备费		
疏散费		
救济费	1819.07 元	26 年沦陷时救济伤兵伤民之费用由天津市慈善联合会担负之，本分会只担任一切救济工作。 此表所列之数目是为 28 年天津水灾时所支出之救济办公费用，至于救济之物品均系由本分会所募放者。
抚恤费		
生产减少		
盈利减少		

（天津市档案馆馆藏档案，档案号 25—3—2006）

3. 天津市警察局关于抗战期间市民被迫吸食烟毒所受损失的呈文

案查关于调查抗战期间人民被迫吸食烟毒所受损失一案，前据各分局依据各区烟民登记数目估计损失，经汇列总表呈奉。钧府丙秘叁字第五二九三号指令内开：呈表均悉。据称表列损失数字，系按每名吸烟费、生产损失及医药等费平均，约以七百余万元估计，究竟上项损失各估若干，以及计算标准，应于表列备考栏内填注，以昭核实。除将原表照转外，仰再补造一份并详细注明估计标准备查，此令。等因，奉此，遵经令饬各分局遵照办理去后，兹据各分局先后呈报前来，查各区烟民贫富不等，以致吸食烟毒有多寡之别，是以估计种种损失未能划一，实难依据填注。为便于注明起见，兹将各分局估计数目平均核计以每人每日吸烟二钱计，七年共吸五百零四两，每两以六千元作价，约损失三百余万元，以同等数目作为生产损失；其余为医药费，以此估计，每人共约损失七百余万元。理合照缮总表一份备文呈覆鉴核。谨呈

市长张

副市长杜

附呈天津市抗战期间人民被迫吸食烟毒及种植烟苗所受损失调查表一份

天津市政府警察局局长：李汉元

天津市政府警察局副局长：毛文佐

民国三十五年七月三十一日

天津市抗战期间人民被迫吸食烟毒
及种植烟苗所受损失调查表

天津市	吸食烟毒							种植烟苗			备考
	原有居民人数			被迫吸食烟毒人数			所受经济上已损失	原有农田亩数	被迫种植烟苗损失	所收一切经济上已损失	
	合计	男	女	合计	男	女					
第一分局	122930	80073	42857	4105	3914	191	2792000000	无			本市在抗战期间人民被迫吸食烟毒共31450名，约计损失229710106000元，以每人每日吸烟2钱计，7年共吸用504两，每两以6000元作价，约损失300余万元，以同等数目作为生产损失，其作为医药费每人约损失700余万元，共损失如上数。
第二分局	137681	78576	59105	3630	3151	479	□				
第三分局	161629	90628	71001	2415	2169	246					
第四分局	162324	89151	73173	1054	746	108					
第五分局	62588	34693	27895	508	402	106					
第六分局	173102	95666	77436	1862	1386	476					
第七分局	353400	106074	147326	7219	5794	1425					
第八分局	270250	169252	100998	5422	5111	311					
第九分局	159392	97084	62308	2030	1675	355					
第十分局	90016	48062	41954	3205	2441	764					
水上分局	23118	17633	5485	无							
总计	1716430	1006892	709538	31450	26989	4461	229710106000	无			

（天津市档案馆馆藏档案，档案号 2—2—1475）

2．吴叔班财产直接损失汇报表

事件（注一）强征物资
日期（注二）自民国 26 年 7 月 7 日至 34 年 2 月底
地点（注三）天津
填报者：吴叔班（章）   填报日期：35 年 3 月 30 日

分类	损失时价值（国币元）	重要物品项目及其数量
共计	$33890000 元（法币）	
厂房	1000000 元（法币）	太平洋战争后，敌伪接收英租界不修下水道，于是院内阴沟阻塞秽水井充满、渗入地窖，楼基损坏甚大，修理费甚为浩大。
现款	21090000 元（法币）	于七七事变前，舍下存款均在天津各银行钱庄，及太平洋战争后，敌人强迫以四折支取联钞，况物价涨高将何为生。
制成品	7200000 元（法币）	自七七事变后日人检查民人思想，太平洋战争起后尤甚，于是焚毁重要中西书籍杂志数百种，值价高大。
原料	2800000 元（法币）	强迫献〔铜〕献铁，又因献铁更换木大门费用浩大，难以计算。
机械及工具		
运输工具		
其他	1800000 元（法币）	先父连伯公自七七事变后屡受敌伪逼迫，忠贞不屈、忧郁成疾，乃患重病 7 年之久，所耗医药费用数之巨不可计算。

附注：所填损失数皆按征发日期当时之伪联币计算倘折合现在之价值恐增何止数十倍

注一：事件：即发生损失之事件，如日机轰炸日军进攻等。

注二：日期：即事件发生之日期，如某年月日或某年月日至某年月日。

注三：地点：即事件发生之地，包括某市某县某乡某镇某村。

（天津市档案馆馆藏档案，档案号 2—2—763）

3．易秉宸关于抗战期间财产损失的呈文

为日军占领民有家具、什物等件，请求饬令日本赔偿仰祈鉴核事。窃民于七七事变前寓居天津河北大经路币厂旁 165 号大楼内（即现易文镕分受之产），全家十数口，所用之家具、器物、衣服、食粮、什物等件甚夥。不料，日军 26 年 7 月 29 日攻侵天津，首将民自住之楼房及平房占居，将我全家老小空身逐出，一草一木未能携出。嗣有该军通译（即一八一〇部队）池上建一者，得机相识，托其交涉，毫无成效，迄已 8 年。今国土光复，此项损失应令赔偿，不得不请求钧府为民作主，饬令日本将原物返还，或按时价赔偿均可。为此谨将大件家具、器物列名估价呈请鉴核，饬令赔偿，以苏民生，实为公便。谨呈

天津市政府

具呈人：易秉宸

年 65 岁，天津人，

住本市南开大街德厚里 4 号

附列家具器物名称估价于后

（一）红木大衣橱 3 个：每件至少按法币 30 万元计算，3 个共计 100 万元

（二）红木古玩橱 2 件：每件至少按法币 30 万元计算，2 件共计 60 万元

（三）红木理石躺床 1 架计 60 万元

（四）红木理石床桌 1 件计法币 10 万元

（五）红木公事台 1 件计法币 20 万元

（六）红木半圆桌 2 件：每件至少按法币 15 万元计算，2 件共计 30 万元

（七）红木大镜台 2 件：每件至少按法币 50 万元计算，2 件共计 100 万元

（八）红木衣架 1 件计法币 10 万元

（九）红木穿衣镜 1 件计法币 20 万元

（十）红木大条桌 1 件计法币 50 万元

（十一）沙发椅 1 套计法币 10 万元

（十二）红木理石八仙桌 1 件计法币 50 万元

（十三）红木大坐杌 1 件计法币 10 万元

（十四）德造大座钟 1 架计法币 60 万元

损失 年月日	事件	地点	损失项目	购置 年月	单位	数量	价值（国币元）		证件
							购置时 价值	损失时 价值	
			脸盆 脚盆		2 套 2 套				
			恭桶 楼上下暖气炉		2 套 20 件	8 件	6000	5000	
			大锅炉 电气风扇		1 座 6 件				
			美式收音机		1 架				
			钢琴 电自行车		1 架 1 辆				
			自行车 人力车		1 辆 1 辆				
			广东大理石 红木家私		24 件	56 件	12000	10000	
			柚木家私 铜床		16 件 1 张				
			铁床 大时钟		5 张 1 座				
			普通钟表 古董银器		7 件 20 件	30 件	6000	5000	
			董其昌字对 文徵明字屏		1 付 1 扇				
			倪云林山水 大铜鼎		4 幅 1 座		12000 5200	10000 4200	
			大银花瓶 银盾		1 座 2 座				
			银花瓶 银茶壶		4 个 1 把				
			银茶杯		12 个	20 件	6800	5800	
			宋磁福窑观音 大花樽		1 尊 2 个				
			大小盆碟		16 个	19 件	4800	4000	
			古玉佛		1 尊				
			古玉笔洗		1 个	2 件	1200	1000	

直辖机关学校团体或事业名称：　　　　　　印信　　　　填报者姓名：蔡瑞

填报者：蔡瑞　　　　　　　　　　　　　　　　　姓名：蔡瑞

服务处所与所任职务：　　　　　　　　　　　与受损者之关系：

通信地址：　　　　　　　　　　　　　　　　　盖章：蔡瑞

（中国第二历史档案馆馆藏档案，档案号 679—6—208）

5．张玉贵填报财产直接损失汇报表

事件（注1）：日机轰炸及日军进攻

日期（注2）：26年7月29日

地点（注3）：天津市东马路

填报者：张玉成代表人张玉贵　　　　　　　　填报日期：36年7月　　日

分类	损失时价值（国币元）	重要物品项目及其数量
共计	3178万元	
建筑物		
器具	每辆120元（240万元）	自行车2辆
	50万元	怀表1只
	80万元	大写字台1个
	15万元	茶几1个
	每把8万元（32万元）	椅子4把
	每付15万元（120万元）	铺板8付
	每个10万元（100万元）	木桌10个
	每个8万元（64万元）	木凳8个
	每个50万元（100万元）	樟木衣箱2个
现款		
图书		
仪器		
文卷		
医药用品		
衣物	每床28万元（112万元）	棉被4床
	每件15万元（30万元）	褥子2件
	每件40万元（80万元）	毯子2件
	每件300万元（600万元）	皮大衣2件
	150万元	棉大衣1件
	每件80万元（160万元）	夹大衣2件
	每身25万元（100万元）	单制服4身
	每身130万元（260万元）	呢制服2身
	每件15万元（225万元）	便服15件
	每双15万元（60万元）	皮鞋4双
粮食	每袋20万元（600万元）	绿桃面粉30袋
其他		

天津市第六区张玉成抗战私产损失数目调查表

公产或私产	业主	住址	损失名称	财产数量	侵害者系统及机关名称	事实经过	损失年月
私产	张玉成	天津市第六区苏州道义和里4号	绿桃面粉	30 袋	驻天津日军	26 年 7 月 29 日天津事变,本人充任天津市公安局保安队第一大队第六中队中队长,事变前驻扎天津东马路国民戏院对过,担任东马路东南城角河沿电话局东浮桥一带防务,与日军激战一昼夜不支撤退,因肚腹受有炸伤未能治愈以致亡故。	民国 26 年 7 月 29 日
			自行车	2 辆			
			怀表	2 只			
			铺板	8 付			
			木桌	10 张			
			大木凳	8 个			
			棉被	4 件			
			褥子	2 件			
			毯子	2 件			
			皮大衣	2 件			
			棉大衣	2 件			
			夹大衣	2 件			
			单制服	4 身			
			呢制服	2 身			
			便服	10 余件			
			皮鞋	4 双			
			大写字台	1 个			
			茶几	1 个			
			椅子	4 把			

（天津市档案馆馆藏档案，档案号 25—3—2011）

6．李金庆财产直接损失汇报表

事件（注一）：强征物资日军进攻日机轰炸市府

日期（注二）：自 26 年 7 月 29 日至　　年　　月　　日

地点（注三）：天津特别市政府内锅炉旁

填报者：李金庆（章）　　　　　　　　　　　　填报日期：35 年 4 月 6 日

分类	损失时价值（国币元）	重要物品项目及其数量
共计	128145 元	
厂房		
现款		
制成品	布棉被 2 床 13000 元 布棉褥子 2 床 8500 元 青市布大棉袄 1 件 6500 元 大小布床单 3 件 5700 元 白卫生衣 1 件 2100 元 灰市布大褂 1 件 7300 元 青市布羊皮袄 1 件 13000 元 皮鞋 1 双 3200 元 青布鞋 2 双 3000 元 灰毡帽 1 顶 5000 元 小铁表 1 只 7300 元 中行钞票 45 元	白布蚊帐 1 个 5300 元 青布小棉袄 2 件 5600 元 蓝布小棉袄 1 件 3500 元 青市布大褂 1 件 6800 元 青、蓝布小褂各 1 件 4500 元 白布小褂 1 件 2300 元 青布斜纹制服 2 件 13000 元 黄布斜纹制服 1 件 5000 元 青市布棉袍料 1 丈 2 尺 7500 元
其他		
附注：所填损失数皆按征发日期当时之伪联币计算，倘折合现在之价值恐增何止数十倍		

（天津市档案馆馆藏档案，档案号 2—2—763）

7. 任长魁财产损失报告单

填送日期：35 年 4 月　　日

损失年月日	事件	地点	损失项目	购置年月	单位	数量	价值（国币元）	
							购置时价值	损失时价值
民国 26 年 7 月 30 日	日寇侵入天津市	本市李七庄	行李	民国 21 年 8 月	全套	8 件	银币 200 元	法币 400 元
民国 26 年 7 月 30 日	日寇侵入天津市	本市李七庄	灰华达呢中山服	民国 25 年 3 月	1 套	2 件	法币 35 元	法币 70 元
民国 26 年 7 月 30 日	日寇侵入天津市	本市李七庄	青呲［哔］叽警官服	民国 25 年 4 月	1 套	2 件	银币 35 元	法币 70 元
民国 26 年 7 月 30 日	日寇侵入天津市	本市李七庄	青皮鞋、青马靴	民国 25 年 4 月		2 双	法币 45 元	法币 90 元
民国 26 年 7 月 30 日	日寇侵入天津市	本市李七庄	灰雨衣	民国 23 年 6 月		1 件	银币 40 元	法币 80 元
民国 26 年 7 月 30 日	日寇侵入天津市	本市李七庄	自行车	民国 24 年 2 月		1 辆	银币 50 元	法币 100 元
民国 26 年 7 月 30 日	日寇侵入天津市	本市李七庄	铁床	民国 22 年 8 月		1 架	银币 30 元	法币 60 元
民国 26 年 7 月 30 日	日寇侵入天津市	本市李七庄	便服裤褂衬衫等	民国 25 年 5 月		共 16 件	法币 150 元	法币 300 元
民国 26 年 7 月 30 日	日寇侵入天津市	本市李七庄	旅行皮衣箱	民国 21 年 9 月		2 具	银币 50 元	法币 100 元

直辖机关团体学校或事业名称：财政部天津货物税局　　印信　　受损失者：任长魁

填报者：任长魁　　　　　　　　　　　　　　　姓名：任长魁

服务处所与所任职务：事务员　　　　　　　　　与受损失者之关系：本人

通信地址：本局　　　　　　　　　　　　　　　盖章：任长魁章

（天津市档案馆馆藏档案，档案号 63－165）

8．王国瑞财产损失报告单

填送日期：35 年 4 月　　日

损失年月日	事件	地点	损失项目	购置年月	单位	数量	价值（国币元）	
							购置时价值	损失时价值
26 年 7 月	日寇侵入天津	天津南开大学	行李	24 年 6 月	全套	10 件	300	750
26 年 7 月	日寇侵入天津	天津南开大学	毛衣裤	24 年 6 月	全套	2 件	40	90
26 年 7 月	日寇侵入天津	天津南开大学	衣服	25 年 1 月		3 件	50	100
26 年 7 月	日寇侵入天津	天津南开大学	灰雨衣	23 年 4 月	全套	2 件	30	50
26 年 7 月	日寇侵入天津	天津南开大学	黑西洋皮鞋	26 年 1 月		1 双	10	20
26 年 7 月	日寇侵入天津	天津南开大学	绘图仪器	24 年 1 月	全套	21 件	150	350
26 年 7 月	日寇侵入天津	天津南开大学	三角板	24 年 1 月	全套	6 件	30	60
26 年 7 月	日寇侵入天津	天津南开大学	三棱尺	24 年 1 月		1 件	30	60
26 年 7 月	日寇侵入天津	天津南开大学	大皮衣箱	24 年 1 月		1 件	60	150
26 年 7 月	日寇侵入天津	天津南开大学	丁字尺	24 年 1 月		1 件	20	50
26 年 7 月	日寇侵入天津	天津南开大学	军训制服	24 年 1 月	全套	3 件	30	60
26 年 7 月	日寇侵入天津	天津南开大学	英文书籍	24 年 1 月		5 本	50	150
26 年 7 月	日寇侵入天津	天津南开大学	德文书籍	24 年 1 月		5 本	50	150
26 年 7 月	日寇侵入天津	天津南开大学	数学书籍	24 年 1 月		5 本	50	150
26 年 7 月	日寇侵入天津	天津南开大学	物理书籍	24 年 1 月		4 本	50	150
26 年 7 月	日寇侵入天津	天津南开大学	图文书籍	24 年 1 月		3 本	40	120
26 年 7 月	日寇侵入天津	天津南开大学	电机书籍	24 年 1 月		10 本	150	500
26 年 7 月	日寇侵入天津	天津南开大学	德国计算尺	24 年 1 月		1 件	30	150

直辖机关团体学校或事业名称：财政部天津货物税局　　　　　　印信

受损失者：王国瑞

填报者：王国瑞　　　　　　　　　　　　　　　姓名：王国瑞

服务处所与所任职务：税务员　　　　　　　　　与受损失者之关系：本人

通信地址：本局　　　　　　　　　　　　　　　盖章：王国瑞印

（天津市档案馆馆藏档案，档案号 63—165）

9. 阮士璋关于抗战期间财产损失的呈文

为呈请申报财产直接损失，恳祈鉴核，责令日敌赔偿以苏民困事。窃于事变后之天津事变时，敌人对于人民生命及公私财产任意用炮火或飞机轰毁及轰炸，民等当时居于天津第二区寿安致安里十一号（即旧特二区界内）民因见旧特二区界内一处及东车站附近被炸起火。当时，由河北及城内各处避难之民众经由第二区入旧英法租界者约数万人。民携带财物两包（内有经商货款五千五百元及赤金镯三对、金锁片四件、金戒指十七件，共重十二两四钱六分，并衣物念五件），欲随同避难同胞逃入租界。不幸，行至中正桥附近，忽闻枪声数发，民体弱多病之身被避难同胞夹杂其间，各处乱逃，待乘机逃入旧租界后，良久心神略定时，始觉知所带财物完全丢失矣。痛心之下，几不欲生。查上述之款乃民出售房地产（户名阮麟记座落第二区平安街）所得之一部，及事变前数月内提取股票、债票利息及由银行苦心筹集而成之资也，并有居住同里共同避难之邻居可资证明。特附呈检同当时共同避难之邻居证明文件。今幸国土光复，恳祈贵局代为转呈有关当局鉴核，责令日敌赔偿，以苏民困，是所至祷，无任企望之至。谨呈

天津市政府社会局局长胡　　公鉴

市民：阮士璋　谨呈（章）

住址：天津市第七区南市芦庄子清和大街松竹里七号

中华民国三十六年三月三十一日

阮士璋财产直接损失汇报表

填报者：阮士璋（章）　　　　　　　　　　申报日期：36 年 3 月 31 日

分类	损失时价值（国币元）	重要物品项目及其数量
共计	国币 7475 元整 国币 1078 万元（现款之损失部分尚未计入）	
建筑物		
器具		
现款	国币 5500 元整	
图书		
仪器		
文卷		
医药用品		
衣物	国币 1975 元整	赤金镯 3 对共重 6 两 9 钱 9 分，金锁片 4 件共重 1 两 1 钱 5 分 8 厘，赤金戒指 13 件共重 3 两 5 钱 8 厘，赤金镶翠戒指 4 件共重 7 钱 4 厘（共重 12 两 4 钱 6 分） 西服 6 件，绸衫衣料共 25 件
粮食		
其他	598 万元（赤金首饰按现时公定价计者） 50 万元（翠宝四块按现时物价计者） 430 万元（西服衣料等按现时物价估计者）	赤金镯 3 对、金锁片 4 件、赤金戒指 13 件、赤金镶翠戒指 4 件（共重 12 两 4 钱 6 分）翠宝 4 块 西服 6 件、绸衫及布丝绸衣料 25 件

（天津市档案馆馆藏档案，档案号 25—3—2011）

10．吴肇炘抗战期间财产损失报告单

填送日期：民国 35 年 3 月 18 日

损失年月日	事件	地点	损失项目	购置年月	单位	数量	价值（国币元）		证件
							购置时价值	损失时价值	
民国 26 年 8 月 28 日	日军进占	天津	家具	民国 7 年至 23 年	件	101	521 银元	1000 银元	
			书籍	民国 7 年至 23 年	册	1800	1650 银元	2000 银元	
			文具印章	民国 7 年至 23 年	大箱	1	500 银元	1000 银元	
			古画	旧存	幅	3		15000 银元	
			西泠八家印选	旧存	部	1		5000 元	
			名人书画		幅	15		7500 银元	
			衣服	民国 7 年至 23 年	箱	5	1080 银元	2000 银元	
			缝纫机	民国 13 年	架	1	100 银元	200 银元	
			收音机	民国 23 年	架	2	160 银元	100 银元	
			收音机制造工具及零件	民国 17 年	箱	1	800 银元	300 银元	
民国 26 年 9 月 22 日	日军进占	保定	家具	民国 24 年	件	24	120 银元	120 银元	
			文具古玩	民国 24 年至 26 年	箱	1	1000 银元	1000 银元	
			衣服被褥	民国 24 年至 26 年	箱	12	4000 银元	4000 银元	
			书籍	民国 24 年至 26 年	册	130	250 银元	250 银元	
			逃难费	民国 26 年 6 月至民国 27 年 1 月				7000 银元	

损失 年月日	事件	地点	损失项 目	购置 年月	单位	数量	价值（国币元）		证件
							购置时价 值	损失时价值	
民国34年 4月至 8月	日军 强据 住房	河北省 丰润县 中门庄 原籍	房屋毁 坏器具 丢失	民国5 年自建	所	1	20000银元	1000000法币 （计5000000 联币折合率 5:1）	
民国26年 至34年	薪俸 损失		薪俸		年	8		38400银元	
民国26年 至34年 4月	出售 田地 维持 生活	河北省 丰润县 中门庄 原籍	田地	祖遗71 亩民国 8年自 置85 亩	亩	156	每亩28元	160000法币 （计800000 联币折合率 5:1）	
小计（银元1元折合法币800元）								84870银元 1160000法币	
总计（按和平前物价计算折合法币）								69056000元	

主管机关：天津市政府

受损失者：吴肇炘　　　　　　　　　填报者：吴宏埠（章）

服务机关：天津市政府　　　　　　　服务机关：交通部平津区天津分区办事处

担任职务：秘书处处长　　　　　　　担任职务：工务处工务员

通信地址：天津河东福安街16号　　　与受损失者之关系：父子

（天津市档案馆馆藏档案，档案号25—3—2006）

11．周凤鸣财产直接损失汇报表

事件（注1）：窃据进攻运输部队占用所拆毁

日期（注2）：26年8月9月间至是年终

地点（注3）：天津市西站梁家嘴村河沿面粉公司西斗店旁

填报者：周凤鸣（章）　　　　　　　　　　　填报日期：35年8月　　日

分类		损失时价值（国币元）	重要物品项目及其数量
共计		17219000元	
房屋		每间工料40万元、莲花窖合30间1200万元、垣墙2道合400万元，共1600万元	砖瓦住房22间、砖灰花窖8间、垣墙2道
器具			
现款			
产品	农产品		
	林产品	葡萄24万元，海棠、杏24000元，桃36000元，刺梅2万元，柳25000元，洋槐2万元，共365000元	葡萄2架，海棠、杏树各1株，桃3株，刺梅4株，柳5株，洋槐2株
	水产品		
	畜产品		
工具	农具	铁镐8万元，三齿1万元，平锹2万元，搂扒8000元，共118000元	铁镐1柄，三齿1柄，长把平锹1柄，搂扒1柄
	渔具		
	其他		
牲畜		鸡每只4000元合288000千元，鸭每只8000元，合448000元（共736000元）	鸡72只，鸭56只，二共128只
运输工具			
其他			

（1）事件：即发生损失之事件，如日机轰炸日军进攻等。

（2）日期：即事件发生之日期，如某年月日由某年月日至某年月日。

（3）地点：即事件发生之地点，包括某市某县某镇某村。

（天津市档案馆馆藏档案，档案号25—3—2007）

12．宋国久财产直接损失汇报表

事件（注1）名称　奉令策反被敌宪拘捕三年来日有搜索及毁损

日期（注2）自28年起工作31年11月20日事泄被羁押至34年6月19日获释

地点（注3）1.河北昆纬路睦□里20号 2.天津旧英租界11号路芸芳里20号

填报者：宋国久　　　　　　　　　　　　　　　　填报日期：35年5月1日

分类	损失时价值（国币元）	重要物品项目及其数量
共计	34194312	查上开损失数目系就荦荦大端而列其他因彼时□□□□助任其去毁，实难数计至身体之损失有非言喻矣
建筑物		
器具	24800	照像机器3000，五灯短波播音机一架1200，古铜达摩佛像一尊18000，宣德炉一个1200，康熙五彩瓶一对1400
现款	71400	中交钞票68000，现银圆3400
图书	46080	宋版资治通鉴一部12000，原印四子书一部15000，宋版钢鉴一部15000，刘石庵墨宝对联一副3600，齐白石花卉镜心四块480
仪器		
文卷（注4）		东北大学毕业证书1份，东三省官银号办事局河北省银行行员委任状名1份
医药用品	18600	国久公所存贵重药品被陆续搜去1大箱，连同医疗用器估计共18600，彼时因被捕羁押日久对细目及数量已记忆不清
衣物	33432	美国呢料洋服2套900，猞猁青藏獭领礼服呢斗篷1件1800，足金17两15300，瑞士□金表2只720，金表练［链］2两重1条1800，足金手镯2付共重5两4500，足金戒指3枚共重6钱8分612，金镶绿宝石戒指1枚2400，金镶钻石戒指1枚2400，金镶翡翠戒指1枚3000
其他	34000000	其他衣物家具及有关政治类书报之毁损难于估计，惟敌宪及特务3年来日少数起共搜索综计敲诈170000000折合法币34000000

（天津市档案馆馆藏档案，档案号25—3—2011）

13．李雄飞关于抗战期间财产损失的呈文

呈为日人强占民房、盗卖器具，恳请钧府依法汇办赔偿手续事。窃民有河北第三区宿纬路十号（新五号）楼房一所，计四十间。于民国二十八年四月一日，有日人林森次郎以暴力占用，每月强掷租金伪币一百六十元，并无契约。至三十四年六月即停止交租。斯时，该日人以敌宪兵队任职之名义，该房不准国人入内。民因该日人一向凶横，不敢过问。自敌人投降、我国获得胜利，民始查看该房，发觉原有建筑强半破坏，所有之硬木家具、碟器、字画等物，皆扫数侵吞、盗卖。以上各节，民之代表人陈福泰与该日人眼同查看，系经该日人承认不讳，约定开列清单，双方签名盖章。正办理间，该日人奉我政府之命集中返国。按该日人林森次郎曾任职天津日本宪兵队，向为罪恶渊薮，今我国获得胜利虽不谈报复，但被暴力侵占之财产，想我贤明政府当不忍使国人伤财被侮永不服雪也。至一切详情，该区警所以及邻近居户均知。为此，附列损失清单，呈请钧府依法汇办赔偿手续，以难国人之产权，至感德便。谨呈

天津市政府
具呈人：李雄飞（章）
年龄：四十四岁
职业：北平大中银行副经理
住址：天津第十区沙市道五十一号吴宅
电话三局四二四一
代表人：陈福泰（章）
年龄：五十一岁
籍贯：北平
住址：天津第十区沙市道五十一号吴宅
电话三局四二四一
铺保：清华园（章）
执事人：马文华（章）
地址：天津第二区一纬路十号

中华民国三十五年五月六日

损失清单

计开（以法币计）

一、炉片：1600 片，每片 6000 元，合 960 万元

二、暖气管：1980 尺，每尺 1500，合 495 万元

三、大锅炉：1 座，合 900 万元

四、电灯线：495 丈，每丈 3000 元，合 1485000 元

五、电灯伞：80 件，每件 150，合 12000 元

六、电灯泡：80 件，每件 900 元，合 72000 元

七、电灯（炧）：55 件，每件 300 元，合 16500 元

八、电灯门：80 件，每件 300 元，合 24000 元

九、工料价：包括罗［螺］丝钉瓷柱瓷夹板等 20 工，每工 1800 元，合 36000 元

十、玻璃：林森自估，合 51 万元

以上十项为房屋设备之损失共合 23725500 元

十一、两屋家具等件：有账簿单据详记种类件数，合 3000 万元

十二、房租损失：81 个月（即 6 年零 9 个月）每月 3 万元，合 243 万元

以上为家具等件暨房租之损失两项共合 3243 万元。

右十二项总计损失法币 56155500 元正［整］。

受损失之产权人：李雄飞（章）

代表人：陈福泰（章）

（天津市档案馆馆藏档案，档案号 2—3—4560）

14. 徐春澍财产直接损失汇报表^①

事件（注1）参加抗日工作被日宪兵队逮处徒刑5年

日期（注2）民国28年11月19日

地点（注3）天津市河北五马路交邑里12号（旧门牌10号）

填报者：徐春澍（章）

分类	损失时价值（国币元）	重要物品项目及其数量
共计	5万余元	详细请见损失清册
建筑物		
器具	1260元	详细请见损失清册
现款	930元	详细请见损失清册
图书		
仪器		
文卷（注4）		
衣物	5180元	详细请见损失清册
粮食	5330元	详细请见损失清册
其他	3万余元	详细请见损失清册

（天津市档案馆馆藏档案，档案号2—3—4577）

当时被掠财物

联币230   法币700

赤金镯1付（重2两3钱）约300元   钻戒1只800元

宝石戒3只约400元   赤金戒9个约300元

男金怀表1只练［链］1根约500元   马库呢夹大衣1件约130元

共计3360元

被陈骗（5000元）出卖以下各物及借贷

种养地50亩（每亩35元）1750元

---

① 档案成文时间不详。

小麦 44 石（每石 30 元）1320 元

玉米 60 石（每石 17 元）1020 元

红粮 70 石（每石 13 元）910 元

借贷 800 元

被梅本骗（1 万元）出卖以下各物及借贷

种养地 120 亩（每亩 35 元）4200 元

芒大麦 130 石（每石 6 元）780 元

豆类 20 石（每石 15 元）300 元

茅麻 4000 斤（每百斤 25 元）1000 元

骡子 2 头：六岁口 1 头 280 元，七岁口 1 头 240 元

借贷 3200 元

徒刑期间出卖以下各物件

水獭皮大衣 2 件（男女各一）约 500 元　　狐皮袍 1 件约 120 元

羊皮袍 1 件约 60 元　　　　　　　　　　华达呢大衣 2 件（男女各一）

　　　　　　　　　　　　　　　　　　　约 200 元

赤金钱 2 个（儿童用重两余）约六七十元　儿童首饰数 10 份约二三百元

手表 3 只（男一女二）约 100 元　　　　包金镯 4 付约 50 元

兰呢大衣 1 件约 50 元　　　　　　　　女呢大衣 2 件约 100 元

绸棉袍 3 件约八九十元　　　　　　　　绸夹袍 3 件约七八十元

吡［哔］叽夹袍 1 件约二三十元　　　　　布棉袍 2 件约 20 余元

罗纺单衣（大小 17 件）约 200 元　　　毛衣 9 件约 100 元

丝绒袍 1 件约 30 元　　　　　　　　　女吡［哔］叽袍裤袄 5 件约 130

元

女绸棉袍 3 件约六七十元　　　　　　　女绸缎棉裤袄 4 件约 50 元

丝棉衣料数 10 件约三四百元　　　　　樟木箱 4 个约 200 元

皮箱 2 个约八九十元　　　　　　　　　衣柜 1 具约四五十元

写字台 1 具约 30 元　　　　　　　　　水箱 2 具约 200 元

凳子 4 个约 30 元　　　　　　　　　　椅子 4 把约 60 元

苏钟 1 台约 100 元　　　　　　　　留声机 1 具约 60 元

唱片 76 张约百三四十元　　　　　　字画 10 余轴约 300 元

以上均系置时价格约 4000 余元

经营之砖瓦公司因受日人统制损失约 5000 元

由民被捕至恢复自由五年半时期共耗费 2 万余元

连同以上共损失 5 万余元

（天津市档案馆馆藏档案，档案号 2—3—4577）

15．邓维填报敌人罪行调查表

罪行人	姓名		洛河	官职或职业				曹长		
	所属部队或机关	名称	天津日本水上宪兵队							
		官长姓名	洛河	官职或职业				曹长		
被害人	姓名		邓恭	性别	男	年龄	29	籍贯	河北霸县	
	被害时职业		天津达生织线厂司磅	现在职业			无			
	被害时住所		天津旧法界58号路中和里52号	现在住所			南京朱雀路慧园街12号宋宅			
罪人事实	日期		三十年旧历四月二十五日	地点			天津旧日界花园街日本花园宪兵队			
	罪行种类		对平民施以酷刑							
	被害详情		民国三十年旧历四月二十五日夜，由敌伪特务梅曾勤率领天津日本水上宪兵二名，至被害人住所大肆检查，将邓恭捕去，送至日本花园宪兵队（为日本水上宪兵队举发），拘留共六日，被殴打三次，灌凉水四次，用烟头烧一次，出狱后因受灌凉水之刑，胸部时常痛胀，在宪兵队被敲诈300元，邓恭入宪兵队时被特务人员掳去手表一只。							
证据	人证	甲种结文乙种结文	（略）							
	物证									
备考			该被害人邓恭出狱后因日人时加追问，被迫逃往南京，故未能亲具结文							

调查者：天津地方法院检察官冯浩光　　　　　　　调查日期：民国三十五年四月十八日

（北京市档案馆馆藏档案，档案号 J187—1—153）

16. 孙功关于抗战期间财产损失的呈文

为呈报"抗战期间财产损失报告单",恳祈鉴核,着令日敌赔偿事。窃职自七七抗战平津失守,遂投身英商汇丰银行,藉以糊口,并掩饰抗敌工作。在本市小白楼先农里等处做各种外围工作。及太平洋大战暴〔爆〕发,旧英租界被日寇侵入,遂无立身之处。于三十一年二月逃往静海县,从此失业,以迄胜利。数年之中,全家生活无法维持,遂变产图存,致历年辛苦所积薄产消耗殆尽。至今家庭担负与子女教育费,仍在艰难无着之中。兹我政府调查抗战损失,遵就能提出证明或有记载可考之损失数目约计国币三千四百三十五万一千零六十五元,造单随文呈报,敬乞鉴核,并着令日敌如数赔偿,不胜感戴之至。谨呈

天津市社会局局长胡
  职 孙功 谨呈(章)
通讯:本社会局
私宅:大夥巷韦驮庙西街十四号

中华民国三十五年七月   日

孙功财产损失报告单

填送日期:35 年 7 月   日

损失 年月日	事件	地点	损失 项目	购置年月	单位	数量	价值(国币元)		证件
							购置时 价值	损失时 价值	
31 年 2 月	存款非 法四扣	旧法大中 银行	现款	29.4.18 便 字 775 号折	1 扣	$700			
31 年 2 月	存款非 法四扣	旧法大中 银行	现款	29.3.8 便字 720 号折	1 扣	1000			
31 年 3 月	存款非 法四扣	旧法西开 大陆银行	现款	开字 975 号折	1 扣	500			
31 年 6 月	存款非 法四扣	旧法梨栈 新华银行	现款	津字 1368 号 折	1 扣	1000			

损失年月日	事件	地点	损失项目	购置年月	单位	数量	价值（国币元）购置时价值	损失时价值	证件
31 年 9 月	存款非法四扣	四行信记部	现款	甲种津字 3581 号折	1 扣	1000			
31 年 9 月	存款非法四扣	四行信记部	现款	甲种津字 3582 号折	1 扣	1000			
31 年 9 月	存款非法四扣	旧法梨栈新华银行	现款	定期 1456 号折	1 扣	1000			
31 年 3 月	存款非法四扣	中国银行	现款	14548 号折	1 扣	791	6991	按 4 扣损失 4 扣 4195	
32 年	移动花费储蓄	春发永麻袋庄	现款	历年储蓄	存折 1 扣	$2000			
32 年	移动花费储蓄	福昌祥号	现款	历年储蓄	存 1 扣	3000			
32 年	移动花费储蓄	福昌祥号	现款	历年储蓄	存折 1 扣	1000	6000	6000	
自 31 年 3 月起至 34 年 9 月止	被迫去职薪金损失	天津汇丰银行	现款	自太平洋战起至日本降服止	43 个月	每月 $190 计	8170	8170	
自 31 年 3 月起至 34 年 9 月止	被迫去职年终花红损失	天津汇丰银行	现款	自太平洋战起至日本降服止	4 年	每年以两个月薪水计	1500	1500	以上现款
			股票						
32 年 12 月	变产图存	天津	济安自来水	26.8.1	32 股	FV83200	2712	224000	
33 年 2 月	变产图存	天津	启新洋灰	大约在开始时屡换无考	210 股	2100	1700	462000	
33 年 2 月	变产图存	天津	江南水泥	开创时	26 股	260	203	57200	
31 年 5 月	变产图存	天津	中兴煤矿	24.1.31	10 股	1000	1161	1000	
31 年 5 月	变产图存	天津	滦矿股票	23.10.1	60 股	900	900	420000	

损失 年月日	事件	地点	损失 项目	购置年月	单位	数量	价值（国币元）		证件
							购置时 价值	损失时 价值	
32年3月	变产图 存	天津	大新针 织漂染 股份有 限公司	31.2.13	20股	2000	2000	10000	
33年6月	变产图 存	天津	殖业 银行	□	□	□	□	10000	
33年6月	变产图 存	天津	东亚 毛织	29.3.15 32.2.13 33.4.6	5股	500	500	70000	
34年4月	变产图 存	天津	春发 永德记	30.3.1		3000	3000	3000	
34年4月	变产图 存	天津	德孚号	33.1.1		3000	3000	3000	
31年3月	变产图 存	天津	福昌 油行	32.3.□		1000	1000	1000	以上 股及 股本
29年5月23 日	变产图 存	天津	灰瓦房 十间	25.7.12	1所	10间	3000	3000000 0	房产
32年6月	变产图 存	天津	金饰	十八年前	戒指 2个	2钱	10	40000	
32年6月	变产图 存	天津	金饰	十五年前	戒指 2个	2钱	15	40000	
32年6月	变产图 存	天津	金饰	十五年前	头花耳 坠3件 花针	9.5 钱	60	190000	
33年6月	变产图 存	天津	金饰	十八年前	手镯 （1对）	3两	150	600000	以上 金饰
34年4月	变产图 存	天津	皮衣	屡年添置	粗细皮 衣5件	5件	1900	600000	
33年12月	变产图 存	天津	家具	祖遗	楠木条 案桌椅	一堂	无考	300000	
33年12月	变产图 存	天津	家具	屡年添置	小铁床 风□衣 架沙发 1套	6件	3000	150000	
33年12月	变产图 存	天津	家具	屡年添置	秋木箱2 个、带架 1个	3件	550	50000	

损失 年月日	事件	地点	损失 项目	购置年月	单位	数量	价值（国币元）		证件
							购置 时 价值	损失时 价值	
33 年 12 月	变产图存	天津	家具	屡年添置	条案 1 架 椅子 2 把	3 件	300	50000	
33 年 12 月	变产图存	天津	家具	屡年添置	白色西式 书橱	1 件	500	60000	
31 年 2 月	焚毁逃亡	天津	书籍	屡年购置	各种书籍	50 余册	无考	90000	
31 年 2 月	焚毁逃亡	天津	军装制服	屡年购置	呢中山服 1 套、呢军服 1 套哔叽、中山服 1 套	3 套	195	900000	以上衣服家具书记[籍]
						共计	50410	34351065	

受损失者：孙功

填报者：孙功（章）天津市政府社会局团体组训科科员

通信：本局

住址：本市西北城角大夥巷韦驮庙西 14

（天津市档案馆馆藏档案，档案号 25—3—2006）

19. 石郑志农关于抗战期间生命、财产损失的呈文

　　窃先夫石军法主任钟基十余年前曾任河北省法商学院教授，旋日寇东来，攻进天津，抢劫焚烧奸邪屠杀惨无人道，全家随政府迁移，所有一切财产损失一空。而先夫志在抗日，走上海、转南京、遇徐州、渡黄河、经中牟，达河南南阳乃投第二集团军。因学识优良，即充总部军法官，随军抗日。转战南北，屡临前线，每当会战，身先士卒，全家老幼不能兼顾，数次被日军抢劫。迨三十三年冬，日寇乘隙突攻南阳，氏夫随军抗日，宵衣旰食，劳心尽瘁，奋不惜身，卒致因公殒命，嘱氏抗日到底。氏尊［遵］遗言，领诸孤弱随军奔走，达镇平、转内乡、绕淅川、渡淹河、到郧阳，引寇入山，大会战争于郧西。倭寇空用飞机，陆用大炮、机枪，扫射时经头顶；我军与之肉搏勇不少懈。氏子景昌、景普因受伤相继而亡，今日思之痛彻心肺，呜呼！氏夫在世三十有六，非但品格清高，学识渊博，并兼通数国文字，得有中央铨叙书荐登字一零六七号，氏遭此意外，痛不欲生，奈婆母年高、儿女具幼，军队少有给养，日日捉襟见肘，故全家绕道回里……氏困居津市东站小旅馆内，近更物件高涨，米珠薪桂，生活维艰，分粥而食，不能一饱，儿哭女号，饥饿时呼，日处愁城，点金乏术，告贷无门，此景此情，皇天后土实所共鉴。仰闻钧座着手办理日寇赔偿损失事宜，氏具实直陈被损情况，伏乞钧局查核赔款项下酌偿损失，则氏全家感戴没齿无既矣。谨呈

社会局长胡转呈
行政院
附呈财产直接损失汇报表四份恤令照片两件
注记二十六年损失款四四二〇〇六六元
二十九年损失款一九〇〇九五元
三十一年损失款二四〇九五〇元
三十四年损失款一二八三〇〇〇元
以上四次统共损失款六一三四一一一元

具呈人：石郑志农（章）
年龄：三十八岁
籍贯：河北容城

职业：

住址：天津市老车站新大方旅馆十二号

连署人：

铺保：

住址：

执事人：图章

印章

中华民国三十六年五月九日

（天津市档案馆馆藏档案，档案号 25—3—2004）

20．李洪岳关于抗战期间遭受迫害和财产损失的呈文

为再呈报受敌侵害情形，恳请转呈中央追偿损失事。窃洪岳执行律师职务二十余年，先后被选为天津律师公会会长及全国律师协会常务委员。自愧才疏学浅，无何贡献于国家，惟束躬自爱，奉公守法，历二十年始终罔渝，方期早日促成法治，撤销不平等条约之领事裁判权，完成保障人权之使命，无忝职务。讵意七七事变，突遭强盗侵陵〔凌〕，平津首先沦陷。洪岳受命匿居租界，搜集情报，后又奉钧座密命加强工作，假借津师职务以资掩护，乃以事机不密，被敌侦悉。突于上年三月十四日全家被清水部队逮捕入狱，惨受非刑，死而复苏者三。该队队长清水、队副黑泽及军曹西胁、通译江村均曾使用非刑，惨绝人寰，闻者酸心，见者落泪。当逮捕之时，敌人带领中国特务二十余人包围搜索，除涉及犯罪嫌疑文件及所存之白电线二百盘、模造纸一百令均被抄没外，妇孺数十年间积存之赤金首饰、手镯、手表三十两及白银硬币一千二百元，老法币一千四百元，亦被中国特务瓜分，至于重要门窗及所有箱箧锁钥均被砸毁，损坏情形不堪言状。后经亲属转辗托人缓颊，无何效力，卒以巨金贿托西胁、江村始得恢复自由，重见天日。洪岳身受国家高等教育，赖以自力更生；为国躯捐原无足惜，第以爱国忠良遭彼荼毒、粉身碎骨者实繁有徒。如天津测候所所长吴树德，因受酷刑毙命，弃尸地沟，漂流入海。洪岳与被难同志目睹惨状，莫不涕泗横流，废食终日。至今思之，犹有余悸。至于备受摧残，刺激过甚，形成精神病残疾人如洪岳者，更属不胜枚举。去年，敌人降服之后，钧座奉命复长津市，下车伊始首对一息仅存之地下幕僚多方慰藉，策勉有加。洪岳于感激涕零之余，当将被害情形具呈报告。顷读钧府布告丙秘二字第二十号内开：奉国民政府军事委员会委员长北平行营转奉何总司令电开：在抗战期间我国军民所受日军一切损失之赔偿，应报由省市政府转呈中央统一办理等因，恭读之下，仰见轸念被害同胞之至意，益深感佩。除已呈准国民政府军事委员会委员长北平行营令饬第十一战区追索清水等战犯（已逮捕羁押）依法办理外，理合再将被害情形文呈报，敬请俯予转呈中央，统一追索赔偿，实为德便。谨呈

天津市市长张

受知：李洪岳谨呈（章）

中华民国三十五年四月十九日

（天津市档案馆馆藏档案，档案号2—3—4560）

21．刘泽忱填报敌人罪行调查表

<table>
<tr>
<td rowspan="4">罪行人</td>
<td>姓名</td>
<td colspan="2">森田忠孝
重义</td>
<td>官职或职业</td>
<td colspan="3">执刑官
班长</td>
</tr>
<tr>
<td rowspan="3">所属部队或机关</td>
<td>名称</td>
<td colspan="5">敌天津水上宪兵队</td>
</tr>
<tr>
<td>官长姓名</td>
<td>不知</td>
<td>官职或职业</td>
<td colspan="3"></td>
</tr>
<tr>
<td></td>
<td></td>
<td></td>
<td></td>
<td></td>
<td></td>
</tr>
<tr>
<td rowspan="3">被害人</td>
<td>姓名</td>
<td colspan="2">刘泽忱</td>
<td>性别</td>
<td>男</td>
<td>年龄</td>
<td>49</td>
<td>籍贯</td>
<td>河北省天津县</td>
</tr>
<tr>
<td>被害时职业</td>
<td colspan="3">新闻界</td>
<td colspan="2">现在职业</td>
<td colspan="3">同</td>
</tr>
<tr>
<td>被害时住所</td>
<td colspan="3">天津旧英租界四十五号
路世界里40号</td>
<td colspan="2">现在住所</td>
<td colspan="3">同</td>
</tr>
<tr>
<td rowspan="3">罪人事实</td>
<td>日期</td>
<td colspan="3">三十四年四月十三日</td>
<td colspan="2">地点</td>
<td colspan="3">天津特一区大连码头水上宪兵队</td>
</tr>
<tr>
<td>罪行种类</td>
<td colspan="2"></td>
<td colspan="6">对平民施以酷刑</td>
</tr>
<tr>
<td>被害详情</td>
<td colspan="8">被害人刘泽忱，于平津沦陷后隐居天津。民国三十四年四月十三日，在旧英界皇后花园，被敌水上宪兵队逮捕拘禁，受道木打、棒打、脚踏迎面骨、手枪威吓、灌凉水、摔跤、扫帚抽打、上飞机（三次）等种种非人道酷刑，被害人因刑难忍受，曾拟自杀，以头触门槛未死，后被释放。又当其被拘受刑时，敌宪兵队人员曾至其家讹索巨款10余万元，以致家庭损失甚巨。</td>
</tr>
<tr>
<td rowspan="2">证据</td>
<td>人证</td>
<td colspan="2">甲种结文
乙种结文</td>
<td colspan="6">（略）</td>
</tr>
<tr>
<td>物证</td>
<td colspan="8"></td>
</tr>
<tr>
<td colspan="2">备考</td>
<td colspan="8"></td>
</tr>
</table>

调查者：天津地方法院检察官冯浩光　　　　　　　　调查日期：民国三十五年九月十六日

（北京市档案馆馆藏档案，档案号 J187－1－175）

（二）文献资料

人口直接伤亡（国民党方面）

1. 在平定天津便衣队暴乱中的军警伤亡

一九三一年十一月，日本帝国主义在天津纠集一伙民族败类，制造了一起武装暴乱事件，史称"天津事变"。这伙乌合之众，不穿军装，没有番号，故习惯上又称之为"便衣队暴乱"。

便衣队暴乱，前后共发动两次：第一次从一九三一年十一月八日晚十时三十分起，时紧时弛地延续到二十日中午；第二次集中在十一月二十六日晚至二十七日晨。便衣队分子都是经日本人及其爪牙招募而来，约二千多名，多系土匪、兵痞、流氓、吸毒客等民族败类。他们以日租界为巢穴，在日本特务嗾使下，从日租界冲出到中国地界进行骚扰，攻击的目标是省市政府、公安局及警察署所。在暴乱发生前，河北省主席王树常及天津市市长张学铭已接到密报，采取了紧急防卫措施，故暴乱发生后天津保安队及武装警察有准备地进入阵地，全力抵御，多次打退了便衣队的进攻，并击毙及俘虏暴乱分子多人。日本驻津军队在便衣队被击溃的情势下，竟狗急跳墙，出面参战，以大炮、机关枪轰击中国境地。事件发生后，天津地方当局及南京政府外交部先后发表声明及照会，向日方提出抗议；日本驻屯军司令及驻华公使也发表声明及照会，闪烁其词，贼喊捉贼，并对中国进行威胁。中日双方在反复的外交谈判中，天津地方当局为"保全地方，消除危机"，一再容忍退让，同意将保安队全部撤出防地退往河北省，天津事变最终以妥协而告结束。

在暴乱中，我方官警阵亡六人，受伤者三十七人，无辜民众被流弹击毙者亦有多人；在便衣队活动猖獗地区，有一万多户贫苦居民流离失所，房舍财物损失严重。在暴乱期间，商店停业，学校停课，交通断绝，市面萧条，经济上的损失难以估量。

（录自政协天津市文史资料研究委员会编：《天津便衣队暴乱》，中国文史出版社1987年版，第1—3页）

2．二十九军在天津市内对日作战中的伤亡

　　1937 年 7 月 28 日，在日军大举进攻廊坊，占领杨村、落垡、北仓，平津电讯交通中断的情况下，驻守天津的二十九军三十八师副师长李文田召集二十六旅旅长李致远、手枪团长祁光远、保安队长宁殿武等，成立临时指挥部，决定向日军发起进攻。目标是攻占日租界海光寺日本兵营、天津东站、总站，袭击东局子飞机场。29 日凌晨 1 时，二十九军官兵向日军展开进攻。二十六旅与保安队配合，占领了天津东站、北站，攻入日租界。袭击东局子飞机场的官兵炸毁飞机 20 余架。当天下午，日军调北平的关东军前来增援，对天津施行疯狂轰炸。东站、北站、电话局、警察总部、市政府、南开大学等均被炸毁。下午 3 时，中国军队撤离，向静海、马厂集中。战斗共计 15 小时。7 月 30 日，天津沦陷。大街上尸体纵横，粗略估计，抗日官兵遇难者达 2000 余人，市民伤亡无数。无家可归的难民达 10 万人以上。

　　（录自天津市地方志编修委员会编著：《天津通志·大事记卷》，天津社会科学院出版社 1994 年版，第 248—249 页）

3. 静海对日作战中的伤亡

1937 年抗日战争爆发后,退出北平(今北京市)的国民党第二十九军(军长宋哲元)第三十七师(师长冯治安)转移静海、青县、大城一带布防;第一三二师(师长赵登禹已牺牲,改由王长海担任)沿子牙河西岸王口镇、子牙镇、姚马渡一带布防,在河岸上构筑工事,防线全长 50 余里,师部驻大城县城。退出天津的第二十九军第三十八师(师长张自忠)1000 余人,到良王庄防守;天津保安队进驻静海县城。而保安队队长宁殿武下落不明,副队长已有叛变投日迹象,驻青县马厂的第三十八师副师长李文田遂令所辖独立第二十六旅(旅长李致远)第六七八团接管县城,强迫保安队到马厂一带整训。

1. 良王庄之战 1937 年 7 月 30 日日军占天津后,分兵两路,以第二军之矶谷师团沿津浦铁路(今京沪铁路)东侧,中岛师团主力沿津浦铁路西侧,继续南下,进犯静海县。百姓震恐,四出逃避。日军首先到达良王庄,守军第三十八师 1000 余人顽强阻击,终因力量不足武器落后,部分战士战死,遂被日军占领该镇。

2. 独流之战 8 月 3 日至 16 日,日军多次进犯独流镇,均被第三十七师一部击退。21 日夜,日军首下部队占领独流镇西侧七堡村,会同深夜从良王庄赶来的宫岐部队 1000 余人,再次进犯。22 日晨,日军赤柴部队又至,双方冒雨激战。第三十七师艰苦抗击数量、装备均占优势之敌,连战 3 天,毙敌 8 名,伤敌10 余人。三十七师部分官兵牺牲。23 日午前,独流镇沦陷,守军南撤。

3. 府君庙之战 日军进犯独流时,并派出数十人攻取独流以南的府君庙村。该村有房舍 100 余间,600 余村民多已逃匿,驻有第三十七师 1 个排。19 岁的排长丁××指挥战士在村北挖下战壕,布好防御阵地,以和独流、县城相呼应。敌至,守军迎头痛击,后跳出工事在村子西北角挥舞大刀与敌肉搏,砍死 13 人。敌退。不久大股日军又至,以掷弹筒、迫击炮猛轰。守军只有步枪、轻机枪、手榴弹还击,阵地被毁,机枪被炸飞,退入村内抵抗。敌又从北面开来 4 辆装甲车,自村东疯狂进逼。守军冲出,均予炸毁。丁排长又自带 1 个班迁回到独流车站抄敌后路。独流之敌忙开炮接应同伙。守军在猛烈火力下苦战两昼夜,拼死不退。后独流、良王庄、县城 3 面之敌赶来,守军除丁排长外全部战死。丁排长为欺骗敌人,利用民舍东打一阵西打一阵,终因独力难支南撤归队,府君庙被日军占领。

4. 县城之战 8 月 3 日起，日军在进攻独流的同时，还派出 1 个联队多次进犯静海县城。守军第六七八团团长朱春芳，按旅长李致远与本团团、营长商定之计，避免像天津那样与装备精良之敌打阵地战，以第一营守火车站，第二营守城，但把阵地设在城外，以护县城；第三营在天津、静海之间游击，敌来时袭其后方。敌多次来犯，均被击退。敌不逞，又出动装甲火车向静海车站进犯，被游击营从后包围，并破坏了铁路。敌修复铁路时，又被击毙 10 多人。该团久战疲惫，中旬奉命南撤马厂休整。由第三十七师第二十五旅（旅长张凌云）第六五七团换防。李致远与该团团长王维贤同学，建议同法御敌，并让朱团陪守了 1 天，然后撤到马厂休息。六五七团在城东东边庄、西边庄积极构筑工事。日军以装甲火车频来炮击扰乱。六五七团以两个步兵连乘夜将良王庄以南的一段铁路彻底破坏。此后，日军频频来犯，均被六五七团以阵地战配合游击战击退。

8 月 22 日，良王庄之敌 2000 余人赶来参战，在大炮、飞机配合下，猛攻东、西边庄。时连日降雨，平地水深盈尺。守军泡在泥水里顽强奋战，艰苦异常，只有步枪、轻重机枪还击。8 月 23 日，日军占领独流后，赤柴部队疾驰赶至参战。六五七团与优势敌人激战 5 昼夜，工事尽毁，争夺阵地 4 进 4 出，全团 2400 余人仅存 700 多，两营长受伤，连、排长伤亡过半，但也杀伤了大量敌军。

危急时，王维贤团长连电上级求援，但第二十九军全军忙于改编，援军 1 个营从陈官屯赶到县城时，阵地已被敌突破，援军虽增援上去而为时已晚，遂一同撤到陈官屯。24 日 11 时，静海城陷。第二十五旅六五七团退出县城后，在城南地带，利用青纱帐掩护，展开游击战，阻击日军，终因久战过累，奉命南撤。

5. 王口、大瓦头之战 日军占领独流、县城后，一面南进，一面向西线子牙河沿岸窜犯。独流日军宫岐部队、首下部队乘汽艇沿子牙河向西南，静海镇中井部队向西，合击子牙河西岸重镇王口及东岸大瓦头镇。水路进至一堡村时遭第三十七师部分官兵伏击，毁汽艇数艘，死伤多人，遂以小股先行，探好虚实，大队后续。时，王口镇属大城县（现属静海），大瓦头镇（现为村）属静海。两镇守军分别为第三十七师第二十五旅和第一三二师部分官兵。当日军出动时，已有群众向守军送信，报告了人数、动向、武器装备等情况。第一三二师遂派出 1 个加强营，利用青纱帐便于隐蔽，在镇东贾口洼一带游击，袭扰敌人。数日后因敌众己寡，武器又差，退回驻地。8 月 26 日，1 架敌机由北飞来，盘旋侦察后离去。午，10 架又至，扫射投弹。28 日仍然。29 日，两路日军齐逼大瓦头镇，一三二师奋起反击，终以白刃战退敌。30 日，敌机复来肆虐，王口镇文昌阁、禅林寺、万寿庵、康熙碑，大瓦头镇桥会花园及两镇大量民房被炸毁，村民刘子静、王瑞清、王宝成、秦义发等数十人殒命，通连两镇的子牙河崇善桥也中弹被毁。一三二师被隔河东成为孤军，处境危险，当夜撤入王口。31日，敌机复来滥炸，如王口与南面子牙镇之间的河堤被破坏，河水泛滥，王口便成孤岛，守军遂南撤子牙镇。

6. 子牙之战 9月初，子牙河堤被敌机炸开，满槽河水灌入大城、文安、静海，成为泽国，子牙镇遂无防守必要，守军乃奉命南撤，4日被日军占领。

7. 唐官屯之战 占领县城的东线日军赤柴部队继续南下，8月29日11时，占领陈官屯。守军第二十五旅奉命南撤。下午，日军占吕官屯、刘官屯，稍作休息。

30日深夜，日军突袭唐官屯镇。守军第三十七师第二一七团约3000人，已在西起南运河东岸的夏官屯，东至津浦铁路（今京沪铁路），修好1条1公里长的水堑作为屏障，宽4.5米，深3米，堑南密布暗堡。战斗开始，日军便以多门大炮猛轰该镇，许多工事被毁。31日凌晨，赤柴部队占领该镇右侧阵地。左藤部队则向二一七团主阵地进逼。其时因连日降雨，积水遍地，日军行动困难，兵力不易展开，距守军阵地数十米时，暗堡内轻重机枪一齐开火，日军惨败。守军乘机收复右侧阵地。9月3日7点半，日军沿运河东岸向唐官屯发起总攻。赤柴部队主攻，松井部队掩护，接近夏官屯时，被隐蔽在运河两岸青纱帐中的第二十五旅部分官兵阻击，死伤数人，败回刘官屯。

4日凌晨，松井部队精锐1小股，分乘两只小船，妄图从运河突入唐官屯，行至夏官屯时，被二一七团击退。晨7时，久攻不逞的日军集结了4支部队，赤柴、松井两支居中，崛田、冈村两支分列两翼，配合飞机多架，大举进犯。守军许多军事设施被炸毁，依然寸土不让，以机枪、步枪、手榴弹击退多次进攻，但因无法压住敌军火力，更无法对付飞机，加之连日损失很大，正午，日军用事先备好的木梯搭在水堑上强行越过，下午4时占领唐官屯镇。6日，第三十七师、第三十八师各一部联合反攻，失而复得4次，终因力量不足退去。

8. 马厂减河之战 日军占唐官屯后，继向马厂减河逼近。8月2日起，国民党军沿河布防，西起子牙河畔的南赵扶（大城县地），东沿津保公路，经九宣闸接马厂减河，全长50余公里，驻军两三万人。

8月29日，独立第二十六旅奉军部令，全旅到烧窑盆村向东沿马厂减河扼守。时因连雨，减河涨满，宽20多米，深三四米。两岸堤高草丰，树木成荫，堤下秋禾过人，极便隐蔽，是难得的天然防线。先头部队刚到烧窑盆，便得情报：敌人约1个大队也朝此疾进，企图抢渡村西济运桥南下。该旅共辖两个步兵团，旅长李致远即带朱春芳、马福荣2团长上桥侦察，命部队到桥南高粱地内隐蔽待命，每团只选精干组成敢死队到桥北杀敌。令下，人人争先，两团各选百余人，每人1把大刀，4颗手榴弹。因敌人刺枪术优于己方，遂把大刀刀把均接长3尺，以利拼杀。因闻日军害怕红脸，并为表示誓死杀敌报国的决心，又用早已备好的每人1包洋红，均涂成大红脸。朱春芳团长慷慨陈词请缨带队，并脱掉上衣，将脊背也涂成大红，命本团敢死队一律照做，即刻出发，马团敢死队紧跟，疾驰桥北，迎上敌军，大刀齐舞，猛冲猛杀。日军仓促应战，手忙脚乱，刺枪术虽精也难敌大刀劲猛，丢下死尸多具溃逃，又冲乱后面大队。敢死队奋勇追杀，一日军中佐，骑在马上挥刀督战，被张排长挥刀劈死。敌军乱窜，敢死队紧追不舍。李致远深怕战士没带枪械久战吃亏，命司号长吹调号调回。敢死队只顾酣战，杀声震天，掩住号声。李致远只得派副官骑马前去，追上朱团长，才调回队伍。这次白刃战使敌丧魂落魄，己方也伤亡不少。李致远遂命马福荣团沿减河南岸布防，立即派出侦探监视敌军行动，并派人将减河船只尽沉河底，派1连人用汽油将济运木桥烧掉，防敌过河。又派朱团扼守北岸烧窑盆、十八户2村，以确保南岸阵地。又在两岸柳树上扯起粗绳，隐于水下，避免敌机发现，两岸可沿绳往来，以便策应。封锁附近各村，严防汉奸和敌探。

烧窑盆与十八户相距1公里余，朱春芳命第二营刘景岳营长率部守烧窑盆，自带余部守十八户。9月5日起，日军冲田部队逐日来攻，兵力不断增加。朱春芳灵活应战，命部下挖了许多交通沟、盖沟等对付敌人。敌机频至，低空盘旋。据俘虏供出，敌机是来侦察拍照，转天据以部署进攻。朱春芳遂随机应变，每夜改变部署，使敌计落空。因武器不敌日军，朱团长又令战士多用侧击、夹击，并尽量近战，以发挥轻武器的效能。刘景岳营在烧窑盆冒着日军猛烈炮火，苦战7昼夜，伤亡200多人，全村百十户人家，房屋无一家完整，而阵地屹然不动。

9．九宣闸之战 烧窑盆、十八户西侧，另一军事要地马厂减河九宣闸，由第三十七师第一一一旅（旅长吴振声）驻守，在闸南构筑了多座暗堡，在南运河和马厂减河南堤挖了1条东西向战壕，沿壕每隔1米，挖出1个直角形拐角。拐角通道前，挖了许多直径0.8米，深1.2米的土坑，名"蛤蟆蹲"，每坑1或2名士兵把守。9月5日起，日军赤柴部队多次攻击九宣闸，均被守军利用工事击退。7日11时30分敌出动飞机多架，炸毁一一一旅许多工事。一一一旅艰苦反击。敌又添水路，每2人1只汽筏子（可以充气、放气、折叠），由赵官屯沿南运河南进，陆路由唐官屯一带出发，大举合击守军阵地。一一一旅顽强战斗，击沉多艘汽筏子，而敌陆路又至，守军跳出工事展开肉搏，厮杀激烈，双方均有伤亡。至夜，九宣闸被占。8日，一一一旅不顾连战疲劳，两次出击收复九宣闸，

带领下，在蓟运河沿岸继续与日伪军战斗。8月，抗联30余人在六道街被上仓、别山的日伪军包围，从早晨一直打到黄昏，毙伤日伪军近百名，抗联战士全部阵亡。五总队在商香阁率领下，于县境西南部主动出击，打击日伪军。中秋节后，商香阁率300余人与崔东亮、贾步云领导的北上游击第二路军600余人汇合，准备西进。10月16日晨，在辛撞、马道遭蓟、宝、三3县日伪军1500余人围剿。商带队涉沟河向南岸突围时遭宝坻县日伪军射击，商和几十名队员牺牲，抗联五总队和游击二路军余部突围，午后，战斗结束。卜静安等领导的抗联队伍，在县境南部与日伪军展开英勇战斗。10月初，各抗联队伍根据上级指示西撤，途中大部被打散，部分到平西参加整训。

（录自蓟县志编修委员会编著：《蓟县志》，天津社会科学院出版社、南开大学出版社1991年版，第670—671页）

2．主要战斗伤亡

蓟县青甸洼突围战　1939 年 9 月下旬，日伪军 3000 人包围了驻扎在青甸、台头、柳子口的盘山独立大队，战斗异常激烈。独立大队除刘向道率 40 人突围外，其余 400 多人大部分伤亡或被俘。大队长卜静安受伤被俘，后被日伪军带到通县杀害。

（录自蓟县志编修委员会编著：《蓟县志》，天津社会科学院出版社、南开大学出版社 1991 年版，第 671 页）

蓟县十棵树突围战　1941 年 6 月 1 日，冀东军分区司令部机关人员和八路军十三团一部 200 余人在玉田县杨家板桥与日伪军激战一日。晚，冀东军分区领导李运昌、李楚离、包森率领十三团向西北转移，2 日晨，抵十棵树、六道街一带宿营，6000 名日伪军追至十三团驻地，将五六个村庄分割包围，日伪军先用炮火、毒瓦斯猛轰，接着轮番冲锋，双方展开激战。傍晚，李运昌司令员率一营向北突围，包森、李楚离、曾克林向南突围，至四区李四庄村，获悉各地日伪军正集结过来，这时十三团子弹打光，无力再战，部队就地插枪分散。这次战斗日伪军伤亡 500 余人，十三团伤亡 50 人，潜伏时被俘 50 人，损失机枪 6 挺、子弹4 万发、炮弹 5000 发、物资 7 万元，八连连长傅德山牺牲。

（录自蓟县志编修委员会编著：《蓟县志》，天津社会科学院出版社、南开大学出版社 1991 年版，第 672 页）

宝坻王庄子突围战　1942 年 10 月 28 日，地方抗日武装——武宝宁武工队40 多人，在戴庄子（今属黑狼口乡东庄村）保长王复之的带领下，住进王庄子村（今属黑狼口乡）地主"南闻善"家里。次日中午，突然被日军和伪军 200多人团团包围。日伪军盲目向村内射击，武工队坚守在地主大院内还击。日伪火力甚强，并向院内施放毒气弹，激战三小时之久，由于双方力量悬殊，武工队决定突围。当时武工队初建，缺乏战斗经验，在没有摸清敌人火力部署的情况下，只根据表面现象即判断村东日伪兵力薄弱，遂向那里冲击，哪知日伪军恰在村东一个沙土岗后架着两挺轻机枪。武工队刚刚冲到土岗前，日伪军的两挺机枪立即开火，武工队的 8 名战士当场牺牲。正在危急之际，兄弟队伍赶来接应，武工队乃得突出重围。

（录自宝坻县志编修委员会编著：《宝坻县志》，天津社会科学院出版社1995 年版，第 681 页）

蓟县九百户突围战　1943 年 1 月 26 日，八路军十三团主力和地方工作人员正在九百户、杨家套、辛撞、霍家店宿营，遭到来自三岔口、六百户、马伸桥、别山、上仓、邦均、县城等地日伪军 5000 人合围。双方在九百户南山激战一天，日伪军受伤被俘百余人，被缴步枪 59 支。十三团伤亡 30 余人，当晚突围。

（录自蓟县志编修委员会编著：《蓟县志》，天津社会科学院出版社、南开大学出版社 1991 年版，第 673 页）

宝坻梁家沽战斗　1943 年 11 月 10 日夜，抗日武装——青英部队（即四区队）某连约 90 多人在连长刘醒华、指导员石云山的带领下，宿于梁家沽（今属八门城乡）。第二天早晨，日伪军约 200 多人，由宁河邓庄子据点出发，经王家铺去八门城据点，途经梁家沽时，在村东路边大树下休息。住在梁家沽的青英部队某连早已发现这股敌人，遂将绝大部分队伍拉到村西，并作好战斗准备。由于敌众我寡，青英部队不准备主动出击。这时有两个汉奸想"捞外快"，推着自行车进了村。该村保长为了不让汉奸乱闯，避免和抗日武装遭遇，赶紧从村公所迎出来，想送一包钱给两个汉奸了事，结果他在忙乱中错拿了村里的收支账本，只好又回去取钱，两个汉奸在后边紧跟。到了村公所，被青英部队的两名战士俘虏，经请示连队领导，对两个汉奸进行教育后释放。两个汉奸又在街上碰到了青英部队的哨兵，哨兵便开枪射击。两个汉奸丢下自行车，顺胡同抱头鼠窜。村外的日伪军听到枪声，立即调集黄庄、王家铺、八门城等据点的同伙约 1500 多人，包围了梁家沽。

梁家沽水泊围绕，只有一条大道可通村内，易守难攻。因此，日伪军虽多次向村中挺进，但均被抗日武装打退，留下一具具尸体，始终未能靠近村庄，后来则只是在二三百米以外，向村内扫射和炮击。黄昏后，抗日武装悄悄集合，依靠地形熟悉的有利条件，并借夜色的掩护，从梁家沽村南水泊成功地突围而出。当日伪军发觉时，抗日武装早已安全转移。

这次战斗整整持续一天，歼灭日伪军 200 多人，抗日武装牺牲指导员 1 人，战士 17 人，群众房屋被烧毁 90 多间，死伤群众 29 人。

（录自宝坻县志编修委员会编著：《宝坻县志》，天津社会科学院出版社1995 年版，第 681 页）

蓟县黄土坎突围战 1944 年 1 月 19 日，四区队驻地黄土坎一带被来自唐山、天津、北京、玉田等地日军千余人、伪军 200 余人的包围，四区队全体战士在队长田心、政委娄平的指挥下激战一天，夜间，在十三团的增援下突围。此战歼日伪军 200 余人，四区队伤亡 50 余人。

（录自蓟县志编修委员会编著：《蓟县志》，天津社会科学院出版社、南开大学出版社 1991 年版，第 673 页）

爨岭庙遭遇战 1944 年 5 月 18 日，冀东第一专署专员杨大章、十三团副政委廖峰、中共蓟遵兴联合县委书记季安率县委、县政府机关部分干部、各区主要干部和警卫队约 200 人在爨岭庙七间房孤庙内避雨。19 日，被来自承德、平谷、兴隆、遵化、下营的数路日伪军 3000 多人包围。经激烈战斗，除县武装部长刘继抗率六七十名干部突围外，其余全部遇难，杨大章、占中牺牲，廖峰重伤被俘，不久被害。

（录自蓟县志编修委员会编著：《蓟县志》，天津社会科学院出版社、南开大学出版社 1991 年版，第 673 页）

夜袭前鲁沽 1944 年 7 月，日军调遣伪治安军一个团进驻八门城，从中分出一个营约计 300 余人住在前鲁沽保长家的四合院内。院子的四角分别修筑了炮楼，妄图以此对付蓟运河一带的抗日武装。伪治安军在八门城、前鲁沽安下巢穴后，大肆宣传"中日亲善"、"同文同种"，搜集抗日武装的活动情报，并把沿河一带数十个村庄划入其防区，在各村建立了维持会。抗日武装——十区队为弄清敌情，消灭盘踞在前鲁沽之伪治安军，三连指导员张志超和玉蓟宝联合县第五区区小队长徐良化装成商人进入前鲁沽，以走街串户"谈生意"为掩护，暗中把这里的地形地物和敌军火力配备及兵力部署等情况侦察清楚，决定夜袭。10 月 25 日入夜，十区队三连和区小队共 140 多人，从玉田县高庄子出发，分两路向前鲁沽挺进。一路经焦家庄、后鲁沽，悄悄进入前鲁沽北街；另一路经焦家庄、霍家台，悄悄进入前鲁沽南街，指挥所设在村北一层破房里。同时，担任警戒任务的十区队二连，也按时到达玉田县观凤堆、柳沽和宝坻县长汀、金厂庄一带，做好阻击东丰台、八门城增援之敌的准备。按预定时间，战斗打响。抗日武装迅速登梯跳进围墙，不等伪军清醒，就消灭了岗哨，占领了西北、东北、东南三个炮楼，尔后又占领了敌人的弹药库。睡在屋里的伪军仓促应战，抗日武装展开猛烈射击，伪军损失惨重，一部分举手投降。伪营长带领几十人撤至西南角的炮楼顽抗。这时，驻八门城的大量增援伪军已经扑来，抗日武装迅速撤出战斗。

这次战斗仅用 50 分钟，毙伤伪军 100 多人，俘 80 多人，缴获八二迫击炮一门，水压重机枪一挺，轻机枪两挺，步枪 200 多支，弹药全部。抗日武装 5 名战士负伤，1 名战士牺牲。

（录自宝坻县志编修委员会编著:《宝坻县志》，天津社会科学院出版社 1995 年版，第 682—683 页）

宝坻赵各庄战斗　1945 年，抗日战争进入决胜阶段。日本侵略军为了作垂死挣扎，在天津建立了所谓"剔抉队"，专门对抗日根据地进行"扫荡"。1945 年春节刚过，日军"宝武蓟剔抉队"130 多人在日军少佐堀内文夫带领下，从天津海光寺出发，逶迤行进，沿途纠集伪军、特务共达 1000 多人，奔香武宝抗日根据地而来，妄图消灭这里的抗日武装。

当时，八路军冀热辽军区第十八军分区所属的十五团某部正在武宝宁联合县的潘庄一带活动。当发现大批日伪军前来进犯时，主动沿青龙湾河北撤，决定把敌人引到抗日武装集结的重点地区——宝坻西北部予以歼灭。2 月 21 日，日伪军进至宝坻县城，22 日夜又进至赵各庄，23 日凌晨抵达新集（今属三河县），24 日窜至香河县渠口。

此时，集结在这里的八路军冀热辽军区第十八军分区十区队、特务连、警卫连和十三团一部以及香武宝县支队（香河县城解放后不久扩编为五十九团）共 1000 多人正部署在史各庄、赵各庄、沟头、牛道口一线，遂张开罗网，待机歼敌。24 日夜间，八路军出动小股部队，到日伪军驻地渠口附近侦察敌情，作试探性射击。日伪军怕中埋伏，未敢出动。

25 日凌晨，浓雾茫茫。日伪军以为有机可乘，便凭借浓雾，由渠口出发。日军、特务在前，伪军在后，奔宜城、李三店而来。八路军的特务连和警卫连正埋伏在这里。当日伪军先头部队到达李三店村南时，被八路军岗哨发现，当即鸣枪报警。听到枪声，双方同时展开战斗队形，抢占有利地形地物，激战立即开始。一部分日军被压缩到一块坟地上和鲍丘河的堤根下。八路军一阵猛打，日军死的死、伤的伤、逃的逃。日军后续部队见势不妙，一部从李三店村东奔赵各庄村北的龙潭寺和李家深村东大庙；另一部抢占了李三店村南的商家坟、钱家坟、王家坟和村西南的窑地使土坑。跟在日军后面的大批伪军，听到前方枪响，立即停留在宜城村南不敢继续前进。

此时，八路军发扬连续作战的作风，很快占领了李三店、赵各庄，包围了龙潭寺和李家深大庙，击毙日军30多人、日伪特务数人。随即转向占领商家坟、钱家坟、王家坟等处的日军发起猛攻，使日军受到重创。为了集中力量消灭日军，八路军对停留在宜城村南的伪军发起政治攻势。这一宣传立即奏效，伪军不战自退，逃回宝坻县城。

占据三处坟地的日军，凭借武器优势，负隅顽抗。八路军几次冲锋，均未突破日军阵地。一是因为日军阵地前沿有一片开阔地，八路军不易靠近；二是八路军弹药所剩无几。正在这时，日伪军拉运弹药的大车被八路军截获，使八路军指战员精神大振，勇气倍增。为尽快消灭敌人，八路军采取正面强攻，吸引日军火力，两翼部队向敌人迂回。当八路军两翼部队从敌后包抄上来时，日军被惊呆，已来不及调动火力。双方展开激烈的白刃战，很快攻下日军占领的商家坟和钱家坟。此时，占据王家坟的日军少佐指挥官堀内文夫及其所率日军残部已陷入孤立无援的境地。在八路军的猛烈攻击下，这里的日军官兵也终被消灭净尽。

整个战斗达14小时，日军除5人逃往县城外，其余官兵120多人全部死亡。八路军146名指战员献出宝贵生命，缴获日军九二山炮一门、掷弹筒一部、轻机枪两挺、长短枪67支、望远镜6架、无线电台一部，各种弹药6000余发，其他战利品未计其数。

（录自宝坻县志编修委员会编著：《宝坻县志》，天津社会科学院出版社1995年版，第684—685页）

蓟县侯家营遭遇战　1945年2月，包森县县大队在侯家营遭日伪军袭击，100多名队员牺牲。

（录自蓟县志编修委员会编著：《蓟县志》，天津社会科学院出版社、南开大学出版社1991年版，第674页）

2. 河东凤林村惨案

1937 年卢沟桥事变后，日军调兵遣将，运输军用物资，扩大侵华战争，北宁铁路每天都有满载日军和军用物资的列车自东北络绎开进关内。当时在河东旺道庄口铁道下九股，经常停着一列日军军用物资列车，以运送粮食为主，因此当地群众称之为"日本粮台"。居住在河东地道外沈庄子、王庄子、郭庄子、旺道庄、李公楼、唐家口、凤林村一带的村民，基于民族仇恨，目睹日军军需列车抢掠的粮食、物资怒不可遏。于 1937 年 7 月 27 日夜晚，趁日军向我东站守军发动进攻时，河东地道外一带年轻力壮的村民为呼应我东站守军，越过旺道庄一带和铁路中间的铁丝网，用棍棒锤斧砸开停留在下九股的日军军需列车的车门，将车内所装的粮食、饼干、罐头、糖酒、酱油等军用物资抢运下来。

7 月 28 日清晨，东站枪声仍在继续，旺道庄、复兴庄一带村民奔走相告："抢日本粮台去！"这一号召，成百上千的群众遂冲向下九股，紧接着郭庄子、沈庄子、唐家口等一带村民也闻讯赶来。当时日军仅有少数人看守军需列车，见事情不妙，一面藏躲，一面慌张地盲目开枪乱射。人群中有人中弹倒下，有人负伤。直到 7 月 28 日上午 11 时左右，配备强烈火力的日军铁甲车队从东站方向开来，人群才陆续退散。

大批日军开到下九股之后，立即封锁了旺道庄道口，见人就开枪射击，疯狂进行屠杀。居住在旺道庄道口附近的李姓工人，从窗口探出头来眺望，当即被日军枪杀。住在旺道庄大街 49 号的岳姓居民出门打水，被日军枪杀在水铺门前。7 月 29 日天津沦陷，日军开始在河东各处挨户搜查，只要发现谁家有日军物资就将人绑走杀害。如住在三十六间房的居民孙榜杰院内有空罐头盒；庆和大街王家胡同口开杂货铺姓金的有日本酱油，被查出后，都被日军绑走杀害惨死。河东凤林村有一家王姓夫妇开设的合顺客店（俗名大车店），专门接待做城乡交易的外县农民小商贩，有的也赶着大车运货进市里来，当时住着 18 名农民商贩，他们是外地人，身边都带着一些贩卖的物品，害怕日军搜查。店主人为了保护客人的性命财产安全，把店门紧闭。当疯狂的日军搜查到合顺客店时，将店门砸开后，竟将这 18 名客人连同店主，一一用刺刀挑死，其中有一店客爬上墙头想越墙逃命，被日军开枪打死后又用刺刀挑出腹腔里的内脏，肠子肝肺搭在墙头上，惨不忍睹。合顺客店里血溅成河，20 人无一幸免，造成有名的凤林村惨案。日军害

人口间接伤亡（战俘）

1．中条山战役后的天津俘虏收容所

马友欣

1941 年 5 月，中条山战役结束，国民党军 10 万人被俘，这些俘虏被分送到张店、运城、临汾、天津、太原等地。

天津的俘虏收容所设在河北区六经路一号，这是一个大院子，大门口向东南，门额上横排有"庆丰面粉公司"六个金字，院内却没有制造面粉的机器和原料，显然，庆丰面粉公司早已倒闭多年。大院子横宽约 80 米，纵长约 100 米。院内正北面是一座空库房，内分三大间，约有 900 平方米地面，都是木地板，不潮湿，高高的屋顶，墙的高处有小窗，空气流通，屋里光线不太暗。东北角是个废锅炉房，矗立着一个大烟囱，没有房子了。东面有一机器房，有大窗户，洋灰地，地势较高，室内有机器座，没有机器了。西北角有 3 间小屋，南面有 20 多间居室。东、西、北面有围墙，院外周围设有铁丝网。大院外的东面、北面是旷野，距铁路约 200 米，西面是广场，南面较远处有一钢铁厂，经常发出汽锤敲击钢板的震动声。

到达天津俘虏收容所的第一批俘虏 500 多人（我时为张荫梧部少尉报务员，亦在此批俘虏内），是从临汾上小火车，到榆次换乘大火车，经过石家庄、保定、丰台，历时四天三夜才到达天津，于 1941 年 6 月 2 日进入这个大院子里。这个收容所是刚开办的，管理这个收容所的完全是日本军人，有中队长 1 人，为所长，有翻译 3 人、小队长 3 人、士兵 30 余人。其中有医兵 2 人。日本军人都住在南面居室。他们负责管理俘虏和站岗。

俘虏们进入这个收容所后，首先被分类和编班，校级军官（到达天津的俘虏中最高级的军官）的俘虏为一类，约 30 人，编一个班。尉级军官为一类，士兵为一类，分别编班，每 50 个人为一班，住进北面大仓库里。俘虏们自己选出班长，班长负责整队和管理生活。过了五天，日本所长指挥把士兵俘虏班中有病的和体弱的另编一班，而把那些身体强壮的士兵俘虏 350 人送上火车，运往东北。

这时收容所大院子内运进了大批木料、苇席和铁皮瓦，由外面进来的工人在东北角和院子正中建造成简易房屋，房屋有木板钉的长通床铺，苇席墙、铁皮瓦的屋顶，能容纳 1000 多人。

6 月中旬，第二批俘虏约 1500 人，从河南新乡来，下火车后进入这个大院子。同样又经过分类、编班、检查身体，留下病弱的，把身体强壮的士兵俘虏送上火车，运往东北去了。不到两个月在天津死去的俘虏有 500 多人。致死原因，绝大部分是病死。10 月下旬，俘虏收容所结束。

［录自中国人民政治协商会议天津市委员会文史资料研究委员会编：
《天津文史资料选辑》（1995.1 总第 65 辑），第 45—47 页］

人口间接伤亡（灾民）

1. 1939 年水灾天津市内灾民近百万

1939 年天津在日伪政府统治下又遭受一次特大洪水灾害。是年 7 月，河北省受台风影响连降暴雨，引起山洪暴发，海河水系各河水位骤涨，先后多处决口。洪水沿途汇集沥水浸城漫村，洪涛汹涌激若悬瀑，田禾庐舍漂没，人、畜伤亡惨重。冀、鲁、晋、豫均遭波及，河北省受灾较重，约有 4.5 万平方公里受灾，灾民 800 余万人。

天津春夏雨水稀少，蓟县、武清、宝坻、宁河等县出现旱象，宁河并出现蝗蝻成灾。至 7 月又连降暴雨，杨村、落垡之间永定河水冲溃梁各庄堤埝，漫过京山铁路冲向天津。8 月 1 日子牙河在大红桥上游左岸漫溢；2 日北运河右堤在西沽北端溃决，西沽一带首先被淹；4 日洪水于杨柳青附近越过津浦铁路直逼天津西站附近横堤；7 日天津各河水位继续上涨，南运河右堤失去抵御能力，日伪政府采取强制手段征集民工 3 万余人及载重汽车、麻袋等防汛器材，驱使民工加固堤岸。但因百里河岸防御不利，加上官吏贪污吞食防汛物资，灾情蔓延，水势继增。日寇为减轻洪水对天津的威胁，8 月 7、8 两日竟出动飞机炸开杨柳青附近的桑园、马庄两处南运河右堤，企图引洪东流入海。然洪水却奔向津南洼地，致天津遂被洪水围困。大围堤水位高达 5.1 米。从 8 月 19 日开始，大围堤在陈塘庄西 500 米处决口，同时纪庄子西数处决口，洪水突入市区。首先淹没西南楼一带，随即海光寺西南墙子河决口，洪水沿南门外大街、鞍山道、沈阳道进入市区。旧日、英、法租界，南开、南市均被淹。相继小围堤、新兴路、人民公园和今琼州道变电所、海河左岸的小孙庄、郑庄子、新仓库、张贵庄等地悉数被淹。因变电站遭水浸停电，入夜市内一片漆黑。至 21 日，全市除较高地段外，被淹面积达 78%以上。市区 70%-80%的街道水深 1—2 米，最深 3—4 米。旭街（今和平路）水深 1.5 米；新仓库水深 4 米；教堂后水深 3 米。平地行舟为历史所罕见。全市受灾人口近 80 万人，其中无家可归者 60 万人。邻近地区逃难来津灾民数 10 余万人。全市先后倒塌房屋逾 10 余万间，洪水持续至 9 月底始退。

因洪水来势迅猛，市民多不及防，男女老幼呼号之声，甚是惨绝。墙子河外、南市、南开、佟楼、西广开、西门外等处，以及邻近市郊地区，居民多土房蜗居，被洪水浸渍多塌陷，埋死室中者甚众。据当时有关资料记载："沈庄子上岗迤西至养鱼坑左近，因系深夜来水，居民酣睡正浓，闻警急起，逃避不及，乃攀登屋顶……该处被淹十余小时内屡有房屋倒塌之响，因未及救护之难民，葬身水中者无虑数十人"。"南开、南关下头、西头习艺所附近难民，除尚有多数卧伏屋顶苟延残喘外，妇孺壮丁等死于浊流中者，比比皆是。而南市建物大街死者尤多，为状之惨不忍睹"。此次洪水，在敌伪档案中只记载："打捞尸体 389 具"，其中尚包括患霍乱致死的 19 具尸体。而据天津红十字分会一家善堂记载，仅他们从水中打捞出的尸体就有 546 具，另有因冻饿或因病致死的 267 具，共 813 具。在郊、县，野洼行舟，村在水中，漫尸不计其数。咸水沽镇共 5200 余间房屋，冲倒 3400 余间，砸死、溺死 40 余人；大港东抛庄一个村就死 20 余人；静海县倒房 58000 余间，洪水来时当即溺毙 800 人；入冬后冻饿致死 17500 余人。市区、郊县灾民被生活所迫卖儿鬻女的屡见不鲜。

（录自天津市地方志编修委员会编著：《天津通志·民政志》，天津社会科学院出版社 2001 年版，第 237—239 页）

人口间接伤亡（劳工）

1. 塘沽劳工收容所（集中营）调查报告

天津港务局

（1970 年 6 月 9 日）

我们采用了开座谈会和走访、质询的方法，对有关日本侵华时期设置的劳工协会、劳工收容所及日人制造的塘沽新港"万人坑"进行了广泛的调查工作，基本搞清了塘沽劳工协会、劳工收容所的隶属关系、反动上层、各系统成立的时间、地点，并对新港"万人坑"进行了实地观察，对本区劳工进行了访问。截至目前，共掌握正反面的线索 120 多人，其中包括劳工 15 人。现将这一段的工作汇报如下。

劳工协会、劳工收容所的概况：

1. 塘沽劳工协会全称是"华北劳工协会天津办事处塘沽办事分处"，成立于 1942 年 1 月，是日寇侵华时期专门为其掠夺中国劳动力服务的一个反动机关。塘沽劳工协会下设于家堡劳工介绍所（成立于 1942 年底）、塘沽劳工介绍所（成立于 1943 年春）、劳需仓库、劳工收容所（成立于 1943 年冬）。

劳工收容所是从华北各地抓捕的劳苦群众（也有部分战俘）集中收容的地方，待到一定的数目时，乘船去日本充当华工。

2. 经过反复核实和实地观察，对劳工协会、劳工收容所及"万人坑"的遗址已基本查清。对敌伪人员的组织情况也基本掌握。

3. 劳工收容所自 1943 年冬成立到 1945 年 8 月日本投降时结束，在一年多的时间里，据访问劳工和敌伪人员回忆，估计在塘沽新港被日伪虐待、残害致死的死难劳工在万人以上。

4. 劳工被抓进收容所后，完全丧失了人身自由，受到非人的待遇。收容所里瘟疫流行，生存无着，因此劳工反抗斗争不断发生（当时称为炸营）。据各方面人物反映，大的暴动约有三次。

5. 目前收集到的实物计有：劳工穿的雨衣、鞋子、拉死难劳工的车套。

[录自居之芬、庄建平主编：《日本掠夺华北·强制劳工档案史料集》（下），社会科学文献出版社 2003 年版，第 841—842 页]

2. 关于新港"万人坑"遗址的调查报告

天津港务局

一 "万人坑"的历史形成

经调查，新港"万人坑"形成的时间是：1944—1945 年（据新港船厂工人杨宝文介绍）。

由于日本帝国主义对中华民族的侵略，他们到处抓捕劳动人民（当时统称劳工），抓来的劳工，被送进"劳工收容所"里，对劳工进行非人的迫害，致残死者无法计算。仅举一例说明，被抓劳工不堪日伪的非人迫害，在收容所里三次举行有组织的大型暴动。

据当时拉死人的张福利回忆：第一次惨死 200 余人；第二次惨死 180 余人；第三次惨死 120 余人；加上每天惨死的人数（一天往外拉一车或几车，每车装 20 余人），天长日久，此地便形成死尸遍地皆是，饿狗狂吠已极，万恶旧社会的缩影——"万人坑"。

二 "万人坑"东西的距离范围

经我们实地勘测及杨宝文的介绍，新港"万人坑"，西从现在的运车队对过的泵房附近，沿新港路的南侧，往东至"卡子门"，大约 30 平方米左右。[①]

三 "万人坑"尸体最多的地方

经杨宝文介绍和我们现场观测，具体位置是：北从新港路南至航道局航标队铁路北侧的三角地带（请参看草图——草图略）。

四 解放后"迁移""万人坑"部分尸体情况

经邵树明（天碱化五工人）、赵如璧（原人委民用科科长，现西沽街革委会成员）介绍：1955 年政府责成民用科将"万人坑"靠马路一边的尸骨移走。据移骨工人反映，坑里挖不到半尺深就可见尸骨。当时仅从一个小坑挖不到半人深，骨头就"挖不绝取不尽"。挖出来的尸骨，有的带有头皮，当时可以用手抓头发提着走。其中有一个木箱，里面装的全是脑骨；还有一个木箱子，装着一个尸体，由于长年泡在水里，因此尸体基本上没变（肉皮贴在骨头上，保持了死人的原样）。

---

① 按该调查介绍的距离位置，此处"万人坑"的面积数字有误。但原文如此，特注。—— 编者

那次起出来的尸骨，全装在草袋里，运往塘沽第二公墓（移走的尸骨，有的反映300 多袋，有的反映 100 多袋，众说不一）。

解放后此地除 1955 年移骨外，此后再没人动过此地，因此估计尸骨仍然很多，具体数字尚未查清。

五　劳工收容所的移址位置

经杨宝文介绍和我们现场勘测，劳工收容所的遗址在卡子门南侧约 50 米（现在的港务局电台办公处）。

1970 年 6 月 9 日

［录自居之芬、庄建平主编：《日本掠夺华北·强制劳工档案史料集》（下），社会科学文献出版社 2003 年版，第 843—844 页］

人口间接伤亡（毒品受害者）

1. 日军用鸦片毒化天津的史实

鸦片是一种强烈的麻醉剂，沾此恶习，上瘾之后，便沉溺其中，以至于倾家荡产，自我毁灭。它是一种杀人不见血的毒品。

日本军国主义者发动的侵华战争，除了用枪炮等武器侵占我国土、屠杀蹂躏我国人民之外，还推行一种毒化政策，在我国土上种植罂粟、贩卖鸦片，作为灭亡我中华民族、削弱人民抵抗力量的特别武器。

一、大烟馆遍布全市

在卢沟桥事变以前，天津的日本租界就是一个贩毒、制毒的基地。那些"洋药房"、"洋行"制造的毒品，流毒津门，受害者甚多。天津沦陷以后，日本侵略者推行的毒化政策升级，在全市各地公开贩运、销售毒品。天津成了大型的鸦片市场。

由于社会风气腐败，吸毒者日众。在日伪的诱使下，开大烟馆的多起来。在天津大街上，挂起牌子经营吸鸦片的烟馆，名叫"土膏店"。在通衢马路两旁，什么"会友土膏店"、"群英阁土膏店"、"夜来香土膏店"，还有什么"阳春楼"、"福记"、"林记"等等，名称各异，牌匾高挂，招徕烟客。店铺里陈设着吸食鸦片的烟枪、烟灯、烟盘等烟具，熙熙攘攘的烟客，在烟馆横躺竖卧，喷云吐雾，毒烟弥漫，毒气四溢。这样的大烟馆遍布全市。

越是在人烟稠密的居民区，越是烟馆林立，比比皆是。像南市、北马路、侯家后、宫北大街、谦德庄等地，都是土膏店的密集区。南市的大烟馆鳞次栉比，达到 81 家。伪政权称南市为"烟馆区"。其中有个慎德里，内有 17 家烟馆；北马路有个北海楼，有 24 家大烟馆麇集其中。这都是大毒窟。

天津这个灾难是日本侵略者制造的。据伪政权统税局的税收登记的土膏店数字，1937 年底是 27 家，1938 年达到 167 家，1939 年达到 233 家。天津的鸦片烟馆的最高数字在 1940 年达到 237 家，其中，只经营烟土买卖的"土药店"50 家。[①] 这个数字以后几年有个别升降，一直到日本投降为止。

日伪搞毒品的生意是为了敛取财富。据 1945 年 12 月天津七区——即烟馆最多的"烟馆区"揭发，伪"禁烟局"对各土膏店收"照捐"每月 900 元，每一盏烟灯月交灯照捐 60 元，每百两烟土贴印花 200 元。另有伪财政局要征收营业税每月 400 元。^② 可见鸦片会给日伪捞到多么肥厚的油水。

二、侵略者推行的毒化政策

充斥天津的大量鸦片，是从"蒙疆"（包括我国内蒙、察南、晋北）伪政权地区运来的。那里自 1936 年被日军相继占领后，日本"兴亚院"^③的指令，强制农民种植罂粟，变成东方最大的鸦片生产基地。日伪对鸦片实行垄断贸易，从农民手里低价统购，再用高价专卖，取得超额利润。"蒙疆"是鸦片的策源地，按照合同运销到华北的平津地区。华北伪政权有一个"华北土药公会"，天津也相应的有"土药业公会"，这是贩运鸦片的机构。运输鸦片实行许可制，每年按合同从"蒙疆"将大约百万两鸦片运到天津。华北伪政权和天津伪政权都设立"禁烟总局"，但禁烟局并不禁烟，而是一个鸦片的贩卖局，是个配给机关。"禁烟局"每月定量供应各大烟馆烟土，名叫"官土"。我们见到的数字，每月按烟馆不同规模供应 90—900 两不等。

日本侵略者用肥厚的利润引诱和扶植中国的投机商和来天津发国难财的人。"土膏店"的开业很简便，承认纳税即可。给日本宪兵或给警察些贿赂，就可以做这个附逆伤害自己同胞的生意。

日伪政权也有一套引诱中国人吸毒的政策。他们对吸毒的市民，由"禁烟局"颁发"吸烟证"，凭证可以在市区任何一个土膏店吸食毒品，价格按"官土"价给予优惠。当时，每个大烟馆相互竞争，将领来的数百张"吸烟证"争着发给烟民。持有吸烟证的人，还有其它优待，例如抓劳工时可以代替"良民证"。持有吸烟证，就认为你不是抗日分子，而是"中日亲善"分子。^④据日本投降前后的统计，全市领取吸烟证经常吸毒的人有 31450 人，占当时天津人口的 1.76%。禁烟局几年累计发放的吸烟证则达 30 万张之巨。^⑤

1945 年的天津人口是 170 万，被毒化的人口逾六分之一，可见天津受害之甚。

三、吸食海洛因的"白面儿馆"

海洛因是以鸦片为原料加工制成的毒品，因呈白色粉状，俗称"白面儿"。它比鸦片的毒性更强烈。吸食不须用烟枪、烟灯等烟具，其分割性优于鸦片，当时有几元钱就可以过瘾。

吸鸦片破了产的"大烟鬼儿"，最后都成了"白面儿鬼"。在天津开"白面儿馆"的绝大多数是朝鲜浪人，都以洋行命名，有什么"富屋洋行"、"三友洋行"、"华实洋行"、"和信洋行"等名称，以海洛因、吗啡在室内设座延客。他们不只贩卖毒品，而且多数都制毒，后面就是小制毒厂。沦陷时期全市有多少个"白面儿馆"？因为它不向伪政权纳税，没有准确的统计数字，估计在 100 个至 150 个之间。许多"白面儿馆"还兼营小押当，押物 3 天不赎就没收。吸白面儿的，打吗啡针的，没有钱脱了衣服就典押，有些吸毒致死的中毒者、嗜好者，往往直到囊无一文，浑身扒光，死在胡同口或者道旁沟壑。我国禁烟先贤林则徐曾经称贩卖鸦片毒品的是"谋财害命的人"，确实是如此。

经营"白面儿馆"的朝鲜浪人，都是些特殊人物。他们与日本侵略者有密切的联系，其经营活动受日本驻屯军、宪兵队和领事馆的保护。他们的不轨行为，中国的警察管不了，要通过外事系统交涉解决。据有关材料揭露，他们大多数兼有日本侵略军的谍报人员的身份。侵略者利用这些无赖汉，给他们以在华经营毒品的特权，作为交换条件，他们向日本侵略者提供情报。⑥因此，在华北城乡由朝鲜浪人经营的"洋行"，都是为日本侵略者服务的，他们是日本帝国主义者推行毒化政策的先锋，是日本军事行动的先遣队。

四、贩毒制毒的奸商和汉奸

日本侵略者在天津贩毒制毒，用鸦片残害中国人，可是他们却把狰狞的面孔隐藏起来。日本侵略者把朝鲜浪人推到贩卖海洛因、吗啡毒品的第一线，去直接经营"洋行"，狡诈的军国主义者在背后指挥，获取肥厚的资财。在贩毒和制造毒品中，他们又豢养了一批中国的奸商和汉奸。

经营鸦片运销的叫"土药店"，他们也挂起牌子，叫什么"同丰土药店"、"裕昌号土药店"等等，但他们不设烟具接纳烟客，而是专营鸦片的运销生意。这些做大生意的投机商，他们都资金雄厚，都有日伪的官员作后台支柱。这种"土药店"在 1940 年前后，全市共有 50 家，以后有些萎缩，在日本投降前夕仍有 33 家。大量的鸦片有从平绥路押运到津的，称为"西口土"；有的从赤峰等地由骆驼队转运到津的，称为"北口土"。这些土药店有的和日本特务机关相勾结，有的与伪警官沆瀣一气，伸向社会的各个角落。他们承包"官土"的营运，也深入罂粟的产区自己采购烟土偷运到津。他们销售的鸦片有很大一部分通过海运或津浦路运往上海、烟台、龙口等地。运销烟土、走私毒品成为获取暴利最肥厚、发财最快的行业。

沦陷时期天津有著名的"烟土八大家"，其中之一的是开设在宫北大街的"元泰土药店"，经理郭岳五是当时大名鼎鼎的贩卖烟土的巨商。他与日本军方有联络，与伪警察局长阎家琦有勾结，长期经营鸦片运销，积累巨额资财。因为他资本雄厚，名声大，日伪当局推举他为"土药业公会"的会长。这八大家还有"大有恒土药店"、"信元土药店"、"同顺昌土药店"、"元泰裕土药店"、"顾记土药店"、

"义记土药店"、"华记土药店"等。他们都是财大势大的奸商。[7]

制造海洛因、吗啡等毒品是日本侵略者的专利，一般中国商人不能染指。除了有特殊身分的朝鲜人获专利外，那就是在日军卵翼下的少数附逆的汉奸。他们开设制毒工厂，或运销海外，或称霸一方，获取暴利。

制毒巨商李西贵通晓日语，为日方特务机关所信赖。他不只取得为日军供应所需物资的特权，并与日军方合作，在日租界海光寺设厂制毒，然后以军用物资名义外运。他制造的毒品大都通过水路运往华南，各地城镇都有为他推销毒品的党羽。[8]

号称"白面大王"的陈坤元，老婆是日本人，又与津海道道尹汉奸李少微关系密切，在李庇护下，在天津县属小站、大卞庄开设制毒厂，所制毒品大量走私运往上海、烟台。

陈金励，日租界的警察。他借日本人的势力制毒运毒，运到德州、沧县、霞口、泊头、桑园、连镇等地，"运输日无间断"。他积累不义之财在日伪垮台时达35亿元。

称霸津南的刘勋臣，是大城县剿匪司令兼河防总队队长。他和日本宪兵队翻译沈端和等，开设制毒厂4处，分设在王口镇、北滩等地，备有8辆汽车用以外运毒品，成了暴发户，在津有10亿元的动产与不动产。

日本侵略者用毒品的倾销养肥了一批汉奸和罪恶昭彰的贩毒奸商。以上只是其中的几例。

天津是日本侵略者鸦片贩卖的转运站，也是用鸦片毒害中国人的一个基地。

我国清代的思想家魏源曾经说过：鸦片流毒中国为"古今未有之奇劫"。[9]天津沦陷8年，鸦片毒害之深、泛滥之广都是空前的，是亘古未有之"奇劫"，是我们天津人民永远不能忘记的灾难和耻辱。

注：

① 津档案 6—9—692

② 津档案 9—1—15798—99 页

③ 日本政府对亚洲各国进行经济掠夺的机构，成立于 1938 年 12 月，1942 年 11 月改称大东亚省

④ 津档案 9—1—1585 页

⑤ 津档案 9—1—157

⑥ 参考（日）江口圭一编著《中日战争时期的鸦片政策（资料）》第 628 页

⑦ 津档案 4—4—293

⑧ 津档案 4—2—590 第 6 页

⑨ 魏源《海国图志》卷三十七第一页

（秦　戈）

（录自［日］广濑龟松主编、王大川副主编：《津门旧恨——侵华日军在天津市的暴行》，天津社会科学院出版社 1995 年版，第 83—88 页）

（三）口述资料

1. 日寇横行"和记"工人遭殃

吴洪文、张宝山、高俊山口述　钱钢整理

一把干蛋粉　祖孙丧命

我是张宝山，从 21 岁我就在和记做小工子，深受英国人的剥削，而在日本占领期，我们工人更是比奴隶还苦。尤其是日本人实行治安强化期间，把中国的粮食全都统制起来，老百姓没吃的，饥饿难忍，生命毫无保障。那是 1943 年六七月间，我在工厂的三楼屋顶上干活，忽然看见 3 个日本人拉着马老头祖孙 2 人来到房顶。那 3 个日本人轮流用背口袋的架子摔马老头，不一会儿马老头就七窍流血，活活被摔死。接着他们又用同样的方式摔马老头的孙子，摔得孩子不住地大声惨叫。不到半小时，祖孙俩双双含冤死在日本人的手里，惨不忍睹。后来听杜景富他们说才知道：原来那时马老头爷俩刚来不几天，干活生，日本人说他们干活不好，后来有人又告诉日本人说马老头的孙子偷吃了一把蛋粉，于是穷凶极恶的小日本抓住马老头的孙子便打。马老头见孙子挨打，赶忙上前哀求日本人住手，日本人一看老头腮帮上的胡碴子上有干蛋粉，于是硬说老头也偷吃了干蛋粉，所以就把这爷俩拉了出去弄死了。

嗜杀成性杀人取乐

我是高俊山，日本人占领和记时，我在那儿干脚行，也就是现在的装卸工。日本鬼子真是灭绝人性，杀人不眨眼，他们根本不把中国人当人看，我们不知什么时候性命就会丢在他们手里。当时厂子里光刑讯室、禁闭室就有 36 处，就连冷库也成了他们惩罚工人的地方。有一次，他们把工人魏玉凯剥光了衣服推到零下 20 度的冷库里，幸亏工人们想办法将他救了出来，要不然人就被活活冻死了。那时厂里经常可看到前楼三楼上、院里电线杆上、关门的铁栏上捆着人，全都被打得皮开肉绽，浑身是伤。我们在河边装卸船时，也经常看到海河里漂过死尸，双臂倒捆，光着身子，肚皮裂开，肚肠子流在外面，都是被日本人用刺刀挑死后扔到河里的。日本人占领了和记后，和记新仓库外的那条大道就成了鬼门关。日本人在那儿设了岗，检查行人，稍有问题，就会命丧刀下，不知多少中国人在那儿成了刀下鬼。一天，有个农民从那经过，因为衣袋有烟袋和火镰，被日本人搜出来后，日本兵二话没说，从后心一刺刀就把那个农民给挑了，然后把死尸踢进了河里。1942 年秋天，一次我们正在河边装船，这时从和记门里出来五六个日本人，他们溜达到河边，正看见一个拾破烂的老婆儿，这几个没人性的东西竟将老婆儿踢到河里取乐。老婆儿在水里拼命挣扎呼救，这几个日本人却在岸上忘形大笑，还不许别人下河救人，不一会儿老婆儿精疲力尽沉了下去。

这些杀人魔鬼大笑着溜回了厂里，真是一群恶魔！

（录自 ［日］广濑龟松主编、王大川副主编：《津门旧恨——侵华日军在天津市的暴行》，天津社会科学院出版社 1995 年版，第 52—54 页）

2. 血染卫南洼

董伯臣口述　徐景文整理

我的家乡五美城，地处卫南洼最南端，是天津静海县边远地区一个小村庄。当年的五美城仅有 42 户，210 多人。就是在这样一个偏僻的小村庄，日本侵略军制造了一起骇人听闻的惨案，残杀无辜村民 58 人。卢沟桥事变那年，我 26 岁，仗着年轻力壮才幸免于那场劫难。

1937 年 7 月 30 日，日军侵占天津后，继而疯狂地向卫南洼入侵。北距天津 80 多里、南距津盐公路马厂减河渡口约 5 里的五美城，首当其冲。其西南 8 里远有个四党口村，东南 8 里和 10 里分别是马圈村和甜水井村。当时五美城俗称"五面城子"，四党口叫成"四海口"。

8 月 2 日，驻津日军第十师团的步、骑兵，分陆路、水路，沿津盐公路和赤龙河，杀气腾腾向南进犯。从天津前线撤到五美城一带的中央第二十九军一部，选择有利地势，埋伏在津盐公路两侧，等待阻击。上午 9 时许，气焰嚣张的日军骑兵首先进入二十九军的设伏阵地，随即步兵跟踪而来。正当日军要进村时，五美城村西北角围墙内和津盐公路两侧青纱帐里，突然响起了枪声。日军猝不及防，一边仓促应战，一边回马逃窜。这时，埋伏在五美城北面 1 里远的二十九军的王排长，带领全排战士顽强截击。顿时步枪、机关枪、手榴弹、迫击炮响成一团。日军被这突如其来的袭击，打得懵头转向，人仰马翻。一场激战，日军百余人被歼。在长达 1 里多地的公路上，到处是敌人的尸体、军械和被打死的战马。

骄横不可一世的日本侵略者，遭受惨重打击后，恼羞成怒，妄图集中兵力进行疯狂报复。几天后，日军调兵遣将，装备军火，抢船抓伏，组成几十艘大对槽，装运军队和军火，大举反扑。

8 月 7 日傍晚，日军开赴距五美城四五里处摞锚停进，架炮朝五美城一带轰击。当时，满洼大水，炮弹四落，村民仓促莫知所逃，都躲在村里祈望老天保佑。邻村的百姓也逃来避难。日军炮轰了整整一夜，中央二十九军没有还击。天快亮的时候，二十九军奉命撤退了。

8 月 8 日（农历七月初三）拂晓，炮声停了，村民们向村外一望，日军从北面、东面、西面拉网式的包围过来。他们三五成群，穷凶极恶，闯进村见人就杀。

邢家垫村的吴家爷俩刚逃到村边，就被日军打死在壕沟里。村民李宝贵的老娘正坐在佛像前求老天保佑，叫鬼子一刺刀给挑了。在村口日军一气挑死七八个人，排了一大串众。村民李万青的父亲藏在高粱地里探头，被鬼子发现了追捕二三里，终于抓到，用绳子拴住双脚，倒拖在地上拉上津盐公路，用大铁钉将四肢钉在地上，然后用刺刀扎遍全身，并开膛剖腹，掏出五脏，把人折磨得惨叫不绝而死。鬼子从村西北角向东南角挨家挨户破门肆虐，抓人、杀人、强奸妇女，然后放火烧房子。刹时，枪声、破门声、哭声、惨叫声、鬼子的狂笑声和鸡飞狗吠声乱成一片。卫南洼南端浓烟滚滚，房倒屋塌，火光冲天。

这天晌午，灭绝人性的日本侵略者，兽性发作，他们把男女老幼驱赶到村东南角一块空场上。场上，东、西、南三面大水围困，北面一排鬼子端着寒光闪闪的刺刀，被驱赶来的徐宝玉、陈殿甲、刘开明、董延禄、张大庆、高宝龙等 40多人，由西到东面朝北站了一大溜。一个腰挎盒子枪、手持战刀的日军指挥官，瞪着溜溜乱转的眼珠子，气势汹汹地哇哇喊叫了几声，胖翻译接着说："太君说，皇军无敌天下，你们这些人大大地坏，统统枪毙。"他的话音一落，机枪就从北面由西向东扫过去，徐宝玉先身中数弹，鲜血喷出，倒地而亡。接着一个一个地都倒在血泊中。高宝龙站在最东边，挨着一个叫麻柱的孩子，枪弹从腋下擦皮而过，他顺势倒在血泊中佯死。鬼子唯恐有幸存者，就在死者身上逐个踩了一遍，怀疑没有死的，又捅上一刺刀，或打上两枪。最后一个鬼子用马靴踢了高宝龙一脚，见他没有动就走了。

太阳偏西了，鬼子的兽性发泄已尽，纠集在一起，撤到村西津盐公路上。夕阳下的五美城一片凄惨，全村无生息，到处是尸体。有的被枪杀在粪坑中，外边只见两只脚；有的被挑死在柴禾垛里，又用火烧成"糊家雀"；有的悬吊在树杈上，被刺刀挑得皮开肉绽；有的被开膛剖腹，掏出五脏；有的被砍掉头，惨状令人毛骨悚然，目不忍睹。日本侵略者对五美城犯下了不可饶恕的滔天罪行。

（录自 [日] 广濑龟松主编、王大川副主编：《津门旧恨——侵华日军在天津市的暴行》，天津社会科学院出版社 1995 年版，第 162—164 页）

3. 记爷爷和乡亲们惨遭日寇杀害的经过

王敬模

"七七"事变时，我的家乡梁官屯村是一个不足 200 人的小村。它位于静海县南端，东距战略要地九宣闸 1 公里，南距马厂营房 2 公里，南运河到此成半月形，从西、北两向绕村流过。

民国二十六年（1937 年）是个多灾之年。夏秋之交，天像被捅破了一样，每日淫雨不止，平地盈水二尺，洼地可策船行舟。8 月中、下旬，日本侵略军沿津浦铁路南下，连占独流、静海、唐官屯等大集镇，所到之处，烧杀抢掠、无恶不作。

9 月 7 日，九宣闸战役打响，枪炮声、喊杀声响成一团。梁官屯村民，为了保存生命，纷纷扶老携幼，逃往他乡。我们全家人也随着人流逃往青县白庙村。途中，难民们双脚淌着积水，头上子弹呼啸，有 6 位乡亲中弹后就再也没有爬起来。

9 月 11 日下午，日军闯入我们村，见到家家闭户，门门上锁，他们便发疯般地砸开各家的门，逐户搜查。当时，全村只有两位老人留在家里。当日军来到刘家砸［门］时，刘凤柱老人颤颤巍巍地前来开门，门刚打开，就被日军用刺刀挑死在门前。搜到王家时，王作林老人吓得躲进地道里，当他探出头来换口新鲜空气时，被日军发现，用战刀砍掉了他的脑袋。嗣后，日军又放狼狗，将他的尸体吃掉。

两天过去了，身置外乡逃难的爷爷听说日军已撤出梁官屯村，便决定回家看看。全家人望着他那弱不禁风的身躯，都苦苦劝他不要匆忙回家。爷爷惦念家产心切，终于只身回村去了。

回村后，他没有进家，先避到村南的一间破屋里听听动静。没想到，这里聚满了回村探家的老乡，他们是：焦长有、裴云贵、裴传宾、刘凤起、靳国栋，连同爷爷王作宾，共 6 个人。他们商议后决定进村探看。当时日军正忙着将抢掠的财物装到船上。他们见到我爷爷等 6 人，二话没说，就用刺刀威逼着这 6 人搬运财物。装满船后，日军又强迫他们拉船南行。夜深了，货船被拉到 30 华里外的青县镇，尽管皮鞭加身，爷爷他们再也走不动了。日军恼羞成怒。便将这 6 人用绳捆起，装入麻袋，扔进南运河中。

日军入侵时，梁官屯村仅 52 户、183 人，短短几天的时间里就惨死 14 人，凡本村被日军见到的人无一生还。

（录自［日］广濑龟松主编、王大川副主编：《津门旧恨——侵华日军在天津市的暴行》，天津社会科学院出版社 1995 年版，第 169—170 页）

4．花园村惨案

刘俊升口述　武德巍整理

我是静海县花园村的村民刘俊升。50 多年前，日军在我们村滥杀无辜的情景，至今记忆犹新。

1937 年 8 月 24 日，日军占领静海县城后，紧傍城南、运河西岸的花园村村民多已外逃。留下看家的人整日潜藏洼里，夜静才悄悄回家做饭，天不亮又急忙下洼躲藏。9 月中旬的一天，整日大雨，黄昏才停。潜藏洼里的村民全身湿透，饥寒难支，相商每家回村一两人去取点吃食、干衣应急。根据经验，天到这时日军是不出城的。

40 多男人在洼里集合，静听村上寂然，便急速返村，各自回家操办，备妥后按预约在村西官场上集合。正要回洼，忽从西北奔来一队骑马日军，举枪将村民包围，绑成一串。当过兵的村民黄天佩见势不妙，急忙告诉大家，要是日军开枪，就急忙倒下装死，要是受了伤千万别喊，别喝凉水。日军果然架起机枪扫射起来。转眼间村民横躺竖卧，血染官场。马发起、王福合、70 多岁的教书先生刘玉祯、来此避难的朴楼村村民陈望贵等立即殒命。运河东岸来此避难的张云诚之孙挣脱捆绑，向西南迅跑，被日军一枪打死。在县城卖水的张宝泉弟兄尽管互以自身掩护对方，也无一幸免。日军扫射过后，又用刺刀逐个猛刺检查。村民韩金声和一个哑巴被刺叫喊，韩被枪托砸死，哑巴被刺刀刺破头颅而死。日军见再无活口，才上马回城。

夜半，洼里老幼赶来抢救，尸堆中除国玉庆、黄天佩、赖英、魏福泉 4 人受伤未死，立即救走外，余皆殒命。有的身中数弹，血肉模糊。夜黑情急，人们不敢仔细清点辨认，便合力在村外挖了一个大坑，将 40 多具尸体合葬掩埋。事后查对此次惨案仅花园村就有 32 人遇害，外地来村遇害的约 10 余人。

（录自［日］广濑龟松主编、王大川副主编：《津门旧恨——侵华日军在天津市的暴行》，天津社会科学院出版社 1995 年版，第 171—172 页）

5. 崔黄口惨案目睹记

杨景才口述　严如良整理

我现年 82 岁（1992 年），祖居武清县崔黄口镇。1937 年 10 月 25 日（农历九月二十二），日本侵略军堂腰部队侵入武清县崔黄口镇，枪杀无辜老百姓百余人，制造了骇人听闻的崔黄口惨案。我亲眼目睹了这一惨案的一些情景。

"七七"事变后，已经解体的国民党武清县保安队（号称四大队）第六分队队长郭士明，又把他的部下重新召集起来，驻在崔黄口镇北 3 公里的大庄药王庙内，维持当地社会治安。当时武清县齐庄村里一个干尽坏事、人称"庞坏水"的地痞庞星武纠集一伙人，投靠了驻杨村的日军堂腰部队，被编为侦缉队，委任为队长。庞投靠日军后邀功心切，先后两次派人到崔黄口，企图收编郭士明的队伍，都遭到拒绝，所派之人被郭士明处决。庞星武便向驻杨村的日军堂腰部队小队长崛武谎报说："崔黄口有抗日红军。"崛武听后立即请求堂腰部队派兵增援，一起到崔黄口讨伐。

1937 年 10 月 25 日，正是崔黄口大集，人们从四面八方推车挑担涌进镇里赶集。早晨 7 点多钟，赶集的人传说："崔黄口镇来了很多队伍，顺着路旁的道沟子往镇里方向来了。"消息传到商团（由 48 家大商号出钱雇的武装保卫团），商团队长田文六即领商团赶到西城墙里边观察动静。因这天雾下得太大，看不清城外情况，就派团丁龚连去城外侦察。龚连出城不远，发现道沟里趴着日军，转身跳入镇西大坑，日军当即朝大坑打一排子枪。这枪声震动了趴在城墙里的商团，他们以为是龚连与土匪接上火，就急忙往城外打枪，日军也开枪向城内还击。约摸打了一个小时，太阳升起，浓雾渐散，商团发现城外的队伍打着太阳旗，这才知道来的不是土匪，便马上放弃了西城门，顺城墙跑到东南城角，跳城墙逃到东狼尔窝村去了。这时日军和汉奸侦缉队来到西城门下，叫城里人开城门。站在城里的更夫张会林说什么也不给开城门，日军爬过 6 尺高的土城墙进入城内，用刺刀将更夫张会林挑死。接着日军和汉奸侦缉队从城西、城南和城北都进入土城墙，扑向镇内。那天我正在南门里卖花生米，亲眼看日军在南关开枪打死 3 人，一个是卖烟的李三，一个是理发的姓张，还有一个是教武术的外地人。接着上来 3 个日本兵用枪把我逼住，押着往街里走。走到圣中佛庙门口，正遇上刘庄王二奶奶拄着拐棍从街里往家中的方向走,我就有意识地靠近王二奶奶,用手扶着她走。日本兵见此情景用手示意放我扶着王二奶奶走了。事后我听说北大街药铺看病先生张六和开烧锅(酒厂)的张洲被日军打死在街里。西场农民王贵、于来、于渭、王全、王谭、王广成、商人张广田、王浩等8人被日军逮住扒光衣服后给枪杀了;西刘庄农民王国才、石玉奎被日军用刺刀挑死;东刘庄商人龚玉奇被打死在房上。在集市上抓捕的商人和赶集的人被押到西门里,由汉奸侦缉队和日军逐人验手,把手上没有茧子的,用刺刀逼着走到镇西门外路南大坑边集体屠杀了。其中在镇上开福圣居饭馆的张春、张玉兄弟俩,因庞星武派来的侦缉队员是在这家饭馆吃饭时被郭士明抓走的,所以庞星武指点日军把这两个人用刺刀挑死,其余都用枪打死的。这些人都是无辜的老百姓,被打死后抛到大坑里,鲜血把坑水都染红了。

当天下午,日军走后,逃到镇外躲避的人们陆续返回。收尸的人涌到镇西大坑边,一时间悲天抢地,哭嚎声数里可闻,我是头一批跟着人们去打捞本街的人。到那发现本镇西间庄韩庆余被打中一枪还活着。他喊:"先捞我吧!"我们把他从水中捞出来。打捞尸体持续了好几天,最后一个是在第10天自动浮到水面上来的。打捞上来的尸体有西城角的买卖人高玉泉,手艺人田奇,西街的买卖人阎永、张春、张玉、阎大闯,黄辛庄的农民张恒等,其他都是赶集的外地人,不知道姓名。这一惨案集中屠杀的有百八十人,加上镇里镇外被枪杀的总共有120余人。日军撤走时,还抓去无辜老百姓陈祠荫、赵省三、邢福仁等6人,带到杨村后,被日军放军犬咬死吃掉了。

(录自[日]广濑龟松主编、王大川副主编:《津门旧恨——侵华日军在天津市的暴行》,天津社会科学院出版社1995年版,第177—179页)

6. 耆年忆往诉痛史

梁金城、梁金印、吴德厚、陈富荣口述　吴丙中整理

我是宝坻县王庄子村人。在家乡沦陷的苦难岁月里，亲闻、亲见了一桩桩震撼人心的人间惨剧，那刀光血影，惨绝人寰的惨像，遇难乡亲撕心裂肺的哭嚎，虽然已过去了几十年，但至今仍时时映现于眼前，萦回于耳际。

砍 头 示 众

侵华日军占领宝坻县后，经常在县城附近进行夜间军事演习，到处枪声不断，有时枪子由窗户打到屋里来。那时，天一擦黑，人们就不敢出门，不然碰上日本兵就是死货一个。家家关门闭户，全家趴在炕沿下躲避流弹。

这年立秋（8月8日）以后，日军抓来一两千名民伕在县城北王庄子修飞机场，民伕在日军刺刀驱使下，砍倒了即将成熟的庄稼1000来亩，扒掉了王庄子全部民房。（扒房前没有通知村民，日军强迫民伕把村民的大件家具、被褥等堆放在院里，上房就扒。当时孩子哭，大人老人坐在地上哭天抢地，凄惨之状难于言表。）填平吃水井、挖壕沟、架设铁丝网，好端端的一个村庄，让鬼子给毁掉了。

日本军队为防止民伕逃跑，除了在飞机场周围设置岗哨外，还有一个三四十人的马队，骑着大洋马，不分昼夜监视巡逻。有一个叫梁玉的民伕，是县城东梁庄的农民，当年60来岁，没儿没女，老伴患半身不遂，行动不便。梁老汉被抓来后，心里惦念着老伴，在被抓的第8天前半晌，他假装小便，溜出了施工现场。日本马队发现后，向他开枪射击，一听枪响他跑得更快啦，可人哪有马快，最终被日军马队圈回，立即把全体民工集合起来，站成一个半圆圈，让五花大绑的梁玉跪在民伕队前。一个横眉立目的日军队长大声说："这个人不忠于大日本皇军，破坏修飞机场，是'马猴子'，心坏了坏了的。现在把他处死，以后谁敢再逃跑，就跟他一样，死了死了的。"随后，拔出指挥刀，将梁玉的脑袋砍掉。

听说梁玉的老伴活活地哭死啦！这对无辜的老夫老妻，在日军的淫威下，悲惨地离开人间。

杀 人 演 习

1941 年隆冬，侵华日军驻宝坻县的米田联队，为了镇压人们的反日行动，制造了一起震慑人心的杀人演习。

1941 年 1 月，一年一度的春节将临，平时萧条的县城集日，随着年关的临近也热闹起来。那年腊月十三（1 月 10 日）上午 10 点左右，正是赶集的人最多的时候，伪警察配合日军包围了集市。那些如狼似虎的日伪军警，不分青红皂白，见人就抓，统统集中起来，带到城北的飞机场。伪军警吆喝着、强迫人们用预先堆放在飞机场东侧的高粱秸和清乡时抢来的木檩，盖成简单房屋，夹成寨子（篱笆），建成一个假村庄。一直折腾到天大黑，才放大伙各自回家。人们纷纷议论着，猜测着，不知小日本搞什么鬼。

腊月二十（1 月 17 日）上午，日军在伪警的配合下，召集全县各乡的保、甲长和县城附近村庄的村民到飞机场看日本军队的军事演习。日军运来用两匹马拉着的一门大炮，另外还有重机枪、迫击炮、歪把子轻机枪、掷弹筒等。随着日本军官的一声命令，架设在飞机场西头离假村庄二里多地的大炮轰然作响，机关枪、掷弹筒也一齐向假村庄开火。端着上了刺刀的大盖枪的日本士兵，向假村庄冲去，边跑边"呀、呀"地嚎叫着。最后从假村庄"搜查"出两名"马猴子"。

演习结束后，将由假村庄"搜查"出来的两名中国人五花大绑带到观看军事演习的群众面前，跪在地上。一个日本军官借助翻译向人群讲话："我们大日本皇军是来中国搞王道乐土的，是帮助中国搞'大东亚共荣圈'的。今后，哪个村发现有马猴子，要马上向皇军报告，大大的有赏。如果发现马猴子不报告或是反对皇军的，我们就用大炮把村庄炸平，人通通杀死。"说着，拔出东洋刀砍掉从假村庄"搜查"出来的一个中国人的脑袋，又指使日本兵刺死了另一个中国人。鲜血染红了大地。灭绝人性的刽子手还用沾满殷红血迹的大皮靴，把被害人的头颅踢出老远。

后来得知，这两名中国人都是县东大洼地区的乡绅，在日军讨伐时表示憎恶，不欢迎，不为日本人办事而涉嫌被杀。一名叫马亚亭，一名叫王汉魂。

活 人 作 靶

1944 年春，侵华日军驻宝坻的柴崎中队的一队士兵，架着一个身着黑色长衫，头部被黑布缠着的中国人，出县城北门顺护城河涵道到纪家园村东南的一片洼地。鬼子们埋好木桩，将这名中国人的衣服扒光，牢牢地捆在木桩上。30 余名日本兵，全部脱去上衣，站成一字横队，用刺刀轮番向这名中国人的胸、腹、头和下肢等部位凶狠刺杀。这群禽兽的呀呀声和被害人的怒骂声、惨叫声混成一片。鲜血溅满日本兵全身，染红了土地。顷刻间，这位被鬼子们当作活人靶的中国人，就体无完肤地死去。

后来查明，被害者叫赵广泰，是宝坻县大赵庄人。

（录自［日］广濑龟松主编、王大川副主编：《津门旧恨——侵华日军在天津市的暴行》，天津社会科学院出版社1995年版，第226—229页）

7. 侵华日军火烧六道口村的暴行

刘光阮口述 严如良整理

我是天津市武清县六道口村人，现年 91 岁，耳不聋，眼不花，记忆力还好。提起侵华日军在六道口村的暴行来，我仍历历在目。

1938 年 4 月 14 日上午 8 点多钟，日军驻落垡的大龙部队分乘 4 辆汽车从西肖庄村直奔六道口村开来。行至村外，日军下汽车，架上迫击炮向村内轰击，把刘景玉家的房和卢氏宗祠都给炸毁了。炮声一响，全村的人都急急忙忙往村东南大堤坡逃去躲避。日军从村西北角进村后见人就杀，打死了农民刘旺父子俩，及张振刚、张三。日军杀人之后就到处放火烧房，村民沈仑、李敬奎、王金魁等家的房子都被点着了。那天正刮西北风，风力很大，火借风势从村西北角烧到村东头，连房带篱笆、柴禾烧了半个村，连 2 尺粗的大柳树都给烧着了。烧毁房屋至少也有 80 间。我们东邻旺昌房子被日军点着了，他还躺在屋中，身上、脸部全被烧伤。我发现后跑进屋中把他背出来才幸免被火烧死。我回到家中时，我家院内存放的 200 个秋秸被点着了，火势很猛，眼看就烧到房子了，我急忙用水泼浇，才把房子保住，但屋内一切家具都已被日军砸得稀里哗啦，什么也没剩。

1938 年 8 月，日本侵略军在六道口村西南、郑楼村北大堤上建立据点，修筑碉堡，强要我村民伕去据点，下永定河打拦河坝。监工的日本兵非常残暴。我被派到工地干活，日本兵转来转去看我不顺眼，一脚把我踢到河沟里。我在工地上亲眼看到日本兵把大刘堡村民伕胡万和绑在木桩上，又把铅条缠在身上，用绞棍活活给绞死了，令人惨不忍睹！东沽港村一个智力低下的傻子，路过据点边的大堤，被日本兵逮住，用战刀把胳膊、腿砍掉扔河里了。日本兵杀完人之后，还站在那里哈哈大笑。就是这个月的一天傍晚，这个据点的日本侵略军无故向六道口村内打炮玩。我那天掰棒子（玉米）回来正吃晚饭，听到从村东头往西排着一共落下 12 发炮弹。头一发炮弹击中的是曹家大院，第二发炮弹落在学校旁的坑里，第三发炮弹落到鲁连贵院中，当场炸死鲁连贵、鲁德其父子俩。村民王兴海听到炮弹轰炸声，由家中往外跑，一发炮弹正击中他，被炸得粉身碎骨。我妹妹被炮弹的爆炸声惊吓而死。日本侵略军太残暴。这些无辜老百姓，没想到祸从天降，屈死在侵华日军的暴行之中。

（录自［日］广濑龟松主编、王大川副主编：《津门旧恨——侵华日军在天津市的暴行》，天津社会科学院出版社 1995 年版，第 180—181）

8. 苏家圈村惨案

郭景华等口述　郭庆权整理

苏家圈村位于津东名镇葛沽的西北，是海河畔的一个小村。东接曾庄村，西邻盘沽蔡家台，南界新房村，与北园村一道相隔。村中有一条贯穿南北的水渠，直通海河，是苏家圈村和北园村农民农作及饮用水源。两村人家共50来户，自给自足，聊以为生。60年前，我就出生在这个小村，郭家是本村大户。

1938年7月13日正值立秋节气，天下着小雨，上午10点钟，我伯父郭景山（已故）、叔父郭景村（现年75岁，改名郭景奎）在地里拾掇棉花，我本族二爷郭长盛、五叔郭景华和小伙计张小二正在拉水浇地。伯父郭景山、叔父郭景村，在地头与日本兵相遇，彼此什么也没说，日本兵向北，我伯父、叔父向南，就走过去了。

当日本兵发现我二爷郭长盛和小伙计张小二时，便开了一枪。在水车房里的五叔郭景华，出去一看日本兵来了，再扭头朝李家麦场一看，有很多穿黄衣服的，他便伏在谷子地躲藏起来，眼看着三个日本兵和几个团兵，跑到水车房子，把郭长盛和张小二捆绑起来，带到村中孙家住宅的东边，绑在大树上。

我伯父和叔父取道向东，奔葛沽镇方向逃避，又走到新房村。这时伯父郭景山对叔父说："日本兵到苏家圈抓人，咱北园村没事，回家吃饭，也好照料家里的人们。"于是绕道曾庄回到家中（那时我家住北园村东北边）。当我伯父和叔父回到家时，正碰上日本兵、团兵挨户搜查，把200余名没有来得及逃走的男女老少，集中到了苏家圈，伯父和叔父就是这样被日军抓到的。

这时人们才知道，抓人的是咸水沽的日军，约百余人。日军进村后，还占据了张玉林家。屋里除日军外，还有一个被日军从咸水沽抓来的土匪，用他辨认老百姓中谁是土匪，人们称他为"眼"。日军押着200余名百姓，逐个在张玉林家门前走过，"眼"在屋里隔着帘子往外看，只要"眼"一点头或哼一声，外面的百姓便成土匪，捆绑起来，另行排队，跪在孙有成家门前，这样一连绑了30余人。

当年我年纪小，妈妈抱着我，只记得是下雨天。后来听我妈妈说当时的情景，十分真切。妈妈抱着我走过"眼"时，日军问我妈姓什么时，我妈回答姓王，没敢说姓郭。免遭日军的屠杀。

屠杀开始了，苏家圈村一片恐怖气氛。日本兵和团兵把30余名无辜百姓押到孙有成家东面一条沟边，面向东跪着。突然，日本兵把村里剃头的赵三聋子拖到沟边，向西跪着，面向其他被捆绑的人。一个日本兵端着上了刺刀的枪，站在他的右前方，其余的日本兵和团兵站在他的左前方，稍一停顿，站在右前方的日本兵举枪朝赵三聋子射击，然后又是一脚，尸体后仰，翻到沟里。日本兵哈哈大笑，赵三聋子含恨屈死九泉。其他被捆绑的人生命岌岌可危，恐慌异常。我伯父郭景山、叔父郭景村同绑在一根绳子上。叔父低声对伯父说："咱们还活的了吗？怎么办呢？"伯父斩钉截铁地说："到了咱两个再说，反正不能无缘无故叫他毙了。"

日本兵又把小伙计张小二、外号"七个半"的张玉林，还有张德发、张德起、张洪祥、李国清、孙友成的爹依次杀害，尸体推到沟里。沟水被血染红，惨不忍睹。

轮到我伯父郭景山了，日本兵把绳子解开，拖他到沟边，准备枪杀。伯父早有拼命的打算，日军一拉他到沟边，他就两眼冒火，青筋直绷，大声呼喊："我不是土匪，我是好老百姓。"就是不跪。日本兵和民团兵强按他跪下，一松手就翻跟斗打滚，日本兵用枪托砸，棒子打，绳子抽，百般折磨，他仍不跪下。伯父被打得血肉模糊，伤痕遍体，牙打掉了，眼打歪了，仍旧骂不绝口。日军无可奈何，便叫来一个穿日军服装的中国人，哇里哇拉了一阵，意思是问，我伯父是干什么的？我伯父便到这个人面前说："我们不是土匪，是种地的百姓，先前打死的人也不是土匪，土匪早就跑了。"翻译把这些话告诉了日本兵，然后又对我伯父说："赶紧给皇军磕头，谢谢皇军。"我伯父见不打了也不杀了，便给日本兵磕了个头。随后连同捆绑的几个人，一一松绑放开。就这样我伯父、叔父和其他百姓免遭杀害。但伯父精神受到严重创伤，肉体留下终生伤病。

日军从上午 10 点钟一直折磨到下午 4 点钟，历时 6 个小时，制造了这起惨案。日军见天色已晚，怕被土匪反扑，便罢手溜跑了。

日本兵在包围村子时，还枪杀了为地里干活的人送饭的蔡大爷和躲在棉花地里的郭长富。他们的尸体是后来在田间小路和棉花地里发现的。

日军临走，放火烧了郭长盛、郭长才、任成义三家的房子，是洒上汽油点火烧的。火势之猛，烧得片瓦皆无，连石磨也烧碎了。

日军还带走了郭长盛及其家属和一个姓孟的（外号叫"花盘"），押在葛沽日本宪兵队。后经人说情，把女人放回，男的送到塘沽日本宪兵队，又经多方周旋，花钱才赎回。

日军走后，被杀害的死者家属痛哭欲绝，真是叫天天不应，叫地地不语，乡亲们无不悲痛哭泣。后来由房宝安、郭长安等人出头，在本村乡亲帮助下，将遇难者的尸体收敛，埋葬在村北钓耕台西侧乱葬岗。日军以剿匪为名，滥杀无辜，是日本军国主义者欠下中国人民的一笔血债。

（录自［日］广濑龟松主编、王大川副主编：《津门旧恨——侵华日军在天津市的暴行》，天津社会科学院出版社 1995 年版，第 114—116 页）

9. 史各庄惨案

田凤口述　刘春整理

我叫田凤,今年65岁了,是蓟县官庄乡史各庄农民。我永远也忘不了1938年7月的那一天。那天,我父亲等11人被日本鬼子活活烧死了,仅30多户的小村被烧得精光。

1938年7月,蓟县人民在中国共产党的领导下举行了抗日武装大暴动。7月31日,县城得到解放,成立了抗日民主政府。县城的攻克引起了日本侵略者的震惊与恐慌,他们慌忙从外地调来包括关东军、蒙古骑兵队、满洲队、伪军在内的优势兵力,对我抗日军民进行疯狂反扑。史各庄就是日军反扑扫荡的第一个目标。

我们史各庄是位于盘山南侧的一个小村庄,只有30多户,100余口人。1938年旧历闰七月初四(8月28日)的晚上,听说日本鬼子要扫荡了,乡亲们不敢睡觉,坐起来听着动静。后半夜,从邦均方向响起了一阵枪炮声,由远而近,越来越响,原来是日本鬼子带领一批蒙古骑兵队,向盘山方向"扫荡"来了。乡亲们听到枪炮声越来越近,知道情况不好,便相互招呼着,带着干粮,家家扶老携幼,向盘山方向躲去。我穿个大裤衩和破褂子,和我爸、我妈一块跟着大伙"跑反"。我一直拽着我妈的手,由于黑灯瞎火,走到半道上,我爸爸便和我们走散了。我哭着喊了半天,也没有找到爸爸,便和我妈一起和大部分乡亲跑到北山沟去了。没想到白天的时候爸爸竟让鬼子给烧死了!我永远无法再见到爸爸了。

天刚蒙蒙亮,几十名日本鬼子和蒙古骑兵队进入了史各庄。因为我们庄当"便衣队"的多(当时日本鬼子管八路军叫"便衣队"),鬼子又挨过便衣队的打,因此鬼子便对我们村的老百姓十分仇恨。鬼子进村后,他们便用大枪托挨家挨户砸门,砸了几家门后,却找不到一个老百姓,也找不到几件好东西和粮食。鬼子队长恼羞成怒,命令士兵把所有房子统统烧掉。不一会,全村变成了一片火海,乡亲们省吃俭用省下的粮食、衣物、破烂东西全部烧成了灰,一层层土坯房都给烧塌了。大火整整烧了半天。傍晚敌人撤退时又点着了村后的几间房子,光湛德亮家就烧了13间,三层房一间没剩下,全烧成了废墟。

鬼子放火烧了村子仍不罢休,又向北"扫荡"去了。太阳西斜的时候(约下

晨，鬼子坐船到了我村（河西镇与上仓街内隔着周河，每年秋季用木头、秫秸搭"草桥"，汛期拆除，以防阻水）。我到西门隔着门缝向里一看，里面不少穿着黄衣服的鬼子。我跑回家，当时水淹到后门口，出了门就凫水，远远看见在堤上站满了鬼子。到了蔡庄子，打亲戚那换了衣服，逃到黄地庄。我父亲当时正在一家串门，听说鬼子来了，想回家喂狗后再走，结果被捉去。我在蔡庄子听到村里传来一阵阵惨叫声，后来听到几声沉闷的枪声。那天，鬼子捉到一个杀一个，只有黄太双的母亲藏在碾盘下得以幸存。

8月27日听说鬼子回到了河东，我赶回了村。听说村南坑内有尸体，担心我父亲，便去看。坑内有7具尸体，都是我村的。尹奇、尹俊和他父亲三人被绳子绑着连在一起，其余4人都是单独捆绑。子弹都是从前面打进，从脑后穿出，后脑海全被炸没了。尸体浮在坑内，鲜血将坑边水染红。我父亲腰带上穿着牛皮条系着的钥匙，脚穿新双脸鞋，从坑上能认出来。尹俊家是木匠铺，有棺材，我挑了一口最薄的，找来我村黄春和抬着去坑边。刚走不远，隔河大堤上鬼子的机枪扫过来。黄春和说什么也不抬了，我只好头顶棺材到坑边将我父亲装殓了。那几具尸体，因亲属十几天后才敢回来，已全腐烂，用手一拽就掉一块。

这次惨案，除此之外，我村被拉到河边杀害、连尸体都没找到的还有20余人。尹俊一家三位成年的男子全被杀害，剩下两个寡妇拉扯着7个孩子，艰难度日。

赵芳（南闵庄人，现年62岁）：鬼子来的那天，我爷爷留下看家，让我父母带我逃奔程子口村。8月26日那天，我到周河边去玩，看到从上游漂过来尸体，被铁丝穿着，每串10来个人不等。那时我7岁，至今清楚地记得当时的情景。我们一个多月才敢回家，家里6间房子，连同家具、财物全被烧光；爷爷被鬼子杀害，连尸体也没见到。

（录自［日］广濑龟松主编、王大川副主编：《津门旧恨——侵华日军在天津市的暴行》，天津社会科学院出版社1995年版，第232—235页）

11．杨 庄 惨 案

张福全、乌林山、潘义、陈维善口述　晏积智整理

杨庄是个大村，有 600 多口人。沦陷期间鬼子在俺村制造了两起惨案，至今想起来，还令人切齿痛恨。第一次在 1939 年，当时日本在下营驻军，离我村很近，日军头目叫大斋。这伙日伪军经常四处骚扰。1939 年五月初四（6 月 20 日）这天，3 个武装特务来到村里，一个叫刘连，一个叫刘小平，还有一个不知道叫什么，都不是好东西。这仨人是给鬼子办事的，他们经常走村串户，催粮要款，查问八路军下落，给鬼子报信。到了村里要吃要喝，见了好东西还要拿着，老百姓没有不骂的。这天他们在村里转了一圈儿，吃了顿饭，村长张孝又给了几个钱，把他们打发走了。

第二天，这三个家伙又来了，催要粮草，赖着不走。我当时是个民兵，大家伙儿早就想把他们除掉，今天是个好机会。我让另一个民兵盯着，便去翟庄找区小队汇报情况。翟庄离这儿 5 里，很快我就带来了马友、夏明启等七八个区小队员。来到村里，得知那仨人在张连庭家，便立刻把院子包围起来，高声叫喊：快出来，你们跑不了啦。他们听到这动静吓坏了，刚想爬墙，区小队扔进去两颗手榴弹，轰隆一响，那仨家伙受不了啦，赶忙把匣子枪从墙里扔了出来。我们冲进去把他们捆了。区小队把他们仨带到翟庄处决了。

五月初九（6 月 25 日）早上，天还没亮，我和张耀银二人到南山坡上的真武庙去查看敌情。那时候村里民兵轮班站岗，每天早上到小庙去观察敌情，每人两颗手榴弹，如果发现敌情来不及回村报信，就拉响手榴弹通知乡亲。我们俩到了小庙，正在向北张望，因为下营在北边，通常敌人是从北边来，忽听身后有动静，我回头一看，不好，许多敌人早就躲在那儿，离我们不过十几步远，庙台上敌人的刺刀闪闪发亮。我俩撒腿就跑，敌人在身后喊："站住，不许跑！"我们不管那一套，直奔山下，好给乡亲们报信。这时身后响起枪声，子弹打在身边的石头上，石头碴子直往上蹦。我一溜烟儿跑回村，高喊："敌人来了，敌人来了！"张耀银跑得慢，被敌人逮住了。

村里这时也乱了，乡亲们东奔西撞，连哭带喊，敌人忙于围拢群众，张耀银趁机逃脱。我出了村一直向北，想顺着村北的李家沟逃出去。刚一拐弯儿，前边

敌人的机枪响了起来，堵住去路，看来敌人已将村子包围了。我又折回来往西峰根儿跑，总算逃了出去。

天大亮时，敌人进村，抓住了李瑞、顾兴、张同、张守连、张守信、张西善、张满顿、张连明、张连第等9人，拉到村东的大道边上全用枪挑了。最后一个枪挑张连弟。他见已无生路，一时性起，与敌人扭打起来，用手抓住敌人刺刀，将虎口割开，最后被连刺几刀，滚到坝墙根下。敌人集合队伍便往东奔翟庄去了。

敌人走后，尸体被家人抬回。张同和李瑞当时未死，但因伤势过重和流血过多，几天后死去。张连第虽身中数刀但未中要害，侥幸活下来。

第二次是1941年阴历正月十五（2月10日）。那天一大早，从平谷县胡庄据点过来了一拨儿鬼子和伪军，有七八十人，将村子包围，挨家挨户搜人，把乡亲们全轰到潘义家的场院上，按名单挨个点名。最后把张孝、张罩、张克谦、翟子仁四人拉出来，说他们私通八路，推进屋里严刑拷打。这四个人都是村干部，张孝是村长，其余三人都是闾长。鬼子用碾棍和镐把把他们打得皮开肉绽，死去活来。后来又放出狼狗撕咬，把人折磨得离死不远。最后将四人扔进张园家的白薯窖，点着柴禾秸扔进窖内，把四个人活活呛死。

（录自［日］广濑龟松主编、王大川副主编：《津门旧恨——侵华日军在天津市的暴行》，天津社会科学院出版社1995年版，第240—241页）

12. 血染板桥话当年

刘成、郭兴口述　刘志芹整理

宁河县板桥村，原属河北省管辖，分东板、西板、北板、南台四个居民点，都坐落在公路两侧，交通十分便利。卢沟桥事变后，侵华日军为了开拓侵略基地，凡是具有战略意义的村镇都设置了军事据点，板桥村就是其中之一。

1940 年 9 月间，日军 10 余人进驻板桥村，为首的军官是清水中尉。他们在东板桥南面设置守备队队部，门前建有一座大型碉堡，高约十数丈，共分七层，站在顶端瞭望，可监视方圆十数里。番号为 1418 的特务组织十数人，名为工作队。队长就是罪恶昭彰的高全有（后被八路军在杨拨庄击毙）、吴乃斌（后被八路军在杨拨庄击毙）等人。在东板桥西头设有队部，门前建有炮楼一座，后来又在西板桥路旁建了一座炮楼。另有伪军组成的警备队，驻守在大道南端的外围碉堡。这些日军、特务、伪军，专门收集情报，搜捕抗日分子。他们经常外出讨伐，要钱要粮，杀人放火，无恶不作。

1944 年初秋，日军在板桥乡的齐家沽和田庄坨制造了一起残暴的杀人事件。那年秋天，有几名板桥据点的特务要到宁河城里去，他们骑着自行车，来到蓟运河的北坞渡口，正在呼唤船的时候，突然，从渡口两侧的芦苇丛中响起了枪声，朝他们射击，特务们知道是跟潜伏的八路军遭遇了。他们毫无准备，又没有隐蔽的余地，仓惶失措，扔下自行车就逃跑了。特务逃回板桥，向日军汇报情况，因为齐家沽距离渡口很近，就诬称八路昨夜隐蔽在齐家沽，今天才埋伏在渡口的苇塘里伏击的。

清水立刻带领着特务、伪军一齐出动来到齐家沽，把整个村庄包围起来，并在渡口附近进行搜索。那时，八路军早已转移得无影无踪了。日伪军扑了空是不甘心的，立刻把保长郭宾和我捆绑起来，进行审问，我俩异口同声否认八路军来过村里。他们哪里肯信，就拷打我们，打得我们遍体是伤。当时，我被打得昏死过去，特务们就用凉水把我泼醒，然后再打。这样反复了几次，因为没有审问出什么结果，清水跟特务们商量了一阵，就拖着被打得半死的郭宾和我，往田庄坨进发。途中，有一个青年农民正在地里干活，看见日本兵来了，吓得魂飞天外，慌忙躲藏，但还是被发现了。日军朝他开了几枪，幸亏没有打中，日军抓住他打了个半死，也拖着来到村里。

村民们听到枪声，还不知道是怎么回事，日军和特务就拥进村里，村里的几个"办公人"赶忙上前支应。日军用半生不熟的中国话问："村里八路的有？"众人回答说："没有！"敌人就劈劈啪啪把每人打了一顿嘴巴，直打得嘴角滴血。然后让他们敲锣通告全村百姓，不分男女老少都集中在一块空地上。特务们到处翻箱倒柜，搜寻财物，又捕捉鸡鸭，勒令妇女给他们做饭。集中地点就在村南菜地里。村民邢松林因为来迟了，特务们说他违抗皇军命令，就用扁担把他打倒在地，痛得他满地打滚，直到把扁担打断了才饶了他。村民庄义祥因为患有嘴角抽搐的毛病，特务说他是在咒骂皇军，也被打得几乎致死。因为没有找到可疑的人，日军清水宣布我和郭宾的罪名是："八路军来了不向日军报告，就是私通八路，应该枪毙！"当时把我们二人按倒在地上，一前一后地跪着，日军从我们背后开枪射击，我们都倒在血泊之中。

当时正值青纱帐起的季节，到处都是高秆庄稼，村西又有一望无际的芦苇塘。日军认为处境非常不利，恐怕遭到八路军的袭击，突然传令紧急开拔。特务们听到命令，饭也没顾得吃就随着大队，慌里慌张逃回板桥去了。

这帮恶魔走后，村民们不敢在那里逗留，也各自离开杀人现场。

我被枪击以后，当时就昏死过去，等我从昏迷中苏醒过来的时候，已经一个人也没有了。只看见郭宾满身是血，死在我的身旁。我知道自己没有被打死，恐怕被人发现，必须隐藏起来。可是我已经不能站起来走路了，就朝着玉米地里挣扎着爬了过去。天快黑的时候，正赶上田庄坨村民孙连山到地里割草，我看有人来就喊："快救命呀！"我这一喊把他吓了一跳，转身就要逃走。我告诉他我没有死，不用害怕，让他给我家里送信，找人快来接我。他才走到我的跟前，把我隐蔽在不易被人发现的玉米地深处，就给我家送信去了。夜间，齐家沽来了几个人，把我连同郭宾的尸体一同抬回村里。我怕走漏风声，再次遭到搜捕，不敢在家里住下。为了掩过敌人耳目，家里人操办了一回假出殡，埋了一口空棺材，我就逃往天津去了。

我到天津后，经过医治，伤口虽然愈合，可是子弹并没有取出，一直嵌在后肩胛骨上。解放后，伤口复发溃烂，我住进人民医院，才把子弹拿了出来。我死里逃生，侥幸活了下来。侵略者射进我体内的罪恶子弹，是日本军国主义侵华罪行的铁证。

（录自［日］广濑龟松主编、王大川副主编：《津门旧恨——侵华日军在天津市的暴行》，天津社会科学院出版社1995年版，第199—201页）

13. 花 峪 惨 案

吴竹亭整理

　　花峪是隶属蓟县旱店子村的一个自然村。1941年1月26日（民国三十年腊月二十九），驻平谷县独乐河据点的日伪军，伙同其他据点的日伪军约400余人，利用刺刀挑、战刀劈、绳子勒、火烧等惨绝人寰的手段，对村内未逃脱的无辜群众进行了血腥屠杀。38名群众被杀害，11名群众被烧成重伤，制造了骇人听闻的花峪惨案。

　　刘子珍现年73岁，是这次惨案的见证人。他介绍了惨案发生前的情景：旱店子村四面环山，花峪在村西北约4里的山谷里，地形隐蔽，群众基础又好，所以八路军十二团、十三团经常来此休整驻扎，寻找机会，打击敌人。那时，花峪有近70口人，鬼子将这里划为"无人区"，实行野蛮的"三光"政策。惨案发生前村子已被烧6次。鬼子还带人拿着大镐，刨倒烧塌房子的山墙，村里几乎连一间完整的房子也没有。乡亲们在断墙残壁上搭个棚子，仍坚持住在那里。惨案发生的前5天，鬼子到花峪"扫荡"，与在这儿驻扎的八路军十三团相遇。因八路军有所准备，地形又熟，鬼子没有捞到便宜，被打死多人，其中还有一个小头目。当时村里除几位腿脚不便的老年人外，其余的都"跑反"（躲避敌人）了。又过了两天，村里又来了一拨儿鬼子，他们在村里落了一下脚儿就走了。村里几位老人见鬼子没有打人杀人，加上没几天就要过年，就劝说亲友们回家。这样，善良的群众被鬼子的假相欺骗了，"跑反"的人大都陆续回到村里。他们哪里知道，等待他们的是一场灾难。

　　腊月二十八日，我哥哥病死。因怕碰上鬼子"扫荡"，第二天天刚蒙蒙亮，我和村里的十余名青壮年抬着棺材去埋葬。抬到村北山坡上，刚放进墓坑，就看见山梁上刺刀闪亮一片，鬼子头目的战刀和士兵挑的旗子在挥舞摇晃。大家一看，顾不上埋土，撒腿就跑。几个胆小的当时就往别的山沟跑了，胆大一点儿的，赶紧回家告诉亲友。我来到家里，劝父亲及家人赶紧外出躲避。我爸爸当时正为哥哥的去世伤心，流着眼泪对我说："你们几个年轻力壮的走吧，我和你妈他们看家。"我背起筐，装成拾柴禾的出了家门。这时鬼子已经进了村，距我只有几十米，嚷叫着让我回来。我没有理睬，加快了脚步，一口气跑到村西一条沟里藏起来。

刘国仁现年 60 岁，是这次惨案的幸存者。他含泪向我们讲述了这次惨案的详细过程：那年我才 8 岁，听到鬼子进村的消息后，村内鸡飞狗叫，乱成一团，哭喊声连成一片。村里的妇女都带着老人集中到了我家。大家集中一块儿是为了壮点胆儿，同时也使鬼子不便当着大家的面儿干坏事。因为大家都听说一位外村的亲戚曾被 20 多个鬼子轮奸。鬼子进村后，派人把我们老小妇幼看管起来，然后端着刺刀挨家搜人。当时村内未跑脱的青壮年都被抓住押上北山梁拷打。我叔叔刘长江当时 20 岁，混在妇女和孩子中间，被鬼子拽出，用木棍和枪托子毒打，追问八路军下落。木棍被打成几段，刘长江被打得皮开肉绽，鲜血淋漓。可任凭敌人怎样打，他总是三个字：不知道。看到这种情景，连一个打他的鬼子都伸出了大拇指。不久，又将我六叔刘长青带到屋里，吊在房桁上，鬼子已知道他是村的民兵队长，所以打得特别狠。我们在院子里只听见噼噼啪啪的棍子响和惨叫声。后来，我们被押到街中的空场，他被挑死在院子里。刘长江被带到空场上，和从北山梁上拷打后带回来的青年押在一起，妇女和孩子都蹲在紧挨空场西边的三间破房的南墙根下。这三间是倒房，面朝北，没有后门。屋顶和窗子已被烧光，只剩下四周围的墙壁。30 多个鬼子端着刺刀从四面围住，一个个横眉立目，满脸杀气。望着这群持枪的野兽，大家的心揪得紧紧的，预感到一场灾难将临头。

鬼子没有问出八路军下落，开始了屠杀。他们先把我村办事员刘广元拉出，头朝下吊在一棵枣树上，下面堆起柴烧。衣服头发被烧着，皮肉在火焰上吱吱作响，可他仍骂鬼子。一会儿捆绑的绳子烧断了，刘广元从火堆中满身带火冲了出来。跑出不远，又被捉住。一个鬼子小队长像狼一样嚎叫着挥刀将刘广元的头砍下，踢进火堆，然后又用柴烧没有头的尸体。

豺狼成性的鬼子连老人也不放过。刘子珍的爷爷被几个鬼子分别拽住手脚，将他绷起，在身下烧起火堆。鬼子看着老人在火焰中痛苦地扭曲，发出阵阵狂笑。后来几个鬼子一齐松开手，将老人扔进火堆烧死。刘子珍的老太爷刘祥，当时已年近 90，也遭毒打，棍棒打得他在地下翻滚。最后，一个鬼子照着老人脑袋狠狠一棍，刘祥被打得脑浆迸裂，惨死在粪堆旁。

鬼子还变着花样杀人取乐。他们将我三爷刘永亮摁倒在地，架起耢子，将铁犁头插在他的心口窝上。用力往前拽，老人胸膛被耢开，五脏流了一地，被耢死了。我二奶奶 70 多岁，两个鬼子找来绳子，绑好套，套在老太太的脖子上，在街上来回拽，将老人活活勒死。

一会儿，敌人对青壮年进行了集体屠杀。手持刺刀的鬼子恶狼一样扑向人群，先后有刘长福、刘长江、刘永朋等十余名青壮年被鬼子用刺刀挑死。鬼子穷凶极恶，将人刺倒在地，只要还能动一动，就连续用刀戳，直到气绝身亡为止。

上午9点多钟，鬼子屠杀完青壮年以后，又把魔爪伸向妇女和孩子。他们以开会为名，手持刺刀将30多个妇女和孩子赶向房子里，谁不走就用刺刀挑。有几个妇女看出鬼子没安好心，宁死不进房子，从门口向外冲，残忍的鬼子端着刺刀向他们乱刺，当时被挑死几个人。有的被挑开了肚子，有的被刺穿了胸膛。鬼子将人逼进房子后，点燃成捆的干柴向房内扔，一时烟火冲天。年轻的妇女边骂边往外闯，又有几个人被扔进火中。张海亭的媳妇，怒骂着从火海中冲出，被鬼子挑死。鬼子在她尸体上堆起柴点燃焚尸。

我姐姐当时13岁，性情刚烈，她身上多处被火烧着，但仍迎着扔进燃烧的柴捆，边怒骂边搬起房内的石块砸向鬼子，砸得鬼子抱头躲避。后来她被几个鬼子用点燃的柴捆砸倒，烧死。

刘子芳和刘子会，当时都是十几岁的孩子。他俩全身被火烧着，本想扒开土炕钻进去，一时又扒不开，就一齐从房内冲出来，被外面的鬼子用棍子打倒，抬着扔进火堆。可他俩又带着满身的火再次冲出来。刘子芳趁鬼子追子会时，拐进不远的自家房内，钻进墙柜，幸免于难。但全身都被烧伤了，几个月才好，落下了终身残疾。鬼子追刘子会，在后面打了两枪没打着。一个鬼子小队长手持战刀追上去，将刘子会的左肩及臂砍去，刘子会惨死在一块山石旁。

刘子珍的老婶结婚才几天，在火中给几个孩子脱下着火的棉衣，使他们躲到门旮旯儿幸存，而她自己却被烧死。

我被赶进房后，被火烧得四处乱闯，头上撞了个窟窿。火越烧越大，烧得实在难受，我发现地上有个倭瓜，就用脚踩开，掏出瓤子往身上蹭。后来我发现门旮旯儿是个死角，柴扔不到那里，又有门挡着，我爬到那里。当时这个小旮旯儿连我在内藏有9个孩子。

刘子珍的奶奶头顶洗脸盆，可全身起了火。大腿的肉和棉絮都烧着了，挣扎着在地上爬，爬到门口我们脚下，就再也爬不动了。

外面的鬼子也发现了门旮旯儿是死角，知道里面藏着人，便用刺刀在我们头上方的墙上掏洞，想从洞口打枪，或扔柴烧，斩尽杀绝。当时土块直往我们头上掉，洞越掏越大，我想这回肯定完了。谁知这时集合的哨声响了，鬼子匆忙中向着门打了几枪便撤走了。当时刘广明胸部中了两枪，没中要害，幸存下来。

鬼子撤走时将近中午。外面虽然没有动静，因为害怕，我们几个孩子仍躲在门后不敢动。过了很长时间，听见房外我爷爷的声音，我才敢从门后走出来。出来一看，四周的火在燃烧，房内到处是烧得焦黑的尸体。特别是门口，尸体堆起

14. 血染千像寺

王志、丁福顺、郭明口述　王雪松、吴景仁整理

1941 年 7 月 17 日清早，天刚麻亮儿，三面环山的联合村一片沉寂，忽然"叭勾"、"叭勾"两声尖锐的三八枪声，划开了长空的寂静。盘山联合村民兵班长丁福顺从南到北沿街边跑边喊："来敌人喽，快跑吧！"原来是日本侵略军邦均中队、许家台小队三四十人和汉奸伪军三四十人来偷袭联合村，搜捕民兵和八路军办事人员。

庄里人听到枪声、喊声立刻行动起来，杂乱的脚步声、低沉而急促的呼唤声、惊醒的孩子们的哭叫声交织在一起，静谧的山村充满了紧张、杂乱气氛。

此刻，刚刚进村的日寇、伪军已堵住了村粮秣委员崔良栋的家，抓住了崔良栋。随后又抓住了村党小组长王耐，以及在他家做活计的王友、杜奎等人。

王忠他们转过山弯，只见庄里的王大叔、大婶、崔家嫂子等人搀扶着八路军伤号已经来到这里。忽然王忠说："糟糕，还有三支枪和两颗手榴弹在东屋墙上挂着，忘了带来。"王二嫂说："咱们人逃出来比啥都重要。忘掉东西不要了！"王忠执意去取，王大叔说："这会儿，敌人可能该到你们家了，别去啦！"而王忠已打定主意，把孩子递给王二嫂，转身向家中跑去。

王忠刚跑到当院儿，就听到前边小梢门外一帮汉奸伪军乱喊乱叫和村党小组长王耐的骂声："民兵哪去了？""不知道！""胡说，你就是民兵，瞒谁！"接着是劈劈叭叭打王耐嘴巴的声音和王耐的骂声："汉奸！你们是什么东西！我就是民兵！"随后是王耐与汉奸伪军撕打的声音。一个汉奸吼着："你小子不要命啦，打！抄家伙打！"随后是木棍打在人身上的声音和王耐愤怒的骂声。一声枪响，汉奸、日寇杀害了王耐。王忠跑进屋，掀起炕席，拿出两颗手榴弹往腰里一插，提着门后的三支大枪就跑出了屋。刚出屋门就见五六个汉奸、日寇正从前边小梢门涌进来。他顺过一支大枪就开了火，谁知赶上了一个臭子儿。他赶紧退到屋里，从腰中拔出一颗手榴弹拉开引火，向涌进院子里的敌人扔去。王忠借着烟雾就向北边后门跑。这时敌人的子弹一齐射中了他，他死在血泊中。随后，敌人点着了房子，一会儿大火就映红了天。老百姓们被驱赶到千像寺的一片空地上。敌人在各山头架起了机关枪，严密警戒，然后便对千像寺周围进行梳篦式的搜查。敌人

先是捉住了抗日政府的杨海等三个工作人员，当场就用刺刀给挑死了。接着又在千像寺东北200米的石洞中用烟熏出6名八路军工作人员。这6个人一出来就被敌人用刺刀挑了。敌人杀红了眼。山本跳到人们面前，咆哮起来："快把八路军伤号、粮食统统交出来！"郭黑子也在一旁威吓着："不交出来伤号、公粮，甭想活着回去！"

在场的人们个个悲愤地低下了头，以沉默回答着山本的咆哮。王二嫂气得怒容满面，"咯吱吱"咬得牙响，从人群中"噌"地站起来，愤怒地说："你们这群畜生！杀我们的人，烧我们的房！简直就是一群强盗！"几句话气得山本"嚎"地一声吼叫，手指王二嫂："你的死啦死啦的！"几个日本兵手持刺刀，龇牙瞪眼地直扑王二嫂，一阵猛刺，刺刀穿透了她的胸膛，腹内的婴儿裸露出来，怀里的小兰儿也摔落在地，鲜血顿时染红了她身下的土地。众乡亲见敌人行凶了，"呼啦"全站了起来，嗜血成性的敌人挥舞刺刀展开了一场惨不忍睹的大屠杀！

正当日军对王二嫂下毒手时，小牛倌崔亨悄悄溜出场外，钻进石洞里逃了命。

傍晌，敌人撤回了据点。民兵班长丁福顺带领民兵赶紧下山，直奔王忠家。他们转过山包，忽听北坡有隐隐的哼喘声，收住脚步，四下察看。只见一棵大梨树下，一堆正冒着青烟的火灰，那声音就是从火灰中发出的。大家急忙上前，七手八脚从火灰中扒出一个浑身烧伤、颜面模糊的人来，仔细辨认原来是崔良才。他二弟崔良福难过地说："哥，没想到敌人把你烧成这个样子……"话没说完，心中一阵酸痛，哽咽得说不下去了。老弟崔老六拉着崔良才被烧的手说："哥，我是老六，看看我。"崔良才有气无力地说："两眼都烧瞎了，看不见啦。公粮没抢走……"话没说完就停止了呼吸。正在这时小崔亨从北坡跑来，搂住丁福顺，放声大哭。崔亨抽咽着说起敌人在千像寺行凶的情况，大家一听，心如刀绞。众人赶到千像寺一看，只见王友、杜奎、崔衡、二老歪、王二嫂的尸体横七竖八地躺在平台上，有的被砍去胳膊；有的被刺刀挑开腹部，肚肠子都流在外面；有的胸膛和头部被子弹打穿，人都成了血人。王忠两岁的女儿小兰儿腿被摔折了，满嘴满手是血，趴在妈妈身上摸着奶头，嗓子都哭不出声了。日寇这次共杀害了联合村老少18口。丁福顺带领民兵掩埋亲人们的尸体。大伙一商量，决定埋在千像寺里沟。一锨土，一滴泪，死难亲人长眠在地势隐蔽、松柏常青的盘山幽谷中。

（录自［日］广濑龟松主编、王大川副主编：《津门旧恨——侵华日军在天津市的暴行》，天津社会科学院出版社1995年版，第242—246页）

15．五盆沟惨案

胡子刚口述　吴竹亭、晏积智整理

五盆沟是卢家峪村北的一条山沟，离村 5 里。当时只有我们一家住在那里。全家共有 25 口人，我爷爷、奶奶上了年纪，腿脚不利索，怕鬼子来了跑不动，就让二老住在北山上叫四平塔的地方，那里僻静，离家 5 里地。其余 23 口全住在五盆沟，有我大爷（大伯）、大妈及三儿一女一儿媳；二大爷、二大妈及两儿两女一儿媳；我父亲（排行老三）、我母亲、哥哥、嫂子、我和两弟两妹。我大爷一家住三间东厢房，我家住西厢房，也是三间，我二大爷家住两间正房，全都是破草房。

1942 年的除夕晚上，除爷爷、奶奶腿脚不便没下山外，我们一家子全在一块儿过团圆年。夜里怕鬼子来，由几个成年男子轮班站岗放哨。正月初一（2 月 15 日）早上，天刚亮，大约有 6 点多钟，就听屋外我二大爷连声大喊："鬼子来了，鬼子来了，快跑吧！"一家人当时乱作一团，几个男人麻利，抢先冲出去，直往东山上跑了。我当时才 14 岁，跟着也往外跑。我妈在身后喊住我，让我把一小口袋白面抱走，这是八路军临走留下的，一直没舍得吃，打算过年时包饺子，这是我家仅有的一点白面。这时候，鬼子离我家只有二十几步远了，我也顾不得许多，把面袋往地上一扔，撒腿便往东南跑去。刚蹿过一条小沟，鬼子的机枪便"嗒嗒……"地响了起来，子弹打在身边的石头上直冒火星，我不顾一切，一直跑到东山上。

日头偏西，鬼子都撤走了。我赶回家一看，几间草房都被烧得落了架，火还在燃烧着，灼热的火气烤得人不能近前，焦煳味儿刺鼻难闻。看到家被烧成这个样子，我坐在石头上伤心地哭了起来。

过了很久，我大爷他们几个也回来了。大爷见我在这儿哭，忙问我："你妈她们呢？"我说我也不知道，跑的时候只看见他们让鬼子给圈回去了。大爷说："这儿没人，会不会到大石头峪去了？"

大石头峪是一条山沟，很隐蔽，"跑反"的人都往那儿跑。大家往那儿去找，可没见人影儿，这下子大家可都急了眼，感到不好，赶紧四下寻找。看见西厢房南房山处有一个人被烧死在那儿，我大爷当时就瘫坐在地上，流着泪说："完了，人全在里边呢，被烧死了。"大家闻听，失声痛哭。这时候天快黑了，火还没燃尽，身边既没水也没工具，没有办法。大爷说："咱们先走吧，别在这儿呆着了，万一鬼子来了，让他们逮着，咱们就都完了。先上四平塔去吧。"这次从家中逃出来，有我大爷胡景山及其长子胡子亭、二子胡子彬、三子胡子芬，二大爷胡景全及其长子胡子林、二子胡子成，我父亲胡景旺、哥哥胡子奇和我共 10 口。

第二天上午 9 点来钟，见日本鬼子没有再来，我们爷儿几个都来到山下，找来家什扒人。我大妈死在西正房门口，背后中了两枪。大嫂（子亭妻）死在屋内的水缸里，一定是当时被大火烧得受不了，跑进屋扎进去的。大妈紧追其后还没进屋就被鬼子开枪打死。这正是我从山上看到的惨景。二大妈死在驴棚旁边，驴棚地上扔着绳子和二大妈的裤腰带，头上被鬼子用菜刀砍了两个大口子，那把菜刀就扔在她身边。猜想可能是当时鬼子想强奸她，二大妈不甘受辱，奋力反抗，被鬼子杀害的。我母亲和二嫂子（子奇妻）死在西厢房南屋里，母亲背靠南山坐着，怀里抱着我 3 岁的小弟弟，坐在我没能抱走的那个小面口袋上。三嫂子（子林妻）死在西厢房北屋里，肚皮被鬼子用刺刀挑开，腹内婴儿被挑出摔在地上。其余的弟弟妹妹散在各处，小小的身子被烧得只剩焦黑的一团，其中一个小弟的头被砍掉。大人除二大妈被鬼子砍死外，其余也都被烧得全身焦黑，分不出谁是谁。我母亲是凭着她耳朵上挂的小黄坠子才认出来的。

这些被烧死的 3 老妇、3 少妇及 7 个小孩共 13 口，可怜 3 个年轻的嫂子都怀有身孕，也没能逃脱鬼子的毒手。7 个死去的小孩其中最大的女孩 13 岁，最小的小弟才 3 岁。日本鬼子真是杀人不眨眼的魔鬼，灭绝人性的畜生。

全家人一边扒一边哭，直到傍晚才扒完。将几个大人的尸首用破荆条、破炕席一卷，在后山坡上草草埋了。将几个小孩的尸首放进山沟的一眼石窟窿里。

后来经过打听才知道，日本鬼子是得到了汉奸的报信，知道我们家藏有八路军的物资，这才来的。当时我们家确实为八路军藏有许多物资。有一万斤大米埋在田里，上面照样种地，外人发现不了。西厢房南墙根下的地洞里有几箱炮弹，我母亲怕鬼子发现，被烧死时就坐在洞口上。在房后上坎的洞子里，藏有 100 多身军装。由于我家住的偏僻，很安全，东西藏得严实，从没出过差错。敌人杀害了我家 13 位亲人，可他们谁也没把情况暴露给敌人，用生命保护了部队的军用物资。

就在惨案发生的当天，日本鬼子在西山梁上，杀死了住在那里的范家的两口人，又开枪打死了一个在山上放哨的，叫张进忠。在卢家峪村内，还烧死了一个外地来此做活的男人。

（录自［日］广濑龟松主编、王大川副主编：《津门旧恨——侵华日军在天津市的暴行》，天津社会科学院出版社 1995 年版，第 255—258 页）

16. 说说我们村的"三七"惨案

刘宝起

我们村受日本鬼子蹂躏最重，烧、杀、抢我们都尝过。从 1942 年至 1945 年，我们村遭过三次大劫难：第一次是 1942 年农历正月初七，第二次是 1944 年农历十月初七，第三次是 1945 年农历三月十七。乡亲们都称为"三七"惨案。

1942 年 2 月 21 日（农历正月初七），这天大清早，日本鬼子和棍团就把赵家铺给围上了。伪警备队长吴春城带 100 多棍团护着 10 几名日军找到我村保长，叫保长把村民都集合在大庙里听训话。群众都去了，有 150 多人，我也在里边（那年我才 22 岁）。集合完了，鬼子也没说啥，就把我们带走了。前边有警备队，后边有鬼子和警备队。又到刘举庄、方家庄等几个庄圈去 1000 多人。原来说到杨家口岗楼，讲讲话就可以回家了，但到了杨家口岗楼，根本没进院，顺着大道进了宝坻城，圈到宝坻小火神庙里，整整圈了 14 天。开始，两天两夜没给饭吃，饿啊，饿得不行，把院里的冰窖拆了，抢冰吃。等到三天头上，鬼子兵押着我们到北关外给日本人修操场，这才给点高粱粥喝。一顿一人一碗，一天三碗。15 天后才放回来。我们连夜赶回家。到家后，有个叫李广兴的，当时 50 上下岁，平时有气管炎病，这次又挨饿，又挨打，到家后当夜就咽了气。

1944 年八路军从地下活动转入公开，原先躲躲藏藏身份不明，这个时候已能公开在大庙开会。号召人民群众起来跟鬼子斗，组织群众破坏交通，把道给挖了，把电线给割了。青纱帐一起来，鬼子出来"围剿"，咋办呢？八路军告诉干部，干部又告诉群众，收秋不砍倒高粱秆，只拿穗，把粮食收下来，秸秆还立在地上。

就在这年农历十月初六，敌人从宝坻城里出发，先是"围剿"了四里港。当天来了信，叫我们把"高秆"全部砍净，不然，把全村人都杀光，一个不剩。伪保长怕村里人真的受难，就组织群众去打"高秆"。

第二天，即 1944 年 11 月 22 日（农历十月初七），日军中队长柴崎、伪警备队大队长王树声、吴春城组织上千人的队伍，把村子围了起来。大清早进庄了，一看都是老小，没有青壮年。就问，你们年轻人都干什么去啦？乡亲们说，都打"高秆"去了。他们说，打去吧，你们吃饭去吧，没事了。等下地的人回庄时，敌人把庄子堵住了，进一个收一个，把镰刀往地上一扔，站到一边。100 多乡亲都被圈到村东头，脸朝南，坐在栅子前。这个时候，巴素科被敌人揪出来，吊在树上就打。那年冷得早，人们都穿着棉衣，巴素科棉衣打飞了，身上鲜血淋漓，后脊梁红肿多高，打到半死不活的拽到群众面前，叫他认八路军的干部。他很英勇，是条汉子，他说："没有。共产党的干部就我一人，党的组织内情我不懂，我就管破坏交通，不让你们讨伐、抓人，欺负老百姓。"鬼子兵拽着他走了两个来回，也没认出一个人来。他边走边骂鬼子柴崎。柴崎大怒，当场让鬼子把巴素科活埋了。巴素科不停嘴地大骂柴崎，柴崎让鬼子把一炷香点燃，塞进巴素科的嘴里。乡亲们眼瞅着，撕心裂肺地难受。

一会儿，又从人群里找出一个伪甲长叫王斌（当时 50 岁左右），一棍子打得口鼻冒沫。等缓过气来，鬼子把他的衣服扣解开，露着胸，用刺刀逼着他认，他战战兢兢地认出几个人来。先点出来的叫李长富，是护粮会的。李长富站出来说，我不负责任，我没有啥职务。又打王斌。王斌又把李广文（护粮会主任）咬出来。接着，又将陈永旺、李广纪认出来。柴崎命令日本兵，当着百余名群众的面，点火烤这 4 个人。用鞭抽，用棍打，打得死去活来。鬼子问还有谁，四个都说没有了，就我们四人。等日头压山时，敌人要撤了，就把这 4 人，还有从四里港拴来的 7 个人一起拽到大庙前，老柴崎用战刀，亲自将这 11 人砍死。当时鲜血满地，尸体横七竖八，惨不忍睹。

1945 年 4 月 28 日（农历三月十七），"跑反"的邻村南庄子村民说鬼子又来了。赵家铺村民听说后，就往村外跑。鬼子进村后，把房子点着了，火势很猛，顷刻席卷全村。乡亲们救了一宿，烧坏了 100 多间房。

（录自［日］广濑龟松主编、王大川副主编：《津门旧恨——侵华日军在天津市的暴行》，天津社会科学院出版社 1995 年版，第 223—225 页）

17. 血染小现渠

王维祥、王维清口述　晏积智整理

　　民国三十一年正月（1942 年 2 月）的一天早上，村民们在村南大道边敲锣打鼓，准备过正月十五。驻龙古庄据点的日伪军听到动静，在老申（日军头目）的带领下朝这边奔来。村民们看到特务到来，四处奔逃。特务们共 30 多人，有 3 匹大马，其余的全骑自行车。他们兵分两路，追堵逃跑的村民并开枪射击，除极少部分人逃脱外，其余的都被圈了回来。我当时 15 岁，与大伙一起往村北边跑，但没跑出多远就被截住，把我们押到村北边。与我一起被抓住的有王子元和一个姓赵的外乡人，他是在本村做活的。老申正在村北站着，我们被带到他面前，二话不说，一人给了一枪，全被打倒在地。我腰部中了一枪，当时就昏了过去。等我醒来后，浑身疼痛，血流不止。王子元紧挨着我，腹部中弹，疼得直咬我脚后跟。我对他说：别动，敌人还没走呢。结果还是被敌人发现，一个伪军走过来，用手枪照我的头部开了一枪，我一抬胳膊，子弹从右臂穿过，血流了一脸，我又昏了过去。王子元身中一颗炸子，肚子炸开一个大窟窿。

　　村民赵文和王继亭逃跑时被敌人开枪打中。王继亭后胯中弹躺倒在地。赵文被打中腿肚子，疼得直叫唤，但他惦念家里，忍痛拖着伤腿往庄里走，敌人发现后连开数枪，把他打倒。赵文身中 7 枪均未伤及要害，活了下来。在村东北边，赵巨田、王维云逃跑时被敌人开枪打死在井堰上。王家祥逃跑时中弹负伤，但他继续跑，结果被打死。

　　在庄前，有 3 个骑车的伪军从东边过来，正遇上本村的王继伦，特务问："干什么的？"王说："我是小学教员。"伪军抬手就是一枪，子弹从右胸穿过，倒卧在地。另一个伪军看见王维清，也想给他一枪，被第三个伪军拦住，可能因为是个小孩子，不值得开枪，得以侥幸活命。又过了一会，敌人挨家叫门，让到街里开会，全村的男女老少和逃跑被圈回来的人，都被轰到赵巨田家门外的街上，有 100 多口，由老申给大伙讲话。王家祥的老伴从被追回来的乡亲口中得知，丈夫在村外被打死，心急如焚，借口解手想出去看看，被特务用枪打中肩胛，躺倒在地。王存老人已 60 多岁，本来腿脚不利索，加上惊吓，双腿打颤，站立不稳，被拽了出来，二话没说就是一枪，打中前胸，当时丧命。王继的外甥女婿是外村人，来此是串亲戚拜新年的，被敌人抓住毒打，扇嘴巴，帽子也被打飞了，后来拽到一边儿开枪打死。另一个姓赵的二营人，是在本村做活的，也被敌人开枪打死。到了中午11点来钟，敌人走了，大家才到村外把受伤的亲人和亲人尸首抬回家来。王维清的父亲王子元肚子上被打了一个大窟窿，奄奄一息，抬回家来不一会儿就断了气。

这次惨案中，共有7人被打死；有7人中弹受了重伤，他们是王维祥、王继亭、赵文、王继伦、王维元、王家祥老伴和姓赵的外乡人。后来八路军派军医治疗了大半年才转危为安，但多数人已落下残疾。

日伪军无缘无故杀害百姓，真是凶残至极！

（录自［日］广濑龟松主编、王大川副主编：《津门旧恨——侵华日军在天津市的暴行》，天津社会科学院出版社1995年版，第253—254页）

18. 辛庄子惨案

邹福禄口述　杨朗原整理

　　1942 年上半年，还是日本鬼子在我县实行第四次"强化治安"时期。敌人一方面集中优势兵力大规模扫荡，一方面用小股人马突袭"清乡"，杀人放火，抢粮抢物，无恶不作。旧历五月，我每夜都睡在玉米地里，只是二十四（7 月 7 日）那天，我嫌地里潮湿蚊子咬，抱着侥幸心理，冒险待在家里。可是就在这一夜便出事了。旧历二十五日（7 月 8 日），天刚发亮，人还没起床，驻邦均的日本兵小队长山本带着鬼子特务和棍儿团悄悄地来到辛庄。他们先把各路口把好，便到各家叫人去五道庙前开会。

　　我到五道庙前，那里已经有好些乡亲了。男的站在庙前，妇女和小孩站在南墙根，还有些乡亲被特务们推推搡搡地往这里赶。

　　山本首先叫鬼子和特务把邹堂、修文阁、王学孟、黄振海赶到五道庙斜对门的小学校里，一边打一边问："八路军的东西在哪？"乡亲们说："没有。"鬼子和特务把这些人一个接着一个倒淹在水缸里，等人快要死了，又拉出来，再审问，再打，再审问，就这样反复折磨。鬼子和特务们的嗥叫和受刑乡亲的呻吟声、嘈杂声，凄惨恐怖，震撼着庙前的人们。

　　山本向庙前乡亲们问："谁是八路军的队长、办事员、干部？不说，统统地杀了！"山本按一按佩带的刀把："说了，大大的好人。"山本的贼眼，打量着每一个人，鬼子和特务手持枪、棍，看着哪个人不顺眼就是几下子。突然，鬼子狠狠地打起修云祥，打得死去活来，修云祥胡乱地说出十几个乡亲来。山本立刻点着名叫这些人出来，站在一边。稍慢一点，就是几棍子。叫到潘瑞，潘瑞当时抱着 5 岁的儿子，山本上前夺过孩子摔在碾盘上，摔得孩子直叫。这孩子如今已经 50 多岁了，可成了痴呆。

　　山本又叫人群里的青壮年，挖两个大坑，谁挖的不卖劲，就狠狠地打谁。

　　山本问站出来的修树荣："八路军的书、文件的有？"修树荣说："没有。"山本声色俱厉地说："八嘎！书的？"两棍子就把修树荣打到坑里，随后叫人填土。等埋上土，又叫人扒出来，再问："书的？"修树荣含含糊糊地应了一句："有。"山本"哼哼"两声，又把他推到坑里。我一看不好，便对山本说："他说有书，你叫他拿去呀。"我的意思是想藉找书的机会，想法逃生。这回，山本却冲我来了，"你的，八路的！八路的鞋？枪的？"我为了缓和形势，把两颗不响的手榴弹从沙土里刨出，送给山本，山本一看，就把它扔在庙前石头上。山本就用枪逼着乡亲下坑，鬼子和特务用刺刀戳，用棍打，用脚踢，两个坑都满了。我是最后一个下去的。鬼子叫人填土。土少沙子多，连耳朵眼都灌满了沙子。我挣扎着呼吸，还清楚地听到鬼子和特务叫人往我头上埋土，可是埋土的乡亲却往我的后脖梗填。我拼命挣扎、挣扎，渐渐昏昏沉沉，朦朦胧胧。突然，人群喧闹起来，鬼子走了。乡亲们都争着抢着挖自己的亲人。我老伴把我头上的土去掉，一会儿，我清醒了。其他人多数都闷死了。乡亲们哭啊，嚎啊，面对一具具尸体，都哭成了泪人。只有王学书，扒出后，用凉水喷，活动上肢，盘屈两腿，才慢慢苏醒过来。这次惨案，共埋 12 人，死 10 人，幸存两人就是我和王学书。死难 10 人是修树荣、修景林、王北兰、王泽普、王小拽、王喜头、王三头、潘瑞、修云祥。其中王小拽、王喜头、王三头还是个孩子，连学名还没起就惨遭杀害了，修云祥当时想讨好免祸，却也没逃出鬼子的魔掌。

（录自［日］广濑龟松主编、王大川副主编：《津门旧恨——侵华日军在天津市的暴行》，天津社会科学院出版社 1995 年版，第 263—264 页）

19. 吴家洼惨案

张子忠、陈增口述　吴竹亭整理

　　1942 年 9 月 24 日至 28 日，驻蓟县店子村据点的日军小队长米泽带领着日伪军 70 余人在吴家洼村，先后杀害 9 人，是为吴家洼惨案。为了弄清惨案的全过程，我们采访了几位幸存者。

　　张子忠老人回忆道：惨案发生在 1942 年的农历八月十九（9 月 28 日），当时我 22 岁。八月十五中秋节那天，鬼子来我村"清乡"，村里应付一下，没受损失。八月十七，店子据点的鬼子派小现渠村的两个人沿村搜集情报。当他俩到我村时候，被我村监察委员陈焕和区里一位助理扣住，押往盘山。八月十八，据点的鬼子一个村一个村地查问，寻找这两个人的下落，在何庄还杀害了两名群众。八月十八晚上，陈焕派我和张德富在村边的一个棚子里打更，任务一是放哨，二是有八路军的信转到我村后再送出。半夜里来了一位"便衣"，让我们沿村转送。我和张德富把他送到八里庄后，他又让我们送到殷溜据点。我们才知道他是特务，趁他不注意，撒腿就跑。特务提枪追，没追上我们。后半夜两点钟左右，我俩赶回村里。时间不长，我们发现房外有动静，出来查看，发现鬼子闪光的刺刀从寨子（秫秸篱笆）空儿伸过来。张德富手里拿着锣，紧急中用力敲了两下，想给乡亲们报信，被跳过来的鬼子狠狠踢了两脚，然后将我和张德富分开看押起来。天蒙蒙亮时，鬼子开始逐户驱赶群众到村中集合。

　　天大亮后，全村 200 多人被鬼子赶到村中空场上，强迫大家跪在地上。30 多个鬼子、40 多个"支队"（伪军）端着刺刀将大家团团围住，周围架着 3 挺机关枪。鬼子小队长米泽腰挎战刀、手拿木棍，在人群前面走来走去，看见谁不顺眼上去就是几棍。米泽当众逼问被押的那两人下落和八路军枪支、弹药埋藏的地点，乡亲们没人理睬。米泽气急败坏，从人群中先后揪出陈子全、陈印、陈增、张子成、周凤岩、陈勋等几人，分几处灌凉水、拷打。我被带到陈子祥家。鬼子先用棍子打，把一根挺粗的棍子都打断了，至今我的右胳膊还不能抬起，落下终身残疾。伪警长刘云龙还用一排子弹的尖头狠划我的脊背，划得鲜血顺着脊沟往下流。我不说，刘云龙将我带到米泽跟前，米泽恶狠狠地说："不说，死了死了的有。"我说："死了没关系，就是不知道。"米泽一挥手，鬼子又把我带到空场上。

陈增（现年 71 岁，如今已迁居丁庄）回忆当年的情况说：我被拉到陈子全家拷打。陈子全当时是村财粮委员，害怕毒打，说出了藏文件的地点。米泽派人到西村大石桥下面找到文件后，借口他说晚了，将他枪杀了。米泽又来审问我，追问八路军藏在村里的枪支、弹药。我说不知道，米泽让翻译赵凯将我倒背捆绑，戳进水缸，灌昏后拽出来扔在地上，醒后再戳进去，一连六七次。鬼子得不到口供。将我带到空场上。这时已是上午 11 点多钟，鬼子又强迫我和张子成在空场南几十米处挖了六个一米左右深的坑。张子成也遭毒打，臂上被米泽用战刀砍了一道很深的口子，边挖边流血。

张子忠老人在谈到敌人杀害张文一家 6 口和自己被埋情况时说：因为陈子全暴露了文件，鬼子知道了村办事员是张文。张文警惕性很高，晚上住在村外的地洞里。鬼子没有抓到张义，就把张文的爸爸、妈妈、媳妇、儿子及弟媳、妹妹抓来。一块被抓来的还有张文的嫂子一家三口。鬼子将这一家 6 口押到坑边，用刺刀逼着乡亲们站在四周观看。当时张文的父亲都已年近 60 岁，媳妇和弟媳怀有身孕，妹妹年仅 15 岁。他们虽遭毒打，但宁死不屈，自己跳入坑内。张文年仅 5 岁的儿子还不懂事，哭叫着不肯进坑，被米泽抬起一脚踢入坑内。孩子在坑内还往上爬，可每爬到坑沿，就被米泽踢下去，一连几次。他妈妈看出鬼子是要斩尽杀绝，一狠心将孩子紧紧抱在怀里。失去人性的鬼子边埋土边踩，最后还在坑上跳。还剩下一个坑，米泽让几个鬼子把我捆上推进坑内。他们边埋土，我边往上挺，最后还是将我连头都埋上了。日本兵也不全是失去人性的畜生，也有心地善良的。鬼子刚撤走不远，一个日本士兵就返回来，用手扒土，使我露出了脑袋和胸口。鬼子出了村，我的亲人边扒边哭，将我扒了出来。张文的 6 位亲人也被亲属和乡亲们很快扒出来，但因鬼子边埋边踩，时间又长，人都早死了。张文的嫂子趴在尸体上痛哭。乡亲们面对这一具具尸体，特别是看见死去的年仅 5 岁的孩子，都流下了悲愤的泪水。

陈增讲述了之后的情况：鬼子撤走时，还将 48 名青壮年捆绑连在一起，押到大现渠村"支队"（伪军）驻地。我们被带到据点的第二天早上，米泽让"支队"把人押到大现渠村的天主教堂内，强迫大家跪在地上，挨个用棍子打，继续逼问那两个人的下落和八路军枪支、弹药埋藏的地点。将陈印、张子成、周凤岩、陈勋等人拉出，除用棍子打外，逐个用绳子捆住双脚、倒吊在房桁上，下面放一桶水淹溺。溺昏后扔在地上，醒后再溺。张子成还被 4 个鬼子分别拽住手脚，用力向空中抛，往砖地上摔，摔得他口鼻流血。米泽见还没有收获，又将张德富等六七个十几岁的孩子拉到一间房子里，将陈勋绑住手脚，扳倒在地，在他的背和腿处垫上砖，两边让鬼子摁住，双手握刀用力朝陈勋的胸腹部猛戳，一连 7 刀，鲜血喷溅。米泽用沾满鲜血的战刀指着陈勋的尸体吓唬说："不说，死了死了的有。"米泽从早上一直拷问到晚上，可没有一个人暴露秘密。第三天，米泽强迫周围十几个村的群众到店子据点"开会"，将周凤岩枪杀。会后，米泽让两个人回村去找八路军埋藏的枪支、弹药。我和张子成骗说愿意回村去找。我们回村后，找出藏在我村的两支枪和两颗手榴弹，投奔了八路军。

为了救出 40 多名被鬼子扣押的青壮年，我方通过组织关系，送回了那两个被押的人。鬼子虽然放了这些青壮年，但将全村各家的门封了起来。群众有家不能归，只好投亲靠友四处避难。40 多天以后，乡亲们才陆续回到村子中。

（录自［日］广濑龟松主编、王大川副主编：《津门旧恨——侵华日军在天津市的暴行》，天津社会科学院出版社 1995 年版，第 268—271 页）

20. 我被活埋的前前后后

匡汝济口述　刘春整理

1942年农历九月初三（10月12日）那天，驻四区（龙古庄）的日本鬼子头目老申，我们老百姓都叫他申阎王，带领着20多个鬼子和几十个伪军从龙古庄炮岳子出发，向东扫荡，然后从大现渠、小现渠一带又向西扫了回来，从杨庄子扑到了我们庄。

鬼子来"清乡"之前，头两天便通知了保甲长，不让大家外出。家家户户都要欢迎鬼子。大伙知道鬼子要来"清乡"了，除几个人知道将有灾祸降临，偷偷跑了，大部分乡亲挺听话，没人敢走。上午9点多钟，鬼子进村了，把从胡里庄、厂庄子、李庄子几个村的几百名老百姓全赶到了大街上，再加上我们庄的人，在大街上，黑压压地站了一片。然后，老申开始训话，要人们不要说谎，有啥说啥，问啥交代啥。为了吓唬乡亲们，鬼子把从李庄子村带来的李福明、李六两个人拉到村西头，让他们跪在地上，然后从背后开枪，两个人"扑通"一声倒在了地上，流了一摊血。乡亲们吓坏了，一片混乱。鬼子又让大家安静，站好队，然后继续训话。鬼子问："八路军来过没有？有多少人？你们藏过八路军的东西没有？藏过就交出来。"因为大伙也确实不知道八路军在哪儿，所以无论鬼子怎么训斥，大家都没说话。鬼子十分着急，开始发脾气了。鬼子叫出了村的治安员，当时我和匡永庆、匡永丰、匡永安都是村的治安员。鬼子问我们，村里来过八路没有？我们村实在没来过八路军，也就没法瞎说，便挨了一顿打。鬼子抡起枪托打在了我的屁股上，一阵生疼，然后又灌凉水，凉水顺着鼻子、嘴流了下来，全身都湿透了。打了我们4个治安员还不过瘾，又下令把四个村的几十名男壮劳力拉出来活埋。在鬼子刺刀的驱赶下，我们几十人全都被拉到村西头的郭桐家。老郭家的院子很大，可以挤满几十人。鬼子埋人是早有安排的，鬼子刚到村时，便下令让10多个人在老郭家后院挖坑，乡亲们拿着铁锨，按鬼子的安排挖好了坑。现在，乡亲们却被鬼子带到了自己的同胞挖好的坑内。埋人的坑有大、小两种，大坑二尺多深，一丈多长，三尺多宽；小坑有一尺多深，六尺多长，三尺多宽。傍中午，我和郭顺、匡思顺，还有厂庄子的夏玉亭4人被推到了一个大坑内。我们并排躺在坑里，为了能够喘气，我们每人都脸朝下，趴在坑里，把两手垫在胸前，留出空地方以便呼吸。鬼子让伪军动手埋人。伪军中也有好人，看到乡亲被赶到大坑，小声说："下去了，趴好了，手放胸口窝，可以喘口气。"一个伪军还往坑里扔了许多柴禾，以便让身上有点缝，可以透透气。鬼子还强迫乡亲们拿着铁锨往坑内填土，鬼子的刺刀、大枪在身后逼着，谁也不敢不埋。我兄弟匡汝环正好被鬼子命令来埋我们这个坑。我被推到坑里后，双手放在胸口窝下，能透点空气，头上放着一层柴。开头，只有土渣子灌满了脖领、头发。我兄弟匡汝环不忍心埋土，鬼子在坑边吼叫，他只好眼含泪水慢慢地扔下一锨锨土。一个多钟点后，几百锨土压在我们4个人的身上，身子几乎全部盖住了。我趴在那里，只觉身子越来越沉，连腿也动不了。由于我双手始终垫在胸口上，头上又垫上柴禾，头部只感到沉重，但还能微弱呼吸。下午鬼子走了，乡亲们赶忙扒开了埋在我们身上的土，把我们扶起来，一片哭天喊地。我们4个人扒出来，脸部憋得铁青。我北边坑内埋的几个人嘴角都出了血。我父亲当时70多岁了，也被鬼子推到坑里埋了，尽管当时没死，但很快便得病了，阴土一冰使老人长期闹肚子，不久便死去了。这次我们村被鬼子推到坑里挨埋的还有匡满堂、匡满庭、匡思顺、匡满顺、匡思成、匡满才。

　　这年正月十五（1943年2月19日），老申从龙古庄、小于庄、独赛营、大徐庄等村转到我们村。老百姓见日本鬼子来了，都往村外跑。鬼子见往外跑的便开枪，李庄子有两个人被打死了。有一个八路军的家属躲在自家的碾棚里，没来听他训话，让老申发现了。老申拔出枪来，一枪把这个妇女打死，肚子里还有个孩子，鲜血流了一大片。一个李庄子姓蒙的人拉着牲口跑，没敢来开会，也被老申打死了。这次"扫荡"，还把我们村匡为远、匡满福带到了龙古庄炮楼。

　　（录自［日］广濑龟松主编、王大川副主编：《津门旧恨——侵华日军在
天津市的暴行》，天津社会科学院出版社1995年版，第272—274页）

21. 前干涧惨案

安祥、安福口述 吴竹亭、晏积智整理

前干涧位于蓟县北部山区下营镇西北的一条峡谷内，因地势逶迤延伸二三十华里，分散为几个自然村。抗日战争时期，隶属蓟县八区。1942年农历十一月十六（12月23日），驻兴隆茅山镇据点的日伪军70余人，在前干涧村（前干涧解放前夕以长城为界分为两部分，长城以北的前干涧村今属兴隆县）一次杀害无辜群众10人。安祥和安福作为幸存者和见证人，诉说了这次惨案的详细经过。

安祥（现年78岁）先讲述了惨案发生前的情景：1942年，鬼子推行第五次"治安强化运动"，我们这儿被划为"无人区"从农历十一月开始，强迫群众"集家并屯"。日伪组织通知我们村几天内搬到茅山老营盘，并威胁说如不搬就要血洗我村。但村里没有一个人去，各户大都让妇女和孩子投亲靠友，男青壮年仍住在村内，晚上轮流站岗放哨监视敌人，为八路军送信。农历十一月十六这天夜里五更，天还没亮，就听见有人喊："有敌情啦！"我爬起身去后门往东看，朦朦胧胧就见远处三五成群的人影在晃动，知道不好，撒腿就跑。几个鬼子在后面追，大概怕走漏风声，没有开枪。我山路熟，一会儿就甩开了鬼子，来到村北的小山顶，这时天还不太亮。不一会就见村里起了火，一家接一家，映红了半个天空。眼睁睁看着祖祖辈辈用血汗建起的家园，在熊熊大火中化为灰烬，而又无能为力，禁不住流下悲愤的泪水。

安福（现年85岁）作为这次惨案的幸存者，老人讲述了死里逃生的经过：那天，听到村里有动静，我就往北山沟跑。没想到日本鬼子是茅山据点的，正从山梁过来。我赶紧往回跑，跑到一片破房子处被鬼子捉住。鬼子押着我，向村里包抄过来。进村就挨家点燃乡亲们的房子。村里的人大都跑光了，鬼子只捉到十来个人，其中有我大妈、老婶、二舅，王文彩的闺女、孙女、女婿，扛活的（雇工）安禄的妻弟，姚顺的老叔。鬼子把我们带到王文彩家的场房，场周围40多个鬼子端着刺刀将我们团团围住。我先被拉出来，一个鬼子先用鞋底猛抽我的脸，打得我血顺着嘴角往下流。接着又脱去我的棉衣，用棍子没头没脑地打。打一会又把我绑在梯子上灌凉水。冰凉的水一桶又一桶从头上往下浇，呛得我喘不过气来。不久，我被灌昏过去。苏醒后将我放倒在地，用杠子压我的肚子，把水压出来再灌。当时已是滴水成冰。我的头发被冻成一团，浑身瑟瑟发抖，连牙都合不拢，在折磨我的同时，鬼子对那几位乡亲也用棍子、枪托子毒打。最后，几个鬼子将梯子横架起，在下面堆起柴烧。火苗子舔着我的皮肉吱吱响，身上剜心般疼痛。鬼子看着我挣扎呻吟，跺脚狂笑。后来绳子烧断了，我也昏了过去了。鬼子以为我死了，扔下不管了。过了一会儿，我醒过来，趁身边没有鬼子。顾不得身上布丝不挂，撒脚就跑。跑不多远，鬼子发现了，在后面打起枪，其中一枪打中我的大腿根部，当时没有觉出疼，只感到热乎乎地发麻。跑出很远，跳进一家萝卜窖里。伤口一个劲地流血，可连个布条都没有，无法包扎，只能任其流淌。鲜血把窖内的萝卜染红了一大片。在里面呆了很长时间，听听外面没有什么动静了，才钻出来，从附近人家找条裤子穿上，一瘸一拐地回到家里。

安祥又接着讲述了惨案发生后目睹的情况：鬼子上午10点多钟走的。鬼子走后，我就回到村中，只见村里大部分房屋都被烧毁，只剩下残垣断壁。有的门窗、房架还未烧尽，冒着余烟。一些妇女在烧毁的房前呼天抢地地痛哭。有几家发现少了亲人，顾不上房子，四处寻找，可找了大半天也没有找到。第二天，"跑反"到彰作村的乡亲回来说，在俺村烧杀的鬼子，到彰作据点传出话来说弄死了一窖人，大家才在村内各家的窖里找。后来发现都在王文彩家场房附近的菜窖里。据最先发现的人说，当时窖口还被石板盖着，里面连烧带熏，未逃脱的9位乡亲无一幸存。我去时，大部分尸体都弄走了，只看见安福的大妈、老婶、二舅的尸体都被扒光了衣服，三个人的牙都被打没了，腹部满是血窟窿，肠子流出体外。安福的二舅在靠近窖口的最上边，腿上的肉全被烧光，只剩下骨头，头和身上被烧得炭一样焦黑，痛苦地扭曲着。那惨景就是石头人看见了也得掉泪。听别的乡亲说，窖内遇难的另外几个人也被脱得精光。王文彩的女儿和孙女，当时都是十八九的大闺女，身上也被剥得一丝不挂，虽然大家都没亲眼见，但也猜想得到，这些兽性的鬼子干了什么。

惨案发生的第三天，鬼子又来"扫荡"。以后四五天，鬼子又来一次。到第七天，平静下来，才准备办理丧事。房子和财物都烧光了，买不起棺材，只好用席一卷，草草把遇难的乡亲埋葬了。

那次惨案，我村还有一个叫刘大来的乡亲被杀害。他也是未跑脱被抓住的。鬼子在村里烧杀后，让他带路到彰作据点，在那儿遭杀害，身上被捅了几刺刀。我村张奉先事后和几位乡亲偷着把他的尸体弄回埋葬。

那次惨案是我村最大一次惨案。从那以后鬼子隔些日子就来我村"扫荡"，见房就烧，见人就杀。今天一两个、明天三五个，枪杀、刺刀挑、刀砍、火烧、活埋，各种残忍手段都用过。至1945年抗战胜利，仅我们现在的村就有百余口死在鬼子的屠刀下。日本鬼子欠下我们的血债，我们要教育子孙永远牢记，让他们懂得落后就要挨打呀！

（录自［日］广濑龟松主编、王大川副主编：《津门旧恨——侵华日军在天津市的暴行》，天津社会科学院出版社1995年版，第275—277页）

22．记大吴庄惨案

吴连芳、吴延芳口述　杨芹整理

大吴庄是宝坻县的一个小村庄，在日伪推行第五次强化治安运动后的 1943 年，在根据地的建设中，成立了"新政权"，成了远近闻名的抗日活动中心。此时，盘踞在林亭口、新安镇据点里的日伪军，已感到末日的来临，要作垂死挣扎，便疯狂地集结兵力进行反扑，并同各地汉奸、走狗互相勾结，搜集我方情报，连续大量屠杀我抗日军民，制造了一起又一起惨案。大吴庄惨案就是在这种形势下发生的。

11 月 17 日（农历十月二十）林亭口据点的敌人接到伪保长刘焕文的情报后，马上策划出一个"稳中计"的血腥阴谋。清晨便出动了 100 名伪治安军、30 多个日本鬼子。先是来个虚张声势，一小部分进村后一家不入，便在村里的高房上用重型火力向村外疯狂地扫射，谁跑便打死谁。吴延安的舅父（田苑庄人）当场被打死在村北大道上。村民刘哲逃跑被敌人捉住，扯开衣服袒露胸膛，要杀死他，后被日军翻译（本县人）救下。敌人大部分都在野外高粱地里，用"梳篦围剿"的办法，把外逃的群众都圈走了，带到北潭后又都放回来。敌人宣扬说："下次谁再敢跑，逮住就枪毙！"与此同时，刘焕文等人又在村中挨门挨户地敛钱。说是大伙不能再跑了，要用钱维持，保住庄。结果，敛了十几万元大备票，也没人见他交给谁。他稳住了人心。

11 月 18 日（农历十月二十一），敌人从北潭返回来，一枪不发。约在凌晨 3 点左右，悄悄地把大吴庄围得严严实实。早晨 5 点钟，村民起来去挑水就发现敌军密密麻麻地趴在村北，这时，大家想逃跑已来不及了。敌人从早上 6 点钟开始进村，挨家挨户搜查，一人不丢，把全村男女老少都赶到村中西大庙后边的空场上。在四周的房上，鬼子们架起了机关枪，伪军们荷枪实弹如临大敌，用刺刀对着人们的胸口，吼叫着，谁也不准离开一步。李瑞臣老人稍稍一动，一个鬼子猛地刺过来一刀，吓得老人退了回去。由于汉奸告密，村中为八路军收藏的军鞋等物资全部被鬼子搜出来，堆放在大街上。这时，有一个戴着毛手套、背着大皮包的伪军中队长，从吴连荣家出来，站在群众前边，手里拿着一张红条，冲着人群喊："李——长——义！"李长义没吭声。一个伪军把李长义揪出来问："你叫李

的台子上。

70多岁身患重病的老人张玉林，已经丧失了外逃的能力，只好留在家里，被日军发现也拉到高土台上，逼迫他说出八路军的去向。老人说："不知道！"日军就把他往台下一推，可怜张玉林老人当场被活活摔死。

因为得不到半点有关八路军及破坏大桥的线索，敌人被激怒了，立即下令点火烧房。他们先把各家的炕席揭下来，卷成席筒，竖立在炕上，再浇上煤油，撒上硫磺，一群魔鬼手持火把，从村民刘树恩家开始点燃。那天正刮西南风，火趁风势，立时烈焰冲天，黑烟弥漫，整个村庄顿成一片火海，大火烧了几天几夜才逐渐熄灭。全村837间民居，焚烧殆尽，成了一片废墟，仅剩下8间半残缺不全的房屋幸存下来。遍地都是焦砖碎瓦，残垣断壁，以及那些没有烧完的余烬，犹自冒着浓烟，萦回不散。现场惨状，令人目不忍睹。

烧房一个月后，驻在欢坨、贯庄据点的日军从各村征集马车50辆，派七八十人来到田辛庄，把被火烧剩下的檩木、门窗、桌椅、衣物等，不论好坏，有什么装什么。又把村民饲养的鸡、鸭、猪、羊也都装在车上，一齐拉走，整个村庄被洗劫一空。

尽管敌人凶恶残忍，手段歹毒，但血与火并没有使田辛庄的人民屈服。田辛庄虽然遭受如此深重的灾难，抗日活动却一直没有间断，劫后有32名村民先后走上抗日的征途。

（录自［日］广濑龟松主编、王大川副主编：《津门旧恨——侵华日军在天津市的暴行》，天津社会科学院出版社1995年版，第189—192页）

24．忆述回家庄惨案

李广文口述　王文煜整理

沦陷时期，我们村经常遭难。鬼子屠杀乡亲的事就有两次。

一次是在 1944 年大秋前，日军头子柴崎带着 30 多鬼子和七八十伪军，从黄庄回林亭口，路过我们村。我村甲长阎嘉林（那时我村的甲长是全村人拿钱雇的，一年一换）拿着太阳旗在村西口路上迎接。柴崎站在头里，通过翻译说：你的，快领着大伙把道平好（那阵为了阻止日军"清乡"，八路军组织老百姓破坏交通，把通往城镇的道路都挖断）。当时，甲长怕出事，领着大伙平道。顺着林黄路往北平，平了有三里多地，到了后张庄窑地，算是到了我村的管界了。我村的管段都平完了。柴崎叫甲长阎嘉林跪下。又说："统统的跪下。"翻译官叫我们都跪在道边上。一会把甲长阎嘉林叫到跟前，说："你们统统的是八路，路是你们断的，电线是你们割的。"甲长阎嘉林说："这路不是我们断的，是八路断的。"柴崎抡起战刀就是一下，阎嘉林当即倒下。跪在路旁的人们，吓得滚下路来，顺着高粱地就跑。鬼子又向阎嘉林开了一枪，看他死了，人们也跑没了，就向林亭口走去。过后，我们看阎嘉林还有口气，把他抬回家，熬了十多天，人就完了。

又过了些日子，到了农历十月十五（1944 年 11 月 30 日），十月十五是我们供奉菩萨的日子。这是个大风天，天气特别冷。下午两三点钟，日军头子柴崎带着那伙强盗还是从黄庄回林亭口，这回还有大汽车、马车。进村就集合老百姓，从人群里挑出三个人来。一个是张起瑞的儿子小名叫"八十头"，当时 18 岁，一个叫赵文明，一个叫王连荣。为啥挑出这三人哪？这三人都在天津做工，两个是理发的，一个是在布厂当工人，长得细皮嫩肉的，手上没茧子，硬说他们三人是八路军。把三人带到村西头，柴崎举起战刀对准"八十头"就是一刀，还把肚肠子挑出来。赵文明和王连荣扭头就跑，日本鬼子开枪就打，将赵文明打死在后坑边。王连荣跑到小河旁，也被鬼子打死。村里人都吓跑了。鬼子从村西头点着火，大火顺着西北风很快向村里烧着，鬼子狂笑着开车走了。

听说鬼子走了，乡亲们回到庄里，把火扑灭。先把"八十头"抬回家，人已经死了。又找到赵文明和王连荣，人都冻得冰棍似的。赵文明的胸和头部穿了 17 个洞，筛子底似的，死得好惨啊！

我们村先后死了 4 人，绝了 3 户。很长时间，全村跑得一个人都没有，有亲投亲，没亲靠友。晚上仨俩人回庄看看，家里啥都没了，除了破房烂瓦，真是净光光。

（录自 [日] 广濑龟松主编、王大川副主编：《津门旧恨——侵华日军在天津市的暴行》，天津社会科学院出版社 1995 年版，第 219—220 页）

25. 柴崎刀下的幸存者

闻煜、宗征整理

　　我叫张仲全，是宝坻县方家庄乡骆庄村人。我是柴崎刀下的幸存者。1944年农历九月十七前半夜，那天有朦胧月。侵占宝坻的日军中队长柴崎带着几十个人对杨家口、冯庄、南刘等几个村子进行"清乡"，进犯我们骆庄子。听说柴崎他们来了，村里有好多人都吓跑了，我也躲到了村西头的高粱秆地里。不想正与柴崎他们遇着，一个汉奸就把我两个胳膊背过去，给绑上了。随后，柴崎他们就带着我，来到我们村东头那口土井旁边，柴崎逼我跪在那里。借着月光，我偷看柴崎几眼，见他中等个头，30几岁模样，两腮胡子很重。

　　柴崎走动几步，嘴里喘着粗气，突然"刷"的一声从刀鞘里抽出那条三尺多长的刀，又叫人从井里提上来一小桶水，用水冲了冲刀。刀沾水，要杀人，这可是柴崎杀人的一个习惯。我心想：这回我完了，柴崎要杀我。那时，我刚满23岁。

　　还没容我多想，柴崎就抡起刀向我的脑袋砍过来，我一缩脖，那一刀正砍在我的后脖梗子上，我疼得叫出声来，顿时觉出血从脖子往下流，身上湿乎乎的。柴崎看我没死，又把刀向我抡过来，我稍一侧身，这一刀正砍在我左肩膀子上，我疼得趴在了地上。柴崎还不罢休，又朝我后背斜砍了两刀。

　　就在这时候，有个汉奸跑来，向柴崎报告什么情况，柴崎才收起刀，扔下我，带着他的清乡队走了。就这样，我平白无故地被柴崎连砍了四刀，最先那两刀，刀口又大又深，经过三个多月的治疗，刀口才慢慢长上，可那四个刀疤却永久留在了我身上。

　　（李秉新、徐俊元、石玉新主编：《侵华日军暴行总录》，河北人民出版社1995年版，第173页）

26．日军血洗杨富庄

刘文凯、刘树阁口述　孙万义整理

我是日军血洗杨富庄惨案的幸存者，亲身经历了那场血腥的屠杀。目睹日军灭绝人性的凶恶残忍，今生今世，不会忘记。

那时候，我是个20多岁的精壮小伙子，是民兵队长，带领着全村的民兵积极参加抗日活动。

记得那是在1944年10月30日下午，第三区区小队长赵普来到村里，召开民兵会议。他说："敌人修建公路，架设电话线，是为了便于集结兵力，加强联系，对我们游击区威胁很大。地委指示我们，要对敌人的这些设施进行彻底破坏。我已经布置了高景庄、赵本庄和大从庄的民兵，还有你们，就在今天夜里联合行动，对这段电线要进行毁灭性的破坏，以打击敌人的嚣张气焰。"

听了他的讲话，我们一致同意参加这次行动。大家情绪很高，议论了一阵就各自回家准备工具，午夜时分就出发了。

那夜很黑，虽然冒着危险，我们心里却很坦然，一点也不害怕。几个村的民兵汇聚以后，由赵普分配任务，各自分开段落，放心大胆一齐动手。顷刻之间就破坏了十几里远近。砍断的电杆、电线，有的烧毁，有的拉走，顺利地完成了任务，达到了预期的目的。随后各自撤回本村。

宁河据点的敌人，发现电话不通，知道事情不妙，正准备派人前去勘查。谁知这一行动被杨富庄保长蔡振明察觉，他就秘密跑到宁河据点，向日军举报了夜间破坏电话线的人员姓名。

日军得知这一消息后，气急败坏决定进行报复。马上纠集了芦台、板桥连同宁河的日军、特务、伪军、大刀队等约二三百人。10月31日凌晨时分，敌人来到杨富庄村外，把整个村庄包围起来，封锁了各个路口。特务头子高全友、吴乃宾，朝鲜籍的洪翻译等人，带着日军、特务们闯进村来。日本军官立即传令把全村老少全部集中在一起。特务和伪军荷枪实弹，挨户搜查，把全村人都赶到村西口，四周戒备森严，把群众围困在中间。百姓还不明白发生了什么事情，可我心里明白，但没有想到来得这么快。我知道凶多吉少，想躲是躲不过的，怕也没用。想到这里，反倒镇静下来，注视着敌人的一举一动。

这时候，一个日本军官手里挥舞着明晃晃的战刀，大声喊叫，嘴里嚷着结结巴巴的中国话，任他喊得声嘶力竭，群众都低着头，一个出声的也没有。人们的沉默激怒了那个日本军官，他暴跳如雷，眼露凶光，在人群中来回巡视。他把蔡振明拉到跟前，让他指出谁是破坏电话线的民兵。

在蔡振明的指点下，特务们从人群中揪出了赵长利、刘文凯、李守光、刘连向、王怀秀、王殿奎、赵永、翟殿元、曹万春共9名民兵。这时候我才明白，这次行动的暴露原来是蔡振明向敌人告的密。在场的人们对这个败类恨得咬牙切齿，恨不能把他撕成碎片。几个日本兵叽里咕噜商量了一阵，就把我们9个人押到村北的一块空地上。我们还没有站稳，就被一群手持刺刀的敌人团团包围起来。那个日本军官用战刀指着我们，逼问八路军的去向。我们几个人知道这场灾祸是难以避免的，就把心一横，任他怎样威胁，只用鄙夷的目光怒视着他，一个开口的也没有。

敌人恼羞成怒，大声怪叫："死了死了的！"就命令大刀队行凶。这些大刀队都是中国人，他们受日军的雇佣，专门充当杀人的刽子手。当时拿刀杀人的有王金象（崔成庄人）、程永发（大麦沽人）等人。当他们举刀向我们砍杀的时候，9名民兵视死如归，面对敌人的屠刀，宁死不屈，破口大骂："日本鬼子！汉奸！走狗！你们的日子长不了！这笔血债，中国人民会找你们清算的！"英雄的民兵们，横眉怒目，骂不绝口。那个日本军官像一头发疯的野兽，大声吼叫，在大刀队一阵狂杀乱砍之下，9名民兵都倒在血泊之中。

日军杀人以后，就撤出杨富庄，拉着队伍到小从庄讨伐去了。

人们赶到杀人现场，只见尸横满地，血流成渠，惨绝人寰，目不忍睹。逐个查看被害的人们，发现有7名民兵惨遭杀害，献出了宝贵的生命。人们盛敛了死难烈士的遗体，含悲忍泪把他们埋葬。

只有我俩——刘文凯和王殿奎身负重伤，经过治疗，侥幸得以生存，活到现在。因为一刀砍在我的脑后，被砍的一块头皮没有掉下来，至今还在脑后耷拉着——这是日本军国主义残杀中国人民的铁证。

后来才知道，就在同一天，日军和特务们还在小从庄杀死村民3人。

我是这一惨案的幸存者，这段充满血腥的历史，又怎能轻易忘记呢！

（录自［日］广濑龟松主编、王大川副主编：《津门旧恨——侵华日军在天津市的暴行》，天津社会科学院出版社1995年版，第193—195页）

27．四里港惨案亲历记

赵平口述　王文煜整理

提起四里港惨案，我记得很清楚，在我一生中，这是一件永远忘不了的事。

那是民国三十三年农历十月初六（1944 年 11 月 21 日）。拂晓时，敌人就进庄了。先是穿黑衣服的伪军，后边就是日本鬼子，打头的就是柴崎。他们一露头，乡亲们就炸了，不知往哪跑。敌人在后边喊："不要跑，不要跑。"他喊不要跑，人们没有听，跑得哪都是。我跟着人顺赵芝家的小过道，想跑过去，钻进高秆地。（那阵高粱秸都长在地上，为了便于八路军活动，防止鬼子"扫荡"，秋收季节，乡亲们把高粱穗掰下来，让秸秆留着。）谁知全庄都被敌人围上了。鬼子是先圈庄，后进街的。我们跑不了啦，我和赵孔、赵子英、赵汉、李天明等几个人，被鬼子圈住，让我们举着手，赶着我们走。这时鬼子站满了街，房上、墙头上都有。走着走着，就见鬼子把喂猪的鲁乃风（当时 50 岁左右）逮着，紧接着又把大站头（大名叫李增文）从街西逮来，送到我们一堆。还没站稳，穿黑衣服的特务就问李增文："你们村有八路吗？"鬼子看他不言声，"啪"地扇了一个大嘴巴子，紧接着抽出日本战刀。一个庄稼人，哪见过这样的阵势，李增文撒腿就跑，顺街筒往东跑。快到街东头，前边有几个鬼子，眼瞅着上来扎了几刺刀，把李增文扎了几个跟头。他爬起来往回跑，顺着小桥又往南跑，下桥没两步，鬼子向他开了枪，李增文连窝没动，当场被打死，滚到水坑里。后来鬼子把我们圈到李子臣家，头一层房，是鬼子临时办公的地方。进院后，把我们圈进小厢房。赵志英贴着厢房站在窗户南边，我在厢房门口；鲁乃风、李天明在厢房前站着；赵弘一脚在台阶上，一脚踩着门坎，靠着门框站着。一个鬼子先问赵志英，姓什么，叫什么？赵志英告诉了他。转过脸来就问我"你姓什么？""我姓赵。""嗬！你们都姓赵？"接着他没问我叫什么，因为我那时还小，才 12 岁。问我父亲叫什么，我说："我父亲叫赵长秀。"他一转脸问赵弘："你姓什么？""我姓赵。""嗬！一窝赵啊，你叫什么？""我叫赵弘。""好，你就叫赵弘。"说着，把他拽到大屋，抢棍子就打，几个鬼子把他抬起来往地上摔，打得赵弘吱呀乱叫。问赵弘庄里有八路军没有，赵弘被摔得死去活来，最后说有。鬼子领着赵弘到街上去了。把我们圈到后房东间里，派一个棍团看着我们。他一进屋就找吃的。正巧屋柜上放着一盆高粱干饭。他挺高兴，又去找油，油也找到了。他说："先把肚子填满再说。"点着锅，先烧了一壶水。李天明愣了巴叽地端着水给前屋的鬼子送去。一挑门帘，也没喊报告，鬼子一看就是一刀。李天明扭头就跑。这时看着我们的那个棍团就上前解释："他是小孩，给皇军送水的，是好老百姓，小孩。"鬼子才回了屋。那个棍团对李天明说："你真愣，我们进去都得先打报告，你不言声就闯，真是找死。"饭炒熟了，他说："来呀，你们也吃点，不吃到哪去吃呀。"我们一听要坏事。鲁乃风岁数大些，就跟他拉话。他又说："这回日本人让所有的百姓都去打'高秆'，我送你们去，顺着路你们走吧，别家来啦，快远走高飞吧！"

这是个有良心的中国人，他叫我们找镰刀、破菜刀什么的。还说，看见皇军别作揖，要鞠躬。他把我们领过街，送到村口。这时，街上也没有老百姓了。就见到赵波、赵弘、赵志勤、李秀山、李志勤、李志民、李增武在道边蹲着。

我们脱身后，听说庄里的鬼子把老百姓圈到大街上。当时全村共有 300 多口人，那天除提前跑的，都圈到街上，有 200 多口人。人们看见，街上的鬼子、伪军乱抢乱窜，把小鸡逮着，把鸡脖子一揪，往自己的背包里塞。开会时，一个姓房的翻译讲话，他说，是好老百姓的都去打"高秆"，不要听八路军的话；谁要不去，就是八路，八路统统带走。一会就把赵弘领来，让他认人，不认，就掐他的脖子。因为赵弘是村长，把村干部都认出来了，有抗粮队长赵波，破交队长李志勤，抗粮会的李秀山，财粮李志民和赵志勤。

后来又把李志民拽出来，叫他说谁是八路。他不说，开始用棍子、棒子打他，他还不说，鬼子将稻草点着，用火烧他。可他一个人都不咬，只说："就我一人管财粮，管粮帐。"

被鬼子杀害的还有个叫李增武的。他本来啥责任也不负，鬼子把他拽出来，一打他就糊涂了，他说，他是财粮。他当时以为一说就不挨打了，谁知被鬼子拴去，跟干部一起死在鬼子的刺刀下。

那天夜里，两点钟上下，这几个人被鬼子用麻绳子拴走了。我庄老保长赵堂也跟了去，想找熟人去保人。到赵家铺，鬼子也把他拴一堆了。他那么大岁数，都知道他是咋回事，挑的时候没挑他，让他回来送信。我在家听说鬼子在赵家铺又出发了，怕又回到咱庄，我准备跑，刚出后门口，正碰上老保长回来。他上气不接下气："别——别——别跑，可——可——可不得了啦。"半天才说出来，"孩子们都死了，快找门板子把人抬回来。"我们把 7 个人都抬回来，5 个人就窝都没气了。两个还有点气。一个叫李志勤，到家也死了；一个叫赵志勤，挨了 7 刀，没扎到正地方，活过来了。

日本鬼子这一次就杀了我村 8 条人命。死得好惨啊！

（录自［日］广濑龟松主编、王大川副主编：《津门旧恨——侵华日军在天津市的暴行》，天津社会科学院出版社 1995 年版，第 216—218 页）

28. 日本鬼子在南庄子杀人放火

任秀兰口述　王文煜整理

　　我的老伴叫钱宽，是鬼子扎了五刀没死又缓过来的人。老伴原来腿脚就不好，闹日本那阵子，村里有个信啥的，都让他送，到外庄瘸了巴叽的没人注意。每次鬼子进庄，还侍候他们，端个茶倒个水的。日本降服那年的正月二十七（1945年3月11日），鬼子又来了，这回他们也不让侍候了。疯了一样，又杀人又放火。那天前半晌，我正在屋里猫着，啥都不知道。就听北头子练儿奶奶哭嚎声："哎呀，活不了啦！"我们全家出来瞅瞅啥事呀。一瞅，北边冒大烟啦。这时村里人都往村南跑。我们一家，还有对门二大妈家好几口人跟着跑。对门大哥背着二斗麦子，麦子沉跑不快，跑到东头，一下坡，就把麦子撂到地上了。我的老伴跑不快，在我后边。我抱着个吃奶的孩子也跑不动。跑到南栅子那地方就跑不动了。眼看着鬼子端着刺刀就上来了，离我一丈多远。我眼头一黑，把孩子夹在胳肢窝，脑瓜子顶着地，脑瓜子就像过汽车似的嗡嗡响。我嘴里叨念："我的老天爷呀，我的老佛爷呀！"身上就像挨打一样，唉呀，我的妈呀，这是哪疼呀，半天就在那儿闹。待了一会儿，老钱昆把我叫起来，说："你还不起来，你看都扎死啦。"睁眼一看，啊呀，老伴浑身是血，躺在地上。前边躺着我们大哥钱明和他的老娘我们的二奶奶。听说二奶奶眼瞅着鬼子扎自己的儿子，磕头央求，谁知鬼子就腻味磕头，顺手一刺刀，就把二奶奶扎死了。我们大哥钱明，攥着鬼子刺刀跟他们试把，那鬼子从身后把他扎死了。我看见靠南边还有一具死尸，那是我们三哥，叫钱柱。他已经跑了，看见家里着了火，想回来救火，走到村头，碰上鬼子，就给挑死了。这回，我们两家子给日本鬼子挑了4人。我还有一个大哥，鬼子也叫他过来，他还真想过去，可让他的闺女拦下："爸爸呀，别去了，你没看把三大爹扎死了，你咋还去呀！"说着把他爸爸拽猪圈去啦。

　　后来，鬼子们就放火，火烧得跟火城似的。我守着老伴就嚎。大伙说别嚎了，快把他抬走吧，要不叫火烧了。一摸，老头子还有点气。大伙帮忙，把他抬回家里。他身上被扎烂了，屁股上、软肋上、胳膊上的血顺着窟窿往外冒，数数整五处。躺在炕上，两天两宿不知道事，就是大气小气地喘，不吃不喝，三天头上，喘得小点了，还是不知道吃啥。后来连治带养的，总算活过来啦。好了也不像人样，大虾米似的，弯着腰，走起路来头挨地，啥活也干不了，还得我养活他。不死不活地又熬了几十年，头几年去世了。

（录自［日］广濑龟松主编、王大川副主编：《津门旧恨——侵华日军在天津市的暴行》，天津社会科学院出版社1995年版，第221—222页）

29．日军火烧纪庄子

刘连和、杨春桂、杨春安口述　孙万义、朱守宽、李凤禄整理

1945年3月11日，八路军区工作队的克仁来到村里，他是来组织群众破坏日军潘庄据点附近的电话线的。当天晚上，克仁带着我们20几个人出发。到达潘庄至宝坻公路的预定地点后，分成两组，一组往南，一组往北，把电杆拔出来撂倒，把电线剪断，扛着电线回村。因为距离潘庄据点很近，恐怕被敌人发现，不敢停留，立即动手，时间不大就完成任务撤回来了。

3月12日凌晨，我县大队长王全荣率领着大部队约300人来了，他安排部队驻在3个村里，成为犄角之势。他们在村中选好有利地形，做好伪装，严密地埋伏起来。

原来这次破坏行动，是故意激怒敌人，料定他们必定到这3个村讨伐，就预先设计好伏击圈，等候敌人上钩。果然，一小队日军带着特务和伪军七八十人，从潘庄据点出发，朝着我们村的方向而来。敌人径直来到纪庄子村头。这时，隐蔽在房上、地下、墙头后、草垛边的大部队纷纷出击。一时间，枪声大作。三个日本兵用机枪扫射，火力十分猛烈。隐蔽在房上指挥战斗的县大队长王全荣，从身旁战士手中拿过长枪，瞄准敌人连发了3弹。一个日本兵当场被击毙，另一个跑了不远，倒在地上死去；还有一个受了伤，想逃回据点，跑出约一里多地死在路旁。大部队缴获了机枪，把敌人打得七零八落，狼狈逃回潘庄去了。窜到村西的两个特务，被大部队从草堆里掏出来生擒活捉了。这次战斗，我军大获全胜，押着特务离村而去。

盘踞在潘庄的日军，不甘心他们的失败，又在3月13日，集中兵力向大部队反扑，可是大部队已经撤离。敌人扑了空，非常气愤，就把一腔怒火发在村中百姓身上。

他们从村西点起一把大火，烧毁民房80多间。直到敌人撤退，人们才把大火扑灭。

3月15日，发现敌人又从潘庄出发，朝这方向而来。群众预感到来者不善，这次恐怕又要进行更恶毒的报复。全村男女老少不敢在村中停留，为了保全性命，各奔东西，四处逃散。敌人进村后，挨户搜索村民，把全村搜遍，总共找到老弱

病残 27 人，把他们集中在一起。一个日本军官扬言说："打死 3 个日本人，要杀 30 个中国人来抵偿。"他命令架起机枪，对准这 27 个人，准备开枪扫射。这时候那个姓金的翻译走过来，对那个军官说："太君，用机枪把他们一块打死，不如用步枪一个个地打来得痛快解恨。"日本军官接受了他的建议，就换了一支步枪，按上一梭子弹，瞄准射击。第一枪、第二枪，村民杨春田和杨万陆应声倒下。第三枪打倒杨中恩。第四枪杨少兰也倒下了。这时，倒在地上的杨春田抽搐了一下，日本鬼子又给他补了一枪。日本人还要再打，翻译又说："不要把人全部打死，把他们的房子烧掉，让他们活着受罪，把他们活活折磨死，岂不是更好！"鬼子同意了，就下令点火烧房。

一群恶鬼一般的日本兵，手执火把，左窜右跳挨房点燃。顿时，浓烟翻滚，烈焰飞腾，整个村庄成为一片火海。老百姓干着急，眼看着墙倒屋塌，令人触目惊心。这些强盗把村外的柴草垛也都点燃起来，干柴烈火更是凶焰万丈。人们把一些箱柜、衣服、被褥、农具等物件藏在壕沟里，上面用柴草掩盖着，被敌人发现也都点着，毁于大火。

几天以后，火势渐弱，半个月后才完全熄灭。全村成一片焦土，仅有 40 余间残缺不全的房屋没有倒塌，也已经不能居住了。

在那场灾难中，杨万陆、杨春田二人被当场打死。杨中恩被子弹从嘴里打进去，从腮帮穿出来。杨少兰被子弹打中腰部，幸亏都不是致命的要害部位，两人侥幸活了下来。

村庄被烧以后，人们无家可归，不敢再回到村中居住，只好投亲靠友，寄住外地。有的背井离乡，当佣工度日，有的沦为乞丐沿街乞讨，生活苦不堪言。到了种地季节，偷着跑回来把地种上，青苗长起来再偷着锄耪。一直到四五个月后，那些上年纪的人才敢回到庄上，从灰烬堆里，瓦砾场中，捡些棍棒支起窝棚，勉强住了下来。

（录自 [日] 广濑龟松主编、王大川副主编：《津门旧恨——侵华日军在天津市的暴行》，天津社会科学院出版社 1995 年版，第 202—204 页）

30. 在塘沽劳工营的日子里

张学北口述　张东甲整理

我叫张学北，是天津港第一作业区的退休工人，家住新河庄，离大沽海口也就十多里路。我 14 岁那年（1942 年），父亲被抓了劳工，去了日本国，死活无音讯。转过年我 15 岁，家里日子苦，三天两头揭不开锅，我就去坨地拉碾修盐滩，贴补家用。有一天我从坨地干活回家，碰见庄上来了招华工的工头。工头把当华工说得天花乱坠，我就冒出了去日本国做华工的念头，一来能找我父亲，二来吃喝不愁还能开开眼。我心一横，瞒着我娘，就跟着新河招华工的工头走了，就这样我糊糊涂涂地被带进大沽口不远的新港"劳工营"。

新港"劳工营"，位于新港卡子门以东，北面挨着铁路线，南面紧靠海河边，也就是现在的四号路码头附近。当时"劳工营"的院子长有 300 多米，宽也有 200 多米。院内有 6 排木板房。每排房子有 30 来米长，房顶就一层木板，下小雨就漏，晴天烤死人。我们这些被抓来、骗来的劳工就住在木板房里。

日本人怕的劳工逃跑，就在"劳工营"外围架上电网，电网内侧有一道水没头顶深，宽 4 米多的大壕沟。"劳工营"里设有 4 道卡子，每道卡子都有荷枪实弹的日本兵、汉奸队把守巡逻。当时我最怵的是有好几条日本狼狗瞪着眼吐着长舌头，在"劳工营"里窜来窜去。平时我家也养狗，谁知我一见日本大狼狗心里直发毛，吓得浑身直哆嗦。

我进了"劳工营"才听说，卡子门的"劳工营"是座阎王殿，有进无出。后悔也白搭。

我记得，我被骗进"劳工营"的当天就把头发剃掉，只在后脑勺下留下一撮毛。后来我听说，谁要逃跑，日本人和汉奸只要一看后脑勺就能认出来。谁走出了"劳工营"的警戒线，日本人就开枪。在我进来之前，有两个人到河边挑水要逃跑，当场就被打死。我剃完头就换劳工服。一个叫山岛的日本人给我们新来的劳工训话。山岛个头不高，眼睛挺大，脸总是阴沉着，样子十分怕人。山岛旁边有个中国翻译，个子比山岛高半头，戴一副眼镜。翻译把山岛的话翻译给我们听：在"劳工营"中的劳工不许谈论国事，不许交头接耳，不许东张西望，不许说话和随便走动，白天规规矩矩坐在自己睡觉的地方，夜里睡觉要交衣服，上茅房要报告。

　　我年纪小，又是刚来"劳工营"，记不住翻译的话。当天夜里我憋得慌，想撒尿，光着屁股就往门外跑，忘了报告。我刚跑到门口，就是雨点般的皮鞭劈头盖脸朝我抽来。多亏劳工中的叔叔大爷们跪下给我求情，说我是头天刚到，不懂规矩，不然的话我不死也得脱层皮。

　　我被骗进"劳工营"正是三伏盛夏，木板房一晒就透，成了个大蒸笼。最叫人受不了的是天热不给水喝，渴得嗓子眼直冒烟。守着大河硬是不给水喝，多缺德。有的人实在渴得不行，自己撒尿自己喝。我回想起来，人世间最惨无人道的就是天热不给水喝。

　　"劳工营"里的劳工又渴又饿，差不多每天都死人。日本人怕我们劳工把传染病带到日本国去，对我们每个劳工逐一检疫。又是验血，又是验便，一旦发现谁有问题就马上隔离。日本人在离卡子门"劳工营"不远的地方挖了几个大坑，专门埋劳工的尸体，被埋的死人很多。解放后人们把管埋劳工尸体的地方叫"万人坑"。

　　我在"劳工营"里住了二十几天，就被押上了船。我记得上船那天，天很晴，一丝风也没有，闷热得很。我和几百名劳工叫日本兵押着走上一艘旧货轮。这条船装的是煤炭。劳工们就睡在煤上边。货舱又脏又暗，几百人都挤在一起。翻译们对我们说，你们是苦尽甜来，到了日本国就享福啦。当时我还真信啦。

　　真是天有不测风云，货轮刚开出大沽口，大海就变了脸，刮起了风暴。旧货轮在海里摇晃的十分厉害，我开始翻心，一会儿功夫就哇哇吐了一地，吐来吐去，吐的都是黄水。我身上一点劲都没有了，我一瞅四周的劳工，一个个都吐得东倒西歪，整个舱底臭气熏天。等旧轮靠了岸，我以为是来到了日本国，后来才知道我们到了朝鲜。我原想去日本国找我父亲，结果也落了空。劳工上岸后，压根没有半点自由，成天在一个矿井里干活，受的累就甭提啦。

　　我是大难不死，日本投降后我又回到了家乡塘沽。1951 年我成了家，有了正式工作，过上了幸福生活。

　　（录自［日］广濑龟松主编、王大川副主编：《津门旧恨——侵华日军在天津市的暴行》，天津社会科学院出版社 1995 年版，第 142—144 页）

31．苦难的劳工生活

黄士兴口述　李洪武整理

我叫黄士兴，今年 72 岁，日本军国主义侵占天津时期被抓去日本当华工，受尽煎熬，死里逃生。一年多的苦难经历，刻骨铭心，终身难忘。至今，每当我忆起当年的悲惨遭遇和无辜死难的亲人同胞，都禁不住老泪纵横，悲愤难言。

1944 年腊月，我那年 23 岁。家中上有年迈父母，下有妻子和一个怀抱的女儿。靠我打八岔、干杂活挣钱糊口。我二弟黄士亮早在 1941 年才 17 岁，就跟别人去东北谋生，被日本抓了华工，冻饿而死。我家中生活十分困难，平时还有点活儿干，寒冬腊月就找不到饭门了。有一天，我跟叔伯哥哥黄士光到当时的"人市"上找活儿干（人市在谦德庄，"三不管"也有），看到一圈人，正听一个人在作招工宣传，说雇人到塘沽干活，仨月保准送回家，每天给工钱，吃的还好。大冬天上哪找事去呀，哥俩一合计就报了名。连我们俩共 17 人，家也没回，大约在下午两三点钟，坐上一辆破敞篷汽车，蒙上块大苦布，可能是怕我们半道儿跳车逃跑。后来不知开了多长时间，车停住了。揭开苦布下车一看，这地方外有护城河，三层电网，门口有日本鬼子荷枪实弹站岗。进去后，只见一排一排的木头房子，约有十几间，每间房子都编了号，我们被赶进三号房。由于屋里黑，什么也看不清。呆了一会儿，才看清原来两边是一排排的木板钉的铺凳，中间是走道，四个人一溜儿，严严实实，足有二三百人。早关进来的人头发又脏又长，满脸是泥，被折磨得三分像人七分像鬼。

日本鬼子喝令我们坐下别动，整个木头房子像口大棺材，鸦雀无声。只有日本人和汉奸提着前方后圆的大木棒子，在屋里巡视，见谁说话，过去就打。厕尿全都到屋里一个大坑处，臊臭味儿噎得人喘不过气来。晚 6 点，用苦布一蒙，谁解手先报告，后边看守跟着。关进日子多的人，身子长了虱子，一抓一把，难免抓挠解痒，这一动就会招来一顿棍棒，我们真像进了阴曹地府阎王殿。

早 6 点有人揭开苦布，一点数儿，死了三四十人，来一辆大马车，像扔麦捆子一样把死者往车上好歹一扔，不知拉到哪里去了。可怜这些死难同胞连家住哪里，姓甚名谁都没留下就被折磨死了。更可悲的是，有的人明明还有一口气，救救准能缓过来，也被日本鬼子当死人拉走了。管点名的日本鬼子每天端着账本儿，死一批，销一批，过不几天，准又补进一批，也不知从哪抓来、骗来的苦难同胞。每天吃的还不如猪狗，豆饼面掺麸子蒸的小团子，夜里蒸，蒸熟后往席上一倒，冻成冰砣子。转天早晨发给每人一个，一咬掉冰碴儿，根本嚼不动，咽不下。喝水就更困难了，一个大缸两边绑着两根大棍子，四个人抬进来，用大黑碗分给每人一碗凉水，够不够不管。有个同胞实在渴急了，趁着看守不注意，偷着多喝了几碗凉水，不一会儿就死了。过着这种非人的生活，还不敢议论，只要被发现，鬼子让四个人按住你的胳膊腿，大棒子一抡，劈里啪啦往死处打，直打到皮开肉绽，扔到那儿不管了。挨打的人转天十有八九含冤而死。我们也想到过跑，可是外有电网、日本兵，再看自己双腿冻疮一块接一块，疼得走不动道儿，想跑也跑不了。我成天思念着妻儿老小，觉得非死在这口大棺材里不可，这辈子再也见不到他们了。

就这样整整被折磨了43天，总算盼到了走出活棺材的一天，连我在内点了600人，说是拉走，去哪谁也不知道。每人发给一套棉衣裤，说是棉衣，其实是用毯子毛絮的，人穿上后，毛往下坠，上边成了夹的，都堆到了下边，根本不挡寒。我们被日本鬼子用枪逼着，艰难地爬上一艘轮船，舱底装着煤，煤上铺着席，600人往席上一蜷缩，像猪狗一样。开船后，一天发3个豆饼面小窝头，一顿只吃一个，一次多吃了，那两顿饭找谁去。好不容易挨到大连，由于战事紧，船停了半个月。粮水全断，逼得我们喝海水，齁咸齁苦的海水咽不下去，渴极了也得咽。连渴带饿，又死二三十人，死尸往海里一扔就完了。后来总算开了船，几天后到了日本。600人还剩四百二三十人。经一路折磨，我哥哥在船上就不行了，下船时，四五个人抬着他上了火车。我坐在地上，把两人座位让给哥哥躺下，使他舒服点。到了晚上他说话都困难了。强熬到转天清早，他像一盏耗尽了油的灯，终于熄灭了。我抱着哥哥的尸体嚎啕大哭。收尸的日本鬼子来了，拖着他的尸体就走，我在后面边哭边跟着。鬼子连踢带打不让我跟着，我死活也要看着把哥哥弄到那里去。原来有一节专门收尸的车厢，尸体一个摞一个地码放在里面。在悲痛欲绝中，我们下了火车。后来才知道这里是日本茨城县日立铜矿。我们出了活棺材，又进了集中营。同来的600华工，这时只剩下270人左右，20多天中死了一多半。我们这些勉强活过来的人，也是冻伤累累，皮包骨头，面黄肌瘦。日本鬼子见我们干不了活儿，只好给我们简单地包扎、治疗，稍一见好就逼着下矿井干活儿。当时我们住在小木头屋里，离矿井有10来里山路，每天来回要走两个小时，在井上还要干12个小时。由于我近视眼，鬼子没让我开采矿石，分我在选矿岗位，每天甩着大铁锹和机器玩命。时常有华工在开采中被塌方砸死。一天虽然长达十四五个小时的繁重劳动，吃的却是鱼骨粉掺豆饼面的团子，一两一个，一顿三个，没有蔬菜，每人一点咸辣椒秧子，好在有开水喝。记得那时华工们都不轻易解大便，能憋一会儿就憋一会儿，原因是生怕解完大便肚子一空，饿得更快。住的木头小屋八面透风，缺衣少被，像冰窖一样。上下班途中，日本鬼子端着大枪监视着，就像进了法西斯集中营，没有丝毫人身自由。白班还好受一点，最怕上夜班，谁上夜班，白天不能睡觉，要去仓库背鱼骨粉、豆饼面和烧火用的圆木，爬山路，背那么重的东西，一走就是四五个小时，晚上还要打夜班。在非人的折磨下，我经常抚摸着伤腿流泪，这么苦的日子，何时才能到头呢？哪年哪月才能回家与妻儿老小团聚呢？就这样，在这座集中营式的铜矿上干了 8 个月。

1945 年底，我随着第三批华工乘船回到新港，换乘火车到了天津。一年的苦难折磨，九死一生，终于活着与妻儿老小团聚了。由于当华工期间挨饿受冻，我得了心脏病，两腿也落了残，走不了路。

（录自［日］广濑龟松主编、王大川副主编：《津门旧恨——侵华日军在天津市的暴行》，天津社会科学院出版社 1995 年版，第 59—62 页）

32. 悲惨的往事

马凤才口述　于辉整理

我16岁那年，由人介绍上了美国驳船公司的"北昌"号当水手。这条驳船是由两个对屁股的船连接起来的，有18丈长。每天从新港出发到锚地去装运货物。当时船工的收入本来就很低，中间还受"大写"、把头的盘剥。像我们这样的孩子，一天能吃上两顿饱饭就不错了。

1942年，我22岁。日本人接收了驳船公司。这年的开春，天还很凉。日本人把700多华工赶上"北昌"号，三四天不准下船。家里人不放心，都到码头打听消息。这天船启动了，岸上的人们嚎啕大哭起来，真是惊天动地。我妹妹哭成泪人，母亲昏死在码头上。

"北昌"号载着我们700多人，沿海边走了半个多月，在一个国家的码头上停泊下来。这个国家就是今天的韩国，当时也沦陷在日本的铁蹄之下。日本要在这里建港，男人们被日本人整死的整死，跑的跑，弄得男劳力奇缺，就从中国抓来我们。白天，船靠在码头，让我们装卸货物；晚上把船开到海上停泊，让我们睡在船上。一是怕我们逃跑；二是怕我们上陆地"肇事"。就这样，陆地上发生火灾、盗窃什么不好的事，还是赖我们，不承认就打。不少人屈死在日本人的棍棒之下。跟我一块被抓来的张松林、杨学春就是这样死在那里的。

有一天，我们正在码头上干活，海上来了一条"大灯油"。这种三条桅的大木船是日本接收驳船公司后排的。看到从家里来的船，就更亲切了，盼着船上能下来人，好打听打听家里的情况。只怨码头水浅，船来不到近前，够不着说话。还好，船上有一人乘一只小船向我们划来了。人没上岸就喊："有天津的吗？"我连忙也喊："有塘沽的！"那人上岸又问："有姓马的吗？"我连忙上前回答："我叫马凤才。"我俩往一块凑，他直勾勾地望了我半天才说："你爸爸在船上呢，爷俩见见面吧。"几千里之外，听说父亲来到身边，能不高兴吗？跟他上了船，我高声喊爸爸。边喊边向伙仓（船工宿舍）里找。半天不见父亲出来，我问人们："我爸爸在哪儿？"人们都用袖子擦眼泪。我明白父亲不在人世了。果然，人们捧出了父亲的骨灰盒。满心高兴变成了无限悲痛，我哭得死去活来。压船的日本人硬是不让哭。不让哭，也得哭。结果，挨了日本人一顿打。

我问船上的人："我父亲是怎么死的？"他们说："一个月前，我们的船在大连港卸货。你父亲突然肚子疼，连拉了两泡屎。日本人说他得了虎列拉（霍乱），就一刀给劈死了。"

过了几天，我们中一个叫刘三的人，也拉起肚子来。日本人把他用棉被裹了，准备烧掉。等车的时候，我扒开棉被发现他还活着，找我要水喝。我给了他一碗小米稀饭，他渐渐有了精神。日本人驱车拉他的时候，见他已经好了，就问是谁放开的。我怕连累大家，照实说了。不料日本人说，瘟疫到了我身上，非要拉我去烧不可。大家跪在地上，苦苦央求半天，才没拉走，总算捡了一条命。解放后，我上天津劝业场买东西，一个人见到我，问："您可是马大哥？"我说："是呀，您是谁？"那人听说，扑到我的身上，紧紧地抱着，哭着说："我是刘三呀，我的救命恩人。"这是后来的事。当时要不是那碗小米稀饭，刘三早被日本人烧死了。

那时日本人给我们吃的是豆饼、麸子、黑豆，而且一天只给六两。饿着肚子，干的是背石头之类的重活。走着走着，就倒下了，再也起不来。这样一天得死几个。有的带着活气就被撇到山坡上。第二天一看，被野狗吃得只剩下几根骨头。就这样，"北昌"号700多人，到1945年日本投降，回来的只剩下170多人了。

回到塘沽的这天晚上，我提着父亲的骨灰盒敲开自家的门。母亲一见我回来，手里提着父亲的遗骨，立即昏死过去。从此，母亲精神失常了。妹妹哭着说："你走的第三年，妈妈每天晚上出去大街小巷地喊你。一声一声地叫'大仓！'别提多凄惨了。周围的邻居们听见喊声都说：'老马家又想儿子啦，什么时候是个头啊！'"

日本在中国的八年中，中国人的家庭，真是各有各的不幸。

（录自［日］广濑龟松主编、王大川副主编：《津门旧恨——侵华日军在天津市的暴行》，天津社会科学院出版社1995年版，第139—141页）

33．我被抓到日本当劳工的前前后后

齐树林口述　曲振明整理

我叫齐树林，17 岁时进了天津颐中烟草公司，老婆也在公司干活，当时没有孩子，挣几口饭吃还算凑合。1937 年"七七"事变后，天津被日军占领，成为沦陷区。随后，1941 年 12 月 8 日太平洋战争爆发，颐中烟草公司为日军接管，变成"大日本军管理颐中公司天津工场"。这时，由于物价不稳定，工人生活非常困难，工人们几次派代表找日本人谈判，要求增加工资，可最后毫无结果。我在工厂交了不少朋友。一天，我把几个穷哥们叫到一块问道："你们有胆子吗？反正也是这样了，晚上咱们干他一场。"我中午准备了一些家伙（工具），先藏了起来。夜里 4 点多钟，我把车间的窗户撬开，把烟弄到一块，从窗户往外扔，几个工友在下面拾。烟厂的后面是矿务局，天还不亮工人就上班了，一见有人往下扔烟，都纷纷来抢，马路上到处是扔的碎烟。第二天，日本人来上班，见马路上有烟卷儿，知道出了事，进厂就问情报员。因为我年纪轻，性子不好，在厂里比较出名，不知为何走漏了风声。

偷烟事过两天，早上我去上班，见马路上有便衣盯着我。进厂以后，端大枪的日本宪兵多了，连楼角上都放了岗。我一看，知道非出事不可了。我进了车间更衣室，工友们见我来了便说："今天有事，你快走吧。"我说："没关系。"大伙还是劝我走。刚一下楼，又一想不行，反正是日军的天下，逃到哪也不行。

打过点，我就上班了。刚一进车间，主任就问我："先生（日本人义田）呢？"我说："不知道。""找他去。"我下了楼，正碰上工友王好明。他是跑条子的，上来给我送信。他说："在办公室桌子上面看见一个条子，红字，号头是 202，恐怕要出事，你快走吧！"我说："知道了，你放心吧。"这时一个姓张的小职员也去办公室，一进办公室，义田问谁是 202 号，这一问，张的脸马上变了色。我赶紧说："我就是。"义田叫了几声，来了几个日本宪兵把我带了出去。

当时，工厂沿河一边有个地下室，他们就把我放在那里，并派人看守。下午 3 点，日本宪兵把我提了出去。他们先打了我一顿，然后问："地下毛猴（日军对抗日人员的蔑称）是谁？谁是头？谁指使你干的？"我说："不知道。"这样，他们把我弄到工厂小楼（宪兵队刑讯室），又是蹲砖，又是压杠子，把我折磨了一番，最后又把我关进了地下室。

第二天，早上 7 点就把大门打开了，工人们正上班，他们把我绑在院子里的大树上。时值冬天，日本宪兵只让我穿件裤衩，并指着我对工人说："谁跟毛猴做工作，就是这个样子。"工人走完了，又把我弄进了地下室。这时，我迷迷糊糊听见外边开来一辆汽车，中国警卫进来，给我解下绳子，让我穿上裤子。出了地下室，就把我弄到一辆汽车上，拉进了河东宪兵队。进去后又用了好多刑罚，拷打、灌凉水、压杠子，打一阵问我一回，折腾了半天。在宪兵队呆了一个多星期，过了三次堂，死了八九次。星期一这天，又开来了汽车，日本宪兵把我眼蒙上、戴上铐子拉走了。过了一阵，停了下来，我明白这是"老百货"——总宪兵队。他们把我带到一个马棚里，绑在一根柱子上，开始用香烟烫我的腿。这刑罚比挨打还厉害、还难受，光是干疼，死不过去。今天，腿上还留着当时的伤疤呢。他们见问不出什么来，又把我关了起来。

过最后一次堂的时候，有个日本翻译对我说："你脑子这么死，还是天津小孩呢。"我仍然说："我没做，也没见过别人做。"这天下午，他们把衣服给了我，解开绳子，又戴上手铐，装上汽车，拉到火车站，上了火车。坐火车到了塘沽新港，关进一个大木房子里。这所房子前边是 3 道电网，外边有伪军把门，里面有日本军队把门，后边是大海。这里关着数不清的犯人，外面的死人一堆一堆的没法看，惨极了！

春节一过，海上来了 3 条大轮船，日军把这里的犯人都装上了船，一共 3000 多人。到了海上，有的人晕船，直吐。日本人说是霍乱病传染，就往海里扔。有的人还有活气儿，也被活活地扔进大海。

轮船在海上航行时，挂着国民党的旗子，目的是躲避美国飞机的轰炸。船在大连宿了一夜，直到大阪才换成日本旗。由于海里有许多水雷，船只能绕道行，这样在海上足足漂了半个月，才到了九州雄本县司山。上岸一点名，原来的 3000 多人，还剩下 1700 多人。

从此，我们在司山煤窑为日本军国主义服劳役。在煤窑干活，不发衣服，只发一条裤衩，住的是大棚子，木头顶子。一个棚子住 100 多人。每天每人 7 两粮食，干活时一天 3 顿饭，就这样也没有保障。不久，粮食又降到每人每天 6 两，最后吃的是几个饭粒用海水煮一下，一天 3 碗。平常也不让喝水，平日解手也得打报告。日子长了头发也不理，脸也不洗，简直人不人、鬼不鬼，老少不分。放风时，调皮的日本小孩过来，把你一推就一个趔趄，干脆连站都站不起来。干完一天活，只喝一碗粥，每一夜过去都得死几口。日本人每隔一天往外拉一趟死人。中国人有病也不给看，让你活活地饿死。死了以后，架起木头，把人烧成灰，往土坑里一倒完事。

　　随着世界上反法西斯斗争的深入，日本本土也变得不安宁了。美国军队进入日本后，我们劳工就解放了。美国军队向日本当局要来衣物，发给每人一件呢子大衣、一双大皮鞋。就这样，我们于 1945 年 10 月初回到了祖国。

　　（录自［日］广濑龟松主编、王大川副主编：《津门旧恨——侵华日军在天津市的暴行》，天津社会科学院出版社 1995 年版，第 55—58 页）

34．一位中国劳工的自述

杨瑞林口述　曲振明整理

　　我叫杨瑞林，在旧社会我 16 岁时便没有了父母。18 岁那年，经我姨夫介绍，进了河东大王庄这家烟厂，那时叫"大英烟草公司"。开始我领的童工牌，可干的却是大人的活儿，每天往真空机内填烟包。30 岁时，我和一个穷人家的姑娘结了婚，这下子我总算有了家。可是好景不长，就在结婚的第二年，日本侵略军接管了这个厂子，叫什么"大日本军管理颐中公司天津工场"。日本人定了什么"工场场规"、"工场开除职工的规定"、"工人工资支付规则"等等，用来管制压迫工人。在法西斯的统治下，人们吃不饱、穿不暖。我们不能老是饿着肚皮，为了生存，于是大家就组织起来"偷"。后来不知为何，事情被泄露了。

　　1944 年的一天，我刚走出工厂小门，突然从后面追来一群日本宪兵，他们每人手持着一根棍子，带着枪，一把揪住我的脖领子抓回厂里，不问青红皂白就是几个耳光子，接着又把我送进了厂里靠河边的小楼，俗称"阎王殿"。在那里我受尽了他们的毒打，数九寒天往我身上浇凉水，我不知道死过去多少次。可是，他们没把我治死，还要送我们去当劳工。

　　在"阎王殿"的第 4 天，我和其他 3 位工友被押到车站，送上了火车。经过"老地道"时，我心里难过极了，因为我每天上下班都要经过这里。我心里想："老地道啊，老地道，我什么时候能回来呢？我能不能再回来呢？"我想到家里的老婆、孩子，不知她们今后怎么生活。想到这些，眼泪不觉掉下来。火车鸣叫着，就好像告诉我们"再不能见面了，各自保重吧！"

　　火车把我们拉到塘沽，进了日军办的劳工收容所。这里四周都是高压电网，谁要是敢靠近它，哪怕距离一尺多，也能把你吸过去。

　　收容所里关押着大约有几千人。吃的是豆面、麸子、豆饼，喝的是凉水，睡的是木板。没有被，许多人挤在一个小屋子里，凉得直拉肚子。而且还不准随便出入，屋子里臭气难闻，憋得人透不过气来，也没有水洗脸，更甭说剃头了。大家就在这种环境下生活，不少人连饿带冻加上恶劣的环境染上瘟疫，含恨死去了。每天都能看到往外拉死人。有一天往外拉了满满一卡车，我问这是怎么一回事，有人告诉我，由于昨天下大雪，日本兵没有往外拉，今天统统拉出去了。一次，我还亲眼看到一个工人因小肚子疼，被日本医生扎了一针，医生刚走，那个工人就死了。这真是个装满活人的阴间地狱，是个杀人的屠场。

虽然受罪很大，但大家都不愿意这样死，都盼着还能与家人团聚。

1945 年 2 月，日军把我们带上轮船往日本押运了。我们在海上共走了 12 天。船舱内有 200 多人，病人很多，日军见病人稍严重一点，不等死就扔进大海里去了。不知死了多少人。侥幸没死的，被送到日本九州门司。上了岸，日本人怕瘟疫传染，命令我们排着队从一个矮门走过，往我们身上浇药水，还强迫每个人喝一勺药水洗肚子。喝了之后，烧得我们心里直烫。

我们的工作是挖煤矿里边的石头。干这活非常危险，砸死人是经常的事。砸死了就被扔到汽车上，砸得半死不活的，也用车拉走，谁也不知道拉到什么地方。

我们在地下第五层巷道开石头，有时在第二层，每天要上下 100 多级台阶，每天工作 13 个小时。监工的经常盯着你，一看你不顺眼就打。每天累得眼冒金星、腰酸腿疼，可是给我们的粮食少得可怜，一天的口粮放在一顿吃也不饱。如果你一次把一天的饭吃光，检查出来还要挨打。每天干完活，肚子饿得直叫唤。要吃的没有，只好到地里拔野菜。日子长了，铁打的金刚也要变成黄瘦虚胖的病人。

3 个月发一双鞋，没等穿一个月就坏了。被子又薄又破，没办法，只好用绳子捆着睡觉。那时，我一闭眼就做噩梦，不是梦见亲人抱头痛哭，就是全家人饿死在街头。每一次梦中惊醒，没有一次不是一身冷汗。

日本投降了，可是我们在日本的中国劳工仍得不到自由，大家心里像火一样燃烧，只要有一点火星子，就会引起火山爆发。

离我们干活的万田坑煤窑不远的地方，有个四山煤窑，那里有 400 多名中国工人。他们为了争取自由，在"八一五"以后不久便组织起一支争取自由的保卫大队。一天，他们派代表来到我们的万田窑，没想到日本人不让他们进，也不许我们出去。正在拥挤的时候，他们从门缝中递进了一张纸条，打开一看，原来是他们如何组织保卫队的经过。当天晚上，我们七嘴八舌地议论这件事，最后决定学他们的办法。就在这天晚上，报名参加保卫队的就有 400 多人。

后来，我们挑选了一位姓李的大个子当队长。大家心很齐，冲出大门走出去示威。我们找日本人要来了大米、牛肉和鸡，生活改善了，大家也不干活了，总算有了出头之日。

不久，我们踏上返回祖国的路程。坐了 6 个小时的火车到长崎，从长崎坐轮船，航行 6 天 6 夜才回到阔别多日的祖国。

（录自［日］广濑龟松主编、王大川副主编：《津门旧恨——侵华日军在天津市的暴行》，天津社会科学院出版社 1995 年版，第 63—65 页）

三、大事记

1931 年

11 月 日本关东军特务机关长土肥原贤二奉命在天津策划、发动了便衣队暴乱。暴乱发起于 8 日晚 10 时 30 分，持续到 20 日。26 日晚至 27 日晨暴乱再次发生。暴乱期间，日军将清废帝溥仪挟往东北建立伪满洲国。国民党天津保安队及武装警察对便衣队全力抵御并反击。在便衣队被击溃的情况下，日本驻津部队出面参战，以大炮、机关枪向华界轰击。事件发生后，在中日双方的谈判中，天津地方当局秉承国民党当局意旨，以"保全地方，消除危机"为名，一再退让，最后同意将保安队全部撤出防地退往河北省，天津事件以妥协而告终。便衣队暴乱给天津造成相当大的损失。据国民党天津市社会局调查，仅一区商民直接、间接损失即在法币 1000 余万，全市工商业损失达法币 3000 万元以上，近万户居民流离失所。在制止暴乱过程中，天津保安队死 6 人，伤 37 人。

1932 年

1 月 津浦铁路全体员工为支援国民党军第十九路军抗日将士，捐薪一日，总计约 2 万元。

2 月 29 日 《益世报》将天津市民捐款 2500 元汇往上海，支援抗击日军的国民党第十九路军将士。

3 月 2 日 天津天后宫、玉皇阁道士捐银洋 40 元，请《益世报》转汇上海第十九路军。

3 月 6 日 天津北宁铁路员工捐款 1000 余元汇往上海。

3 月 12 日 天津妇女文化促进会购置药品，请《益世报》转寄上海第十九路军。所购药品计有七厘散、跌打丸、止血散、橡皮膏、膏药等 290 件。

3 月中旬 益世报馆将天津市民劳军捐款 4500 元汇往上海。国民党第十九路军总指挥蒋光鼐、副总指挥蔡廷锴复电益世报馆，表示感谢。

1933 年

1 月　侵华日军占领热河。随后继续向华北进攻。驻守长城沿线的中国军队在喜峰口、古北口一带奋起抗战。南开大学师生携饼干 1000 镑、毛巾 3000 条、肥皂 3000 块赴通县第二十九军所部驻地慰问。

2 月　按照国民党中央要求，全国党政军警机关公务员捐薪购置飞机。国民党天津市政府拟订捐薪标准，按薪水数额分为六个档次，实行扣捐，捐薪时间为 6 个月。津浦、平汉、北宁铁路员工也决定捐薪三日，还拟订了特别捐助办法，以一年为期。天津商界组织了"天津市民众救国飞机事务所"，决定首先募集 60 万元，分为 6000 股，每股 100 元，由各团体分向各绅商劝认。

2 月　扶轮中学学生捐款 120 元 9 角，购置 2110 副风镜和一些干粮捐助坚持长城抗战的国民党官兵。并决定进一步开展宣传募捐活动，购置钢盔等物品运送抗日前线。

3 月至 4 月　天津中等以上学校学生发起钢盔运动，将募捐款项购买钢盔，支援宋哲元所部第二十九军官兵。

5 月 10 日　日军轰炸蓟县城内第二十九军后方医院，炸死群众 16 人。

5 月　南开大学教职员捐资购置担架 28 副、手术台 10 架、药箱 20 只及绷带、棉花等医药用品，支援抗日将士。

本年　日本为扰乱中国金融，指使日本、朝鲜浪人在平、津一带持中国、交通两行钞票，兑换成银元，私运出关，谋取暴利。4 月中旬至 5 月下旬，天津中央、中国、交通三行兑付银元达 1692103 元。

1935 年

10 月 4 日　天津、秦皇岛海关调查表明，自本年 8 月至今，经冀东偷运至津的走私货物，计人造丝 120069 包，白糖 975807 包，卷烟纸 8342 包，杂货 234166 捆，总计偷漏税款达法币 3466 万元。严重扰乱了天津经济。

1936 年

4 月 日本钟渊株式会社兼并裕元纱厂，将其更名为公大六厂。

同月 日本在天津大经路（今天津市河北区六经路）成立"华北汽车公司"。同年，日本在津成立"南满铁路株式会社天津事物所"，插手组成"天津交通股份有限公司"、"华北汽车公司天津事物所"等。通过这些机构，日本控制了天津至四周的 10 余条公路干线和一些支线，约计 2000 公里。

5 月 13 日 据天津海关报称，近年日本浪人走私成风，使华北税收损失甚巨，仅 4 月份就损失 800 万元。

8 月 日本钟渊株式会社兼并华新纱厂，将其更名为公大七厂。

10 月 宝成纱厂被债权人美商慎昌洋行转卖给日商天津纺织公司，被更名为天津纱厂。

本年 日军在天津加紧修建机场、兵营、仓库等军事工程。日军为防军事设施泄密，将几百名被驱使的中国民工残酷杀害，沉尸海河，酿成震惊天津的"海河浮尸案"。

本年 日本在天津日租界成立"特殊贸易协会"，专事组织走私活动，近 300 家洋行、商店参与运销私货，造成天津白银大量外流，民族工商业受到沉重打击。是年，日本走私货物经铁路运进天津的人造丝达 3994 吨、白糖 897070 公担、纸烟纸盘 3.8 吨、煤油 2166600 加仑、棉织品 78400 箱、日用杂货 200800 箱。走私货物价值达法币 8100 万元。

本年 日本在天津大量输出资本、兴办企业，使日资企业数量跃居天津外资企业第一位。天津纺织业几乎被日资垄断。

本年 日本"兴中公司"在天津设立事务所。

1937 年

2 月 23 日 《字林西报》载："去年 9 月至本年 1 月，在天津一地，私货内运 1547 车之多"。

3 月 裕大纱厂由日商天津纺织公司委托经营。

5 月 14 日 天津《益世报》载：天津海河"从本年 3 月至 5 月，又发现上百具浮尸，经检验发现大部分为壮丁受害者，要求当局查清这一事件。"

7 月 12 日 驻津日军派兵强占了天津东、西、北三个火车站，切断了平津之间中国军队的联系。同日，日军 4600 名乘 15 列军车开抵天津。

7 月 28 日　驻津第二十九军三十八师副师长李文田召集所部决定反击驻津日军，并发出通电："誓与津市共存亡"。29 日凌晨，三十八师按部署分别向日军发起攻击，先后夺回东站、北站，攻打海光寺日军兵营，突袭东局子日军飞机场，烧毁飞机七八架。激战至下午，日军急调部队向天津增援，日军飞机轮番轰炸市政府、警察局、火车站、电话局、南开大学等处。三十八师和保安队因伤亡惨重，被迫撤离天津，经良王庄向独流、静海一带布防。

7 月 29 日　日军飞机轰炸南开大学及附属中学，续又连续炮击。30 日，日军骑兵百余人到南开大学纵火。至 8 月 1 日晨，火犹未熄，校园已成一片瓦砾。据南开大学档案馆藏 1943 年 9 月 25 日编制《私立南开大学抗战期间损失报告清册》，该校损失房屋地产、图书（14.5 万册）、仪器、标本、机器、家具及其他各类物资，折合战前（1937 年）时价为法币 6630000 元；另据天津市档案馆藏 1946 年 12 月 10 日编制《私立南开中学、女中、小学抗战损失报告清册》，计南开中学为法币 1016900 元；南开女中法币 1423 元；南开小学法币 51700 元（以上均按 1937 年战前时价计算）。河北省立工学院、省立女子师范学院亦被焚。

同日　日军在天津河东凤林村屠杀居民。至少有二三十人被杀害，伤重殒命者难以数计。

7 月 30 日　日军占领天津。是日，天津大街上尸体纵横。粗略估计，抗日官兵遇难者达 2000 余人，市民 2000 余人死于战火，无家可归的难民达 10 万以上。日军炸毁机关房屋和民房、厂房等达 2545 间，遭受炮火破坏的工厂企业 53 家，损失达 2000 多万元（法币）。

同日　日军进入北洋工学院大肆抢掠，财产损失逾 30 万元，校舍被占为兵营。

同日　日军夜袭武清王庆坨，残杀村民 11 人，强占学校，强迫村民修路、建桥、筑工事。

8 月 1 日　日军在天津成立傀儡政权——天津市地方治安维持会。

8 月 5 日　日军第二军矶谷师团所部在静海府君庙杀害村民 37 人，其中受难妇女是被奸淫后杀死的。

8 月 8 日　日军以搜捕土匪为名，包围天津葛沽镇西北的苏家圈村，抓住群众四五十人，将其中 12 人杀害。

同日　日军第二军矶谷师团所部在静海五美城射杀村民 25 人，致残 5 人；在邢家土村，刺杀村民 13 人，致残 2 人。在这次屠杀中，遇害群众共 58 人，房屋被日军烧成瓦砾，牲畜也被日军宰杀殆尽。

8 月 13 日　日本宪兵队逮捕爱国小报《小公报》编辑胡春水、发行刘昆、印刷工人王金荣，施以酷刑。后刘昆被暗杀，胡春水、王金荣虽被释放，但都落下终身残疾。

8 月 18 日　日军第二军矶谷师团赤柴部队在静海小郝庄杀死村民 9 人，烧毁房屋 20 余间。

8 月　日本特务机关在日租界福岛街（今多伦道）设"大日本天津陆军特务机关"。其所属宪兵队在各区公开挂牌。

同月　日军第三十三旅团第六十三联队第二、三大队攻占静海王口镇。日军滥杀无辜，致使该镇数十人遇难。

同月　日军占领天津后，屠杀东站铁路职工 46 人。

同月　日军"扫荡"京山铁路沿线，炮击武清双庙村，炸死村民 3 人。

9 月 6 日　日伪天津社会局派人到天津各图书馆阅览室检查书报，将涉及抗日内容的书刊一律没收焚毁。

9 月　日军占据静海梁官屯村，杀害村民 14 人。

同月　日军在静海花园村杀害村民 40 余人。

同月　日军在津南大孙庄杀害村民 11 人。

10 月 1 日　日军在东丽仁慈庄等村杀害村民 10 余人。

10 月 25 日　盘踞武清杨村一带的日军制造崔黄口惨案。惨遭日军杀害的群众总共有 128 人。

秋　日军在杨柳青火车站附近刺杀 3 名当地农民。此后，日军还在附近杀害 2 名群众。

11 月　日军以"通匪"的罪名诱捕、杀害排地（今属天津市东丽区）乡长刘文云及各村村长 10 余人。后又杀害骆驼房子村农民刘宝善等 6 人和该村保长刘宝凯及流芳台、幺六桥等村农民许玉田、李玉堂、蔡玉和、路兆勤等 10 余人。

同月　日军在东丽赵沽里、徐庄子杀害村民 10 人。

12 月 17 日　伪天津特别市公署成立。

冬　日军强行霸占天津利中酸厂，将其列为日本军管企业之一。

本年　天津沦陷后，日本侵略者为实现"以战养战"的方针，对与军需、民用有关的钢铁、粮、棉、纱、布、皮、毛、烟草、火柴以及建筑材料等 40 余种物资实行管制，严禁自由经营和贩运；还以"经济开发"的名义，在天津兴办工厂，掠夺原料和廉价劳动力；对天津农产品实行"军事征发"、"低价收购"进行掠夺。日军将小站稻作为攫取的重要物资，由"军谷公司"进行掠夺性"统购"。太平洋战争爆发后，日军将"军谷公司"改为"米谷统制会"，并建立了汉奸武装"勤农队"，在津南地区实行残酷的"米谷统制"，残害百姓，无恶不作。

本年 日本侵略者推行"汽车交通统制一元化"，几乎全部独占了华北的汽车营运路线。但因亏损严重，1938年末被迫全面停运，1939年由华北交通株式会社接管。

1938 年

1月15日 《新华日报》讯：在最近两个月内，日寇在天津东站杀害我国同胞3000余人。日军在该处铁路外挖下大坑，把遇害群众尸首成批埋入。

3月10日 伪中国联合准备银行开业。天津分行同时成立。随即发行伪"联银券"。初期伪币与法币等值流通。是年六七月间，伪币以等值收回法币，逾期不准流通。但英、法租界内的中央、中国、交通三行拒收伪币。1941年12月，日军进占英、法租界后，当即宣布禁止法币流通，一律按四扣兑换伪币，银行账上所有法币债权、债务，也一律按四扣折成伪币记账，使银行及储户遭受巨大损失。日伪当局滥发纸币，导致通货膨胀。日本侵略者占领天津8年间，天津批发物价年指数飞涨达1000多倍。

3月15日 日伪当局逮捕拒绝使用伪"联银券"的中国商人10余名。

3月中旬 日本宪兵队先后拘捕电话局职工11人，破坏电话局职工的"抗交"斗争。

4月5日 日伪当局逮捕不甘附逆的国民党政府公务员及各界爱国人士400余人。后有7人遭杀害。

4月14日 盘踞落垡的日军大龙部队到武清六道口村"扫荡"，杀死村民4人，烧毁房屋80余间。

4月 日本成立"华北开发股份公司"，下设盐业、电力、交通等子公司。其中，仅华北盐业股份有限公司低价强购或无理逼占民间土地，共开新滩348副，面积达182万公亩，几年间即掠夺天津滨海地区生产的长芦盐400余万吨。

春 日军在津南石庄房等村杀害村民18人，烧毁民房240余间。

5月7日 日军300余人分三路合击静海县王口镇，在大瓦头村、东岳村、子牙河码头等处残杀村民共计108人，数十人失踪。

5月24日 "民先"市民组分队长李锟被日本宪兵队逮捕、杀害。

5月25日　日军飞机轰炸武清杨家场,炸毁天主教堂、民房,死伤群众6人。

6月27日　日本侵略者主使刺杀爱国教育家、耀华学校校长赵天麟。

7月13日　冀中人民自卫军北上先锋队第十四大队于武清城西伏击日军,打死打伤日军70余人,十四大队伤亡各3人。

同日　盘踞在津南咸水沽的日军骚扰葛沽镇苏家圈,杀害村民10人,烧毁数户民房。

7月30日　日军在蓟县小岭村烧死村民12人,烧毁全村30余户房屋。

7月31日　日军蒙古队一部"扫荡"蓟县盘山脚下的史各庄,烧毁民房30余间,烧死村民11人。

7月　宝坻、宁河、蓟县群众积极投入冀东抗日暴动。后暴动队伍部分撤往平西,其余大多解散。日伪大肆搜捕参加过暴动的群众。宝坻伪县长刘静山先后到黄庄、大套、张丰庄、何辛庄、南仁垟等村,搜捕并杀害抗日群众张殿臣、何二等40余人,还杀害了爱国人士王汝恪。

8月1日　日伪新民会天津特别市总会成立。

8月2日　日军在蓟县壕门村杀害村民20人,数十人遭拷打、迫害。

8月18日　抗联一部在蓟县别山与日、伪军激战,中共蓟县县委书记王崇实牺牲。

8月21日　日军在蓟县西河套村杀害村民13人。

8月22日　日军飞机轰炸宝坻十四户村,村民7人被炸死。

8月25日　日军石川部队在蓟县上仓屠杀村民374人,制造了"上仓惨案"。

8月　抗联五总队一部30余人在蓟县六道街被日、伪军包围,激战竟日,毙伤日、伪军近百名,抗联战士全部阵亡。

同月　日军在武清六道口村西南建据点,杀害民夫2人;炮击六道口村,炸死村民2人,一女童在爆炸声中惊吓而死。

同月　天津市内侯家后中街银楼为抗日武装制作青天白日帽徽,被敌侦知。汉奸袁文会率人将银楼员工13人全部逮捕杀害,并运走全部财物。

同月　日军在宝坻县城北王庄子修飞机场,抓民夫一两千人,砍倒即将成熟的庄稼约1000亩,扒掉王庄子全部民房,杀死村民1人。

同月　日军在蓟县朱官屯枪杀村民12人。至1943年日军在该村共杀害群众17人,重伤2人。

同月　日军在蓟县李各庄杀害村民1人。至1943年日军在该村共杀害群众14人。

9月1日　日军在蓟县北辛庄杀害群众7人。

9月12日　日军轰炸、炮击津南小站、钱圈、潮宗桥、中塘、上古林等村，民众死伤900余人，小站商店、学校、民房2400间被烧毁。

9月20日　国民党天津地下党部负责人王若僖、张庆恩等被日伪当局逮捕。

9月　日军在武清郑家楼等村杀害村民10人。

10月10日　日军在东丽信德庄杀害村民46人。

10月11日　日军3000余人进攻武清东沽港，残杀群众127人，烧毁民房1700余间，财物被掠夺一空。该惨案使100余家失去亲人，100余家无家可归。

10月16日　抗联五总队一部在蓟县辛撞、马道与日、伪军遭遇，抗联队员数十人牺牲。

10月26日　爱国报人、新天津报社社长刘髯公遭日本宪兵队逮捕、折磨，不屈而死。

10月　从1937年11月至1938年10月，日军屡次侵犯天津县排地。

同月　日军飞机轰炸宁河丰台，炸死炸伤平民30余人，炸毁民房数所。

同月　宁河大八亩坨红枪会（俗称大刀队）百余人在丰台遭日军包围，红枪会近百人战死，日军伤亡数十人。

11月　日军在东丽贯庄杀害村民40余人。

本年　日本侵略者在宁河县蓟运河西部地区强征18个村的5万亩土地（每亩只给7元钱地价）开辟农场，从朝鲜召来4300名农民为其耕种。由日本"中日实业公司"、"米谷统制协会"及其他集团控制的农场在宁河共有18处，其土地面积约占宁河县耕地面积一半。

1939 年

1月10日　日本宪兵逮捕公大六厂郭长军、宋秀明等4名工人。郭长军受尽酷刑而死。

1月　塘沽德大码头日本军用物资起火。日本宪兵队先后逮捕永利碱厂员工100多人，严刑逼供，2人被折磨致死，十几人终身致残。

2月　日商国际公司强迫天津北方航业股份有限公司（简称北方航业公司）与之签定代理揽货载运合同。合同期暂定为三年。同年7月，日本国际公司违反合同，私自将北方航业公司轮船"北孚"号租与日商大连山下株式会社。不久，该轮在日本山口县角岛附近触礁沉没。太平洋战争爆发后，该公司轮船"北安"

号被日军征用，后因运输军用物资被美军飞机炸沉。

4月18日　日伪当局为加速输送华工，令铁路局增开临时列车，是日已累计运送80余万人。

6月25日　日、伪军60余人侵袭蓟县杨庄村，杀死村民8人、重伤1人。

夏　海河流域连降暴雨，洪水泛滥。8月7日，日军出动飞机炸开杨柳青附近南运河堤岸，企图引洪水东流入海，结果洪水却奔向市区。至8月中旬，市区80%被淹。全市受灾人口近80万人，其中无家可归者60万人。周边地区逃入天津市区的灾民10万余人。洪水至9月底才退。

9月3日　日伪当局以救济天津水灾为名，由伪满洲劳动协会在天津灾民区强征壮丁数千名，陆续运往关外。

9月14日　天津电话局总工程师朱彭寿因拒不交出全市电话线路图，被日军关押近1年后于是日殉难。

9月下旬　盘山独立大队在蓟县青甸被日、伪军包围，突围中400多人大部分伤亡或被俘。

10月　日军在蓟县五清庄杀害村民2人。至1942年11月，日军在该村计杀害4人，重伤1人。

同月　日军在蓟县官场村杀害村民1人。至1943年春，日军在该村共杀害3人，重伤2人。

秋　日军在蓟县李家仓将1村民迫害致死。至1944年，日军在该村共杀害11人，重伤1人。

秋　日军在蓟县大汪庄枪杀村民1人。至1942年夏秋，日军在该村共杀害4人，重伤2人。

11月20日　天津26名纱厂工人被日本特务认定为"抗日分子"，全部被杀。是为轰动全市的"二十六友案"。

1940 年

1月10日　日军在蓟县穆马庄杀害村民2人。

1月　日军在蓟县田各庄杀死村民1人，烧毁32间民房。至1943年，日军在该村共杀害6人，重伤2人。

2月　天津粮食价格猛涨。北站外两列载面粉的火车被饥民抢光。日伪军警开枪镇压，6人被打死。

3月6日　日军在蓟县彩各庄杀害村民4人，拷打、迫害群众600余人。

3月16日　日军在蓟县陈各庄杀害村民9人。

5月6日　北平师范大学教授吴承仕被日伪逮捕关押1年多，备受酷刑，是日在天津被杀害。

5月11日　冀东军分区特务连在蓟县大石峪村被日、伪军包围。突围中，数名战士阵亡，军分区副司令员包森受伤。

7月1日　1940年上半年日军在天津抓走劳工数万人。

夏　武清城关镇日军守备队将44名在押"犯人"当作刺杀活靶，全部刺死。

夏　天津日伪当局以"罚款"的名义，敲诈勒索成兴顺灰煤栈7.2万元（按时价可购黄金2000多两）。

8月11日　日军在蓟县徐官屯杀害村民2人。

9月3日　日军杀害蓟县隆福寺村民5人。至1942年，日军共杀害该村群众11人。

10月　日军在宝坻县城南门外杀害坚持抗日活动的刘俭夫妇等29人。

10月25日　塘沽新港工程正式开工。

秋　日军在蓟县鹿角河杀死村民2人。至1943年，日军在该村共杀害村民7人。

12月下旬　日军飞机轰炸蓟县盘山，炸毁民房1000余间，山中大部分寺庙和清朝行宫被炸成废墟。

12月　天津颐中烟草公司工人不堪日商压榨，举行罢工。日本工头将数名女工绑在电线杆上严刑拷打。

本年　日伪当局在天津周边农村及静海、青县、沧县、南皮、东光等县抓捕大批劳工，押送东北、日本、南洋等地。据抗战胜利后国民党天津市警察局统计，天津沦陷期间，日伪从天津抓走的劳工约73374人。据《庸报》透露，仅1940年上半年，日军从天津抓走的劳工即达435000余人。

本年　日本侵略者大肆推行毒化政策，天津鸦片烟馆达到237家（1937年底为27家，1938年达到167家，1939年达到233家）。伪"禁烟局"对经营烟土买卖的土膏店每月收"照捐"900元，每盏烟灯收灯照捐60元，每百两烟土贴印花200元；伪财政局每月征收营业税400元。至日本投降前，伪"禁烟局"累计发放吸烟证达30万张，全市领取吸烟证经常吸毒的有31450人。

1941 年

1 月 16 日　占据平谷的日、伪军到蓟县盘山花峪"扫荡"，烧毁民房 8 间，杀害村民 48 人。

1 月 26 日　日军 40 余人全副武装乘车进犯天津大港十间房村，杀害村民 50 余人。

1 月　日军在宝坻王庄子杀害东大洼乡绅 2 人。

2 月 10 日　日、伪军侵扰蓟县杨庄，杀害村民 4 人。

2 月　宁河民兵破坏敌人控制的公路干线和电线。日军大肆报复，杀害赵永等 9 人。

3 月 20 日　日军在蓟县柳官庄杀害村民 1 人，烧毁民房 7 间。至 1942 年，日军在该村共杀害群众 5 人。

3 月 30 日　日伪天津当局宣布自本日起举行为期 5 天的治安强化运动。

3 月　日军在蓟县青山岭杀害村民 10 人。

4 月　日军在武清杨村强奸妇女 1 人，枪杀 1 人，刺伤 1 人，抢掠了万全堂、张记皮麻铺、米面铺、庆和涌酒店等商家。

同月　日军杀害蓟县孟各庄村民 3 人。至 1942 年 4 月，日军共杀害该村村民 17 人，重伤 1 人。

5 月　日军在天津市内河北六经路设俘虏收容所，先后关押、转运在中条山战役中被俘的国民党官兵 2000 余人。至 10 月下旬，该收容所撤销。其间，由于日军的虐待，500 多名俘虏在天津死去。

同月　日军在蓟县闻马庄杀害村民 5 人。

同月　日军杀害蓟县夏家林村民 1 人。至 1945 年 5 月，日军共杀害该村 3 人，重伤 1 人。

6 月 2 日　冀东军分区司令部机关人员和八路军十三团一部 200 余人在蓟县十棵树、六道街被日、伪军包围。部队分散突围。此战，十三团伤亡 50 人。

7 月 7 日　日伪天津当局宣布自即日起至 9 月 7 日施行第二次治安强化运动。

7 月 17 日　日军杀害蓟县联合村村民 18 人。

7 月 25 日　日本宪兵队长柿岛枪杀蓟县六百户村村民 2 人。十几名村民遭毒打。近百名村民被塞进一间不足 30 平方米的木棚内，被施放的毒气呛得口鼻流血，窒息倒地。后经拼力挣扎，将木棚挤倒，才幸免于难。

8 月 27 日　日军在蓟县三屯村杀害村民 3 人。

8 月 31 日　日军在蓟县瓦岔庄杀害村民 2 人，迫害 41 人。

9 月 15 日　日伪天津当局实行粮食配给制和物资统制。规定粮食等物资，统由"精谷会社"和产粮区的警察所强制收购。

9 月　日本"华北垦业公司"强行"征购"土地。仅在天津、宁河两县就设农场 120 座，掠夺土地 921700 亩，约站当时天津、宁河两县耕地面积的一半。日本侵略者在天津建立的垄断经济组织和集团主要有两大系统：一是华北垦业公司，一是米谷统制协会。其中华北垦业公司有直属农场 5 个，占地 164520 亩，另控制农场 32 个；米谷统制协会有直属农场 5 个，占地 193778 亩，另控制农场 48 个。

同月　日军在津南小站将 350 余名村民掳为劳工。

11 月 1 日至 12 月 15 日　日伪当局推行第三次"治安强化运动"。其间，加强经济掠夺，成立专门机构，强制市民"献铜"、"献铁"、"献机（飞机）"、"献金"（现金）。天津日伪当局在此次"献金"活动中搜刮 37.6 万元。伪新民会通过摊派征款，购置飞机 97 架支援日军。还强行拆卸华资纱厂机器，以"献铁"支援"圣战"，致使生产停顿，工人失业。

11 月　日军杀害蓟县孙各庄村民 7 人。至 1942 年 8 月，日军共杀害该村村民 80 人。

12 月 8 日　日军进占天津英租界，将英租界改为"极管区"。嗣后，接管天津海关，以"军管理"、"委任经营"等方式强行接管汇丰、花旗、麦加利等英、美银行以及亚细亚、美孚油公司、开滦矿务局、英国电灯公司、济安自来水公司、怡和洋行、太古洋行等 50 余家英、美企业。

12 月 25 日　天津伪政府成立"天津特别市圣战献金运动总会"，强迫市民"献金"，"支援友军圣战"；1 年内搜刮 37.6 万多元。

12 月　日军接管英商颐中烟草公司，改称"日本军管理颐中公司天津工场"。日军接管后，爱国工人孙希克、刘玉麟等 3 人被杀害；贾春霖、刘子升等 9 人被毒刑致残；杨瑞林、齐树林等 20 余人被送到伪满和日本做劳工，仅 4 人生还，其余均遭死难。

1942 年

1 月 24 日　丰玉宁联合县委书记石光、宣传部长尔歌（高庄谭）、县抗救会主任佟宇光，在丰润县常魏庄被敌人包围，壮烈牺牲。

2月12日　日、伪军在宝坻东部地区进行"扫荡"，从赵家铺、刘举人庄、方家庄等村，抓走250多青壮年，其中100多人被押往东北充当"华工"。

2月15日　日、伪军在蓟县五盆沟杀害村民13人，并在附近山村杀死村民4人。

2月　日、伪军在蓟县小现渠村杀害村民7人，重伤7人。

3月1日　日军在蓟县李庄子等村杀害村民64人。

3月10日　日本宪兵队逮捕天津铁路职工杨玉琳、萧永权等4人，并拘捕了杨玉琳的母亲、妻子、4岁的孩子和妹妹。杨玉琳等3人受酷刑致死，萧永权被押解到北平宪兵队处死，杨母痛不欲生撞头而死，杨妻被折磨疯癫，杨幼子也因惊恐、饥饿致死。

3月30日　日伪当局通令全市自即日起至6月15日，实行第四次治安强化运动。

春　日、伪军多次"扫荡"宁河岳龙庄、东未甸、于潮、大田一带村庄。据1至3月统计，日、伪军在东未甸村，共打伤100余人，刺死2人，活埋20人；在大田村杀害2人；在李麻鄘杀害村民18人，伤42人；在于潮开炮击毁民房，炸死1人，屠杀群众8人。

4月25日　静海王口据点伪军和大瓦头据点伪军交火，无辜群众6人毙命，20余人受伤。

5月　伪军警在宝坻郭家深村，杀害抗日战士2名，将人头挂在西城门楼上。

6月22日　日军在蓟县冀庄杀害村民7人。

7月4日　日军在蓟县大稻地杀害村民12人，致伤26人。

7月8日　日军小队长山田带人到蓟县辛庄子"扫荡"，对村民严刑拷打，将12名群众活埋，幸存2人，将1名儿童摔伤、致残。

7月29日　伪天津市公署举办"献铜报国运动周"。强令企业、市民将所存新旧铜器交出，并组织275个收回班，四处强征。

7月　日军驻武清城关宪兵队将20名在押"犯人"赶入预先挖好的大坑内，全部枪杀。

8月　日军在蓟县南刘庄杀害村民1人。9月，日军又杀害该村村民1人。

9月16日　日、伪军侵扰蓟县后大岭村，杀害村民2人，重伤2人。10月，日军又杀害该村村民7人。

9月24至28日　盘踞蓟县店子村据点的日军小队长米泽，带领日、伪军

70 余人侵扰吴家洼村，将村办事员张文一家六口活埋。3 日后又将民兵陈勋、周凤杀害。

9 月 日军在蓟县何家堡枪杀村民 1 人、致残 2 人。至 1945 年 1 月，日军共杀害该村村民 2 人，重伤 3 人。

10 月 8 日 伪天津市公署发布自即日起至 12 月 10 日实行第五次治安强化运动。

10 月 9 日 日军在蓟县何各庄枪杀村民 13 人。

10 月 12 日 日军在蓟县匡庄子"清乡"，枪杀村民 2 人，活埋数十人。坑埋者虽大部分经抢救脱险，但均不同程度致残。

10 月 13 日 日军小队长米泽带领日、伪军 20 余人，到蓟县前、后大岭两村"清乡"。杀害村保长，活埋村民 9 人（幸存者 4 人）。

10 月 14 日 伪天津市公署发布自即日起实行粮食"配给制"，发给市民"配给证"。

10 月 16 日 日军在蓟县下里庄杀害村民 6 人。

10 月 23 日 日军在蓟县打渔庄杀害村民 8 人，拷打、迫害 600 余人。

10 月 28 日 武宝宁武工队 40 余人在宝坻王庄子被日、伪军包围，突围时 8 名队员牺牲。

10 月 30 日 日伪天津当局宣布从即日起到 11 月 6 日举办"代用粮食提倡周"，强制市民食用花生渣、豆饼、杂和面等。

10 月 日、伪军包围蓟县都赛营，烧民房 30 多间，打死、烧死 18 人，打伤 70 多人。

秋 日军在东丽赤碱滩杀害村民 4 人。

11 月 3 日 日本宪兵队长柿岛率人在蓟县小漫河村杀死村民 3 人，10 余人遭毒打，重伤 1 人。

11 月 8 日 日本特务到蓟县双杨树村，砍光村旁树木，烧死中共秘密党员、该村教师朱成和 12 名群众。

11 月 13 日 盘踞蓟县尤古庄据点的日军小队长申本带领日军等 11 人，袭扰北后峪村，用淹溺、火烧、吊打、灌凉水等手段折磨村民 20 多人，其中 4 人被枪杀。至 1943 年，日军计杀害该村村民 20 余人，致伤 380 人。

11 月 17 日 日本侵略者为控制华北民营航运业，成立华北航业联营社。天津、烟台、青岛、大连各地民营大小轮船公司的所有船只，全部被强制加入联营。天津北方航业公司加入联营社后，其"北华""北康"两轮因被迫运输日本军用物资，先后被美国飞机炸沉。

11 月 23 日　日军在蓟县白槐庄杀害村民 2 人，致伤 40 人。

11 月　日军在蓟县李庄子杀害村民 1 人，拷打、迫害 80 余人，重伤 3 人。

12 月 23 日　盘踞兴隆茅山镇据点的日、伪军 70 余人"扫荡"蓟县前干涧村，屠杀拒不"集家并村"的抗日村民 10 余人，烧毁村庄。此后，该村被划为"无人区"，日军杀戮村民计 100 多人。

12 月 25 日　国民党天津市党部委员赵锡训被日本宪兵队杀害，地下组织亦遭破坏。

本年　日本人接收了美国驳船公司"北昌"号驳轮，将 700 多名华工押至该船做劳工。至日本投降，该船劳工仅生还 170 余人。

本年　据不完全统计，从 1937 年至 1942 年 7 月，被抓天津劳工达 5 万多人。1942 年 1 月至 7 月，日军从天津运走劳工 70 万人。

1943 年

1 月 10 日　日、伪军袭扰宁河李庄子，屠杀抗日群众近 30 人，烧毁民房 3 间，烧死村民 2 人。

1 月 26 日　八路军十三团主力和地方工作人员在蓟县九百户被日、伪军包围。十三团伤亡 30 余人，当晚突围。

1 月 27 日　日伪成立"塘沽劳工宿泊所"，作为诱骗、胁迫劳工入满赴日的转运站。

2 月 13 日　天津米谷统制会成立，它是天津以及附近产稻地区稻谷生产并收购的统制机关。日伪《华北当地生产稻米统治纲要》规定，稻米全部军用，中国粮商和个人一律禁止收买、私藏，贩运者没收、罚款，严重的处以死刑。

3 月 5 日　盘踞尤古庄据点的日军小队长申本，带领日军 30 余人，"扫荡"蓟县小现渠村，屠杀村民 7 人，重伤 7 人。

4 月 17 日　据天津伪社会局统计公布，仅 4 月份上半月因饥饿而死于街头者 239 人。

6 月 15 日　日本特务以"非法收买统制物资"（印刷器材）为名，逮捕孚东印刷局 5 人。

6 月 20 日　日伪天津当局向市民强行配给用麸子、豆饼、玉米皮、土粮和多种植物种子制成的混合面，并对煤球、火柴、棉花等也实行配给。

夏　和记洋行日本监工将装卸工马某祖孙俩活活摔死。

9月14日　日军侵扰蓟县杨家会村，杀害抗日干部刘福兴及村民13人。后其妹遭日、伪军活埋，获救。

10月30日　日军约300人包围宁河杨富庄，砍死村民7人，砍伤2人。

秋　日军在蓟县擂鼓台累计杀害村民3人。

11月6日　武宝宁四区队在宝坻大钟庄遭遇敌人，战斗中牺牲2人，受伤1人。

11月11日　武宝宁四区队（青英部队）某连90多人在宝坻梁家沽遭遇日、伪军。战斗持续一天，歼灭敌人200多人，抗日武装牺牲指导员1人，战士17人，群众死伤29人，房屋被烧毁90多间。

11月　日、伪军侵扰宝坻大吴庄，杀害村民11人。

12月2日　伪"天津市收集铜铁物品委员会"成立，再次强行收缴铜、铁、锡等金属。

12月18日　武宝宁工委和办事处在宁河乐善庄召开区以上干部会，被日、伪军包围。突围中，办事处主任寒松等3人牺牲，秘书陆英、一区区长高英被捕。

12月　日军在蓟县大安平杀害村民2人，打伤1人。

同月　日伪当局强令北洋纱厂、恒源纱厂、达生纱厂拆卸纱锭"献铁"支援"圣战"。3个厂拆卸纱锭1.6万个、布机80余台，生产陷于瘫痪。

冬　日军在汉沽大马勺沽枪杀村民5人。

至本年　日军在蓟县燕各庄共杀害村民10人，打伤1人。

至本年　日军在蓟县龙北、龙前共杀害村民44人，打伤12人。

至本年　日军在蓟县龙虎峪共杀害村民15人。

至本年　日军在蓟县藏山庄共杀害村民22人，打伤6人。

本年　日本通过"棉业改进会"强迫华北农村缩减粮食播种面积，改种棉花。年内通过天津运往伪满和日本的棉花近300万担。

1944 年

1月19日　四区队在蓟县黄土坎被日、伪军包围，激战竟日。夜间，在十三团增援下突围。此战歼日、伪军200余人，四区队伤亡50余人。

1月　日军侵袭宁河田辛庄村，杀害村民4人，烧毁房屋13间。10月，日军又杀害该村村民1人。

2月26日　《庸报》披露，伪天津市政府将95家商号的棉花、食油、木材、灯泡、纸张等商品查封。

2月至4月　日本宪兵队相继逮捕中法大学教授王润秋、天津达仁学院院长袁贤能、天津工商学院院长刘廼仁、天津师范学校教导主任王晋恒、耀华学校校长陈晋卿、新学中学校长黄道、广东中学校长罗光道。同年11月25日，王润秋在狱中被折磨致死。

3月　日本宪兵逮捕天津海关税务司魏恭枢，施以各种酷刑。被关押月余释放，但受尽摧残。

春　中共丰玉宁联合县县长任永和在丰润县与敌作战牺牲。

4月15日　原"华北水利观测室"主任吴树德与助手，因观测气象，被日军清水部队以"间谍罪"逮捕，施以酷刑。最后被日本特务用油布裹身烧死，其助手不堪忍受酷刑，一头撞死。

4月　日军以"大东亚圣战"需要为名，武力查封全市车行，强掠自行车1.5万辆。

同月　由于实行"米谷统制"，粮源断绝，全市已有201家粮店相继倒闭。

同月　武宝宁联合县一区区长焦民政等在南淮淀附近被日军包围，中弹牺牲。

5月18日　冀东第一专署专员杨大章、十三团副政委廖峰、中共蓟遵兴联合县县委书记季安率县委、县政府部分机关干部、各区主要干部和警卫队200人在蓟县爨岭庙被日、伪军3000多人包围。经激烈战斗，除县武装部长刘继抗率六七十名干部突围外，其余全部遇难。

6月30日　塘沽"劳工宿泊所"劳工不堪虐待奋起暴动，逃出114人，7人遇难。

7月19日　中共武宝宁工委书记王书文，在宝坻县李贤庄召开区干部会议时，被敌人包围，突围中牺牲。

7月31日　武宝宁十区队在宝坻大芮庄伏击日、伪军。战斗中连长白虹牺牲。

8月8日　日军在蓟县牛各庄杀害村民6人。

8月　日、伪军袭扰宁河杨拨庄，杀害村民3人，重伤1人，全村百姓被押走，房屋被点燃。

秋　日军在蓟县小稻地累计杀害村民5人，打伤3人。

秋　日、伪军在宁河齐家沽村杀害村民1人，重伤1人。

秋　日军在宁河板桥杀害村民1人。

秋 日、伪军在天津北辰区东堤头村烧毁 18 户村民房屋和村里学校共 60 多间。

10 月 25 日 十区队在宝坻前鲁沽夜袭伪治安军。战斗中 5 名战士负伤，1 名战士牺牲。

10 月 日、伪军百余人侵扰宁河田辛庄，杀害村民 1 人，烧毁民房 820 余间。

11 月 21 日 盘踞新安镇据点的日军中队长柴崎带领日、伪军数百人，侵袭宝坻县四里港村，砍杀抗日干部 6 人，枪杀村民 1 人。

11 月 22 日 日、伪军数百人包围宝坻县赵家铺村，砍杀抗日干部和村民 11 人，重伤 1 人。

12 月 1 日 日、伪军袭扰宝坻回家庄，杀死村民 4 人，并烧毁全村房屋。

12 月 13 日 日军烧毁宁河南淮淀民房 200 余间，残杀抗日干部、群众 2 人。

12 月 十区队在宝坻工部围歼日、伪军。此战打死日伪军 25 人，打伤 20 多人。抗日武装牺牲 2 人，轻伤 30 多人。

同月 十区队在宝坻彪家店伏击敌人，打死日、伪军 25 人，俘虏 150 多人。十区队两名战士轻伤。

同月 日伪当局勒令裕丰、天津、上海、公大六厂等纺织厂拆卸机器设备，献纳钢铁。

冬 塘沽劳工营劳工暴动失败，几百名劳工被杀害。

冬 日军在蓟县景各庄、孟各庄杀害村民 11 人，打伤 3 人。

至本年 日军在蓟县东葛岑共杀害村民 3 人，打伤 3 人。

至本年 日军在蓟县蔡二三庄共杀害村民 9 人。

本年 日伪当局在天津强征中国妇女充当日军军妓。据是年 7 月 3 日天津警察局特务科情报称："查王士海领导之下别动队，迩来办理征集妓女献纳于盟邦驻津部队。每批二三十名，以三星期为期。"

1945 年

1 月 14 日 日军强行将静海高里庄等四村百姓全部赶出家门，并烧毁村庄。

1 月 中共渤海区天津工委负责人胡子炎等 4 人被日军杀害。

2 月 27 日 日、伪军侵袭蓟县看花楼村，杀害区抗联会主任杨秀峰及村民 4 人。

2月　八路军冀热辽军区第十八军分区所属部队在宝坻赵各庄围歼日、伪军。在八路军的政治攻势下，伪军不战自退，逃回宝坻县城。此战，打死日军官兵120余人。八路军146名指战员在战斗中牺牲。

同月　包森县县大队在蓟县侯家营遭日、伪军袭击，100多名队员牺牲。

同月　武宝宁联合县工委和县大队在武清闸口村召开县区干部会议，被伪治安军包围。突围中，8人牺牲，9人受伤。

同月　武宝宁联合县武清工作队负责人刘宪华等6人在大吕庄被伪天津县长王德春抓捕。

同月　日军侵扰赤碱滩（今东丽区赤土村），烧毁民房40多间。不久，日军到赤碱滩"扫荡"，杀害村民2人，抢走大车数辆，牲口数头。

3月11日　日军侵扰宝坻南家庄，杀害村民3人，重伤1人，并放火烧庄，抢走三头驴和大量其他财物。

3月12日至15日　日、伪军百余人连续到宁河纪庄子报复，烧民房300余间，打死打伤村民4人。

4月28日　日军火烧宝坻赵家堡村，烧毁房屋100多间。

5月　天津日本防卫司令部通知天津市警察局：征集100名妓女送往军人俱乐部，交由该部管理人木村点收。

同月　路南武清县大队被伪军包围在小马场，突围时县大队长王铎负重伤，后牺牲。

同月　十八军分区部队及区小队在东丽东堤头遭遇敌人，战斗中指战员牺牲10余人，伤6人。

7月22日　日、伪军包围宝坻大唐庄，杀害群众3人，烧毁房屋25间。

8月　日军炮击韩家墅，炸死、打死村民4人，炸伤1人。

至本月　日本侵略者占领天津的8年间，对天津经济实行疯狂掠夺，致使民族工业既得不到原料，又遭受产品征购的压榨，大多陷于减产、停工、倒闭的绝境。农业生产停滞和衰落，大量土地荒芜，耕地面积缩小，特别是棉花、小麦、稻米显著减产。社会上普遍呈现物资奇缺，交通梗阻，市场萧条，商号倒闭，贸易停滞的残破局面。8年间，日本侵略者掠夺天津原盐计4037418吨，占同期总销量的63.94%。

日军在天津强征劳工运往日本、朝鲜、东北等地113374人，修建军事工程强征劳工174405人。

抗日战争期间，蓟县被日、伪军直接屠杀或蹂躏致死的达20390人，粮食损失9258万公斤，房屋损失15760多间，骡、马、驴、牛损失7394多头，猪、羊损失 11 万头，农具、家具损失 19247 件，被褥、衣服损失 231515 件，被抓走的劳工 6332 人，抓丁征夫达 169 万人次，据点、碉堡、沟壕、公路占地 85000 亩。日军还凶残地焚毁了盘山上几乎所有的古建筑，使 72 座庙宇和清皇帝行宫—静寄山庄等荡然无存，将 200 个村庄划为"无人区"。

抗日战争期间，静海县被日、伪军焚毁 3022 户村民的 7849 间房屋，抢走牲畜 2402 头，粮食 290123.73 万公斤。武清被日、伪军焚毁村民房屋 2935 间，损失粮食 3570 万公斤，骡、马、驴、牛 1310 头，猪、羊 6600 头，家具、农具 3250 件，被服 37505 件。宝坻被毁房屋 4100 间，损失粮食 940 万公斤，骡、马、驴、牛 1200 头，猪、羊 7900 头，家具、农具 7880 件，被服 73200 件。宁河被毁房屋 2935 间，损失粮食 930 万公斤，骡、马、驴、牛 800 头，猪、羊 8100 头，家具、农具 3760 件，被服 37545 件。

（于建根据档案、文献、口述资料整理，杨源、林琳复核，李文芳审定）

后 记

　　《天津市抗日战争时期人口伤亡和财产损失》，是中共中央党史研究室主持开展的中国抗日战争时期人口伤亡和财产损失课题调研系列成果之一。2005年该项课题调研工作启动后，在中共天津市委领导的重视和支持下，天津市委党史研究室成立了由室领导任组长，由本室和天津市档案馆、天津社会科学院、天津师范大学、区县党史研究室有关同志组成的课题组。在中央党史研究室的指导和帮助下，天津课题组和全市党史系统的同志相继到天津市档案馆、北京市档案馆、河北省档案馆、南京中国第二历史档案馆查阅，复制了大量档案资料，到天津图书馆、天津社会科学院图书馆、天津地方志编修委员会办公室和全市党史、史志部门征集了大量书刊、文献资料和口述资料，并有重点地进行了有关史实的调查核实工作。在广泛征集资料的基础上，课题组按照统一要求，以1931年九一八事变至1945年9月抗战胜利为时间范围，以天津现辖区为地域范围，按档案资料、文献资料、口述资料、伤亡人员名录、图片资料和其他资料等类别，对征集到的资料认真加以梳理、分类和编选。在此基础上，对人口伤亡和财产损失做出专项统计和分类统计，将财产损失价值折算为1937年7月价值，对各项统计结果进行汇总和复核，并严格以档案和统计数字为依托撰写出调研报告，最终形成由调研报告、统计表、大量核心资料和大事记组成的全部调研成果。现公开出版的是该成果的主体部分。

　　课题调研工作始终得到中央党史研究室、相关档案部门和其他有关部门和同志们的大力支持。中央党史研究室第一研究部李蓉副主任亲自审阅了调研报告、统计表的初稿，给予了充分肯定，并对进一步推进调研工作提出指导意见；姚金果、李颖同志对课题调研、成果送审、出版工作给予了具体指导。天津调研工作的推进和完成，包含了他们大量的心血。资料征集工作中，得到天津市档案馆、北京市档案馆、河北省档案馆、南京中国第二历史档案馆、天津图书馆、天津社会科学院图书馆和地方志编修办公室等单位的热情帮助。调研成果形成后，中央党史研究室原秘书长黄小同、第一研究部原主任霍海丹、河北省社会科学院研究员谢忠厚应中央课题组的邀请先后对该项课题成果进行了鉴定；天津市档案局（馆）副局（馆）长张俊桓、天津市政协文史资料委员会原副主任杨大辛、天津社会科学院历史研究所所长张利民等专家应天津课题组的邀请对调研成果进行了审读、鉴定。专家们对该项课题成果及其价值给予了充分肯定，并提出了重要的修改意见。在该项调研成果即将出版之际，天津课题组谨向中央党史研究室有关领导和同志们，向为课题调研工作提供帮助和支持的各相关单位和同志们，表示衷心的感谢。

限于资料和研究水平，该课题调研成果疏漏不当之处，敬请有关专家和读者指正。

天津市抗日战争时期人口伤亡和财产损失调研课题组

2014 年 1 月

总 后 记

　　历时多年的《抗日战争时期中国人口伤亡和财产损失调研丛书》终于问世了。参加这套丛书编纂工作的，主要是承担《抗日战争时期中国人口伤亡和财产损失》课题调研任务的各省、自治区、直辖市及其下属市、县的领导同志和课题组成员，以及部分著名专家。他们以高度的责任心和使命感，竭尽全力，攻坚克难，终于完成了各自承担的任务，并按统一要求，形成了调研成果的 A 系列书稿。同时，有关省、自治区、直辖市还从实际情况出发，编纂了主要反映市、县调研成果的 B 系列书稿。由于各地情况不尽相同及其他原因，呈现在读者面前的丛书，将分批陆续完成和出版。

　　为了保证质量，我们对本丛书中由各省、自治区、直辖市完成的 A 系列书稿（即省级调研成果）实行了四级验收制，即：所有的省级调研成果，先由有关省（自治区、直辖市）课题领导小组及其聘请的省级专家验收组分别审读通过、写出书面意见；然后提交到中共中央党史研究室课题组。中共中央党史研究室课题组审读后，再聘请国内知名专家审读书稿，提出书面意见。对每次审读提出的意见，各省、自治区、直辖市课题组都认真研究落实，对书稿进行反复修改，或是说明相关情况，直到符合要求。由一批专家完成的 A 系列书稿（即带全局性的专门课题调研成果），也通过类似的办法验收。主要反映市、县调研成果的 B 系列书稿，则由有关省、自治区、直辖市党史研究室组织验收。各种调研成果验收修改的过程，同时也是调研的深化过程、提高过程。经过反复修改补充的成果，在质量上都有明显提高。

中共中央党史研究室课题组在中共中央党史研究室室委会和分管室副主任的具体领导下开展工作。中共中央党史研究室几任主要领导同志即曲青山和孙英、李景田、欧阳淞主任，非常关心和重视本课题调研工作的开展。分管这项工作的室副主任李忠杰同志始终严格把握政治方向，精心部署和安排，明确提出创建"精品工程、基础工程、警世工程、传世工程"的要求，给工作指明方向，还及时领导解决调研过程中遇到的种种困难和问题。各地同志和有关专家同中共中央党史研究室课题组保持密切联系，对中共中央党史研究室课题组的工作给予了积极配合和支持。

中共中央党史研究室课题组由李忠杰、霍海丹、李蓉、姚金果、李颖、王志刚、王树林、杨凯等同志组成。先后担任中共中央党史研究室第一研究部领导职务的黄修荣、刘益涛、蒋建农同志参与了课题调研和审改的部分工作。中共中央党史研究室科研管理部、办公厅的部分同志也参与了有关工作。特别是在北京市和山东省召开的两次全国性会议，中共中央党史研究室科研管理部、办公厅的有关同志自始至终参与了繁忙的会务工作，付出了大量心血和辛勤劳动。

在李忠杰同志直接领导下，中共中央党史研究室课题组承担了组织指导与协调推进各地课题调研和联系有关专家完成全局性专题调研的繁重任务。在人手十分有限的条件下，课题组同志们近10年如一日，以对民族负责、对历史负责的自觉精神，克服困难，埋头苦干，为圆满完成任务做了大量工作。计先后编发213期达60多万字的《工作简报》，同各省、自治区、直辖市的同志和有关专家进行了数以千次、万次的电话联系及当面沟通，先后到10多个省、自治区、直辖市实地调查、参加会议，了解情况，当面指导，协助各地完成调研工作，或邀请有关地方的同志到北京进行座谈；还组织22个省、自治区、直辖市课题组编纂《抗日战争时期全国重大惨案》，同中央档案馆联合编辑《抗日战争时期解放区人口伤亡和财产损失档案选编》，同中国第二历史档案馆、中国人民解放军档案馆联合编辑其馆藏的相关档案资料，撰写有关专题报告，等等。将近10年来，课题组成员虽有变动，但工作始终如一，没有延误和懈怠。

需要说明的是，《抗日战争时期中国人口伤亡和财产损失》课题，有时也简称为抗战损失课题或抗损课题。虽然有学者认为"抗战损失"或"抗损"通常只能反映抗日战争中财产方面的损失，人口伤亡不能称作损失，但考虑到当年国民政府习惯采用"抗战损失汇报"或"抗战中人口与财产所受损失统计"等表述，所以本课题参照前例，以"抗战损失"或"抗损"作为课题简称。

2014年初，根据中央领导同志的指示精神和中共中央党史研究室室委会关于做好出版和对外宣传全国抗战损失课题调研成果准备工作的要求，我们组织部分省、自治区、直辖市的分管领导和课题组成员对已经印出样本的A系列书稿再次进行复审和互审，并邀请部分承担了抗战损失专题调研任务的专家参加审稿工作。这次集中复审和互审的主要任务是：审核已经印出样本的A系列书稿，对相关数据、史实严格把关，保证课题调研结论的真实性，保证书稿没有重大差错。中共中央党史研究室主要领导同志和分管领导同志也提出要求：把工作做得再深入、再扎实一些，统一规范，责任到人，把问题消灭在书稿正式出版之前。

在复审和互审过程中，地方同志和邀请的专家以多种形式及时沟通，围绕审稿发现的问题研究讨论，和中共中央党史研究室分管领导进行交流，对一些重要的共性问题达成一致。经过复审和互审，对有关的A系列书稿做出进一步修改。在此基础上，中共中央党史研究室课题组同志又对拟第一批出版的每一部A系列书稿进行多环节的审读、检查、修改、校对，严格审核把关，尽可能如实、客观地反映调研情况和成果。

中共中央党史研究室的其他同志及一些外聘同志、从地方党史部门借调的同志，如徐玉凤、谢忠厚、杨延力、郭明泉、戴思厚、王俊云、梁亿新、宋河星、毛立红、王莹莹、茅永怀、庾新顺、李蕙芬同志等，满腔热情地参加了本课题调研的部分工作。不论是调研选题的讨论、同有关各方的联络，还是资料的整理、归类、建档等，他们都付出了辛勤的劳动。

这里，还要特别感谢国家社会科学基金规划办公室、国家新闻出版广电总局有关领导和同志对本课题调研工作的支持和帮助，感谢有关部门对丛书出版经费的支持和保证。中共党史出版社的领导汪晓军以及陈海平、姚建萍等同志，也为这套丛书的出版花费了很多心血。

我们相信，本丛书 A 系列和 B 系列各卷的陆续公开出版，必将大大有助于抗战损失课题调研成果的推广利用，有利于固化历史，更好地发挥以史为鉴、资政育人的作用。但是，我们也深知，本课题调研迄今所取得的成果，还只是阶段性的、部分的、不完全的成果。在已经取得的来之不易的成果的基础上，今后，这一课题的调研工作还要深入不懈地继续进行下去。

中共中央党史研究室课题组

2014 年 4 月 30 日